논리 그리고
비판적 사고

비판적사고교재연구회 집필진(가나다순)

권홍우 경북대학교 철학과 교수
김덕수 대구교육대학교 윤리교육과 교수
김상현 경북대학교 철학과 강의교수
박효엽 경북대학교 철학과 강의교수
이재현 경북대학교 글로벌인재학부 초빙교수

논리 그리고 **비판적 사고**

초판 1쇄 2019년 2월 13일 • **초판 9쇄** 2025년 7월 31일
지은이 비판적사고교재연구회 • **펴낸이** 허영우 • **펴낸 곳** 도서출판 글고운
출판등록 1973년 10월 10일 ㉣97호 • **주소** 대구광역시 북구 대학로 80
전화 053-950-3830 • **팩스** 053-953-4692 • **이메일** press@knu.ac.kr
홈페이지 http://knupress.com
ISBN 978-89-7180-514-5 93170

정가는 뒤표지에 있습니다. 파본은 바꾸어 드립니다.

논리 그리고 비판적 사고

비판적사고교재연구회 지음

Logic &
Critical Thinking

도서출판 글고운

머리말

우리 삶에서 논리적·비판적 사고 능력이 중요하다는 것은 새삼 강조할 필요가 없을 것 같다. 우리가 원하는 바를 효과적으로 얻기 위해서는 논리적 사고 과정이 필수적이다. 법정에서 상대방을 설득하는 과정도, 과학에서 이론이나 가설을 확립하는 과정도 논리적 사고 없이는 불가능하다. 또 요즘 갖가지 시험에 논리적·비판적 사고 능력을 테스트하는 문제들이 출제되고 있는 것도 논리적·비판적 사고 능력이 중요하다는 사실을 방증한다.

그렇다면 논리적·비판적 사고 능력은 어떻게 길러질까? 대학교에서 논리 관련 교과목을 가르치다 보면, 학생들로부터 이런 질문을 자주 받는다. 논리에 대한 책 한두 권을 독파하는 것으로 충분하다면 참 좋겠지만, 안타깝게도 그렇지 않다. 자전거 타는 법에 대한 교본을 읽는다고 해서 자전거 타는 능력이 저절로 길러지지 않는 것과 마찬가지다. 실제로 자전거를 타 보면서 수많은 시행착오와 연습을 반복해야 자전거를 잘 탈 수 있다. 논리적·비판적 사고 능력도 논리에 대한 이론을 습득한다고 해서 하루아침에 길러지지 않는다. 수많은 시행착오와 연습이 필요하다.

논리적·비판적 사고의 이런 측면을 염두에 두고 쓰인 이 책은 논리적·비판적 사고를 위한 기본적인 개념과 원리를 소개한다. 논리적·비판적 사고 능력을 갖기 위해서 이런 것을 반드시 습득해야 하는 것은 아니다. 이런 개념과 원리를 모르지만 논리적 사고에 능숙한 사람도 있다. 그럼에도 불구하고, 개념과 원리에 대한 이론적 학습이 논리적 사고 능력을 더 빠르게 획득할 수 있게 하고, 또 논리적 사고에 대한 더 깊은 이해를 가능하게 할 것이다. 또 이 책은 국내에서 출간된 그 어떤 논리 관련 책보다도 많은 예시와 연습문제를 수록하고 있다. 필자들은 이를 통해 독자들이 다양한 시행착오와 연습을 할 수 있도록 하였다.

우리는 이 책 한 권을 충실히 공부하면 논리적·비판적 사고 능력을 배양하는 데 큰 도움이 될 것으로 확신한다. 그러나 이것으로 충분하다고 생각하면 안 된다. 자전거 타기 비유를 계속하자면, 기껏해야 땅에서 발을 떼는 수준 정도가 될지 모르겠다. 이 책에서 배운 바를 실생활이나 다른 분야의 공부에 적용해 계속해서 연습을 하는 것이 중요하다. 다양한 분야의 독서를 통해서 많은 지식을 얻는 것도 상당히 중요하다. 그리고 무엇보다도 논리적·비판적 사고 능력은 일성부분 태도의 문제라는 것도 강조해야겠다. 일상생활에서 어떤 의견을 무비판적으로 받아들이지 말고, 항상 '왜?'라고 묻고 이에 대한 답을 비판적이고 반성적으로 검토해 보는 태도를 갖는 것이 논리력 향상에 도움이 될 것이다.

아무쪼록 이 책을 통해서 논리적·비판적 사고 능력 향상의 첫걸음을 뗄 수 있기 바란다.

2019년 1월

목차

제1장

비판적 사고란 무엇인가

1. '생각하지 않음'의 비극
2. 비판적 사고의 특성과 정의
3. 비판적 사고의 학습 개요

1. '생각하지 않음'의 비극

20세기에 컴퓨팅 및 인터넷 기술을 기반으로 눈부시게 발전한 정보통신 기술이 21세기에 들어서면서 제조업 기술과 융합됨에 따라 또다시 우리 앞에 새로운 기술 혁신의 시대가 급속히 펼쳐지고 있다. 일반인의 상식 수준에서 도무지 따라가기 힘든 기술 시대의 변화 속에서 과연 우리는 어떻게 대처해야 할까? 우리는 물질적 풍요와 넘쳐 나는 정보의 홍수 속에서 무엇을 어떻게 판단하고 행동하는 것이 좋을까? 어쩌면 기술 발전의 흐름과 그 편의에 편승하여 복잡하고 어렵게 생각할 것 없이 그저 '무위도식'할 궁리나 하고 사는 것이 최선이라고 여겨지지는 않는가? 과연 과거보다 현재 우리는 더 행복해졌는가? 생각이 여기까지 흘러갔다면, 이렇게 질문해 보자. 이 책에서 다루는 '비판적 사고'는 도대체 우리 삶에서 무슨 소용이 있는가? 이것을 배워서 도대체 어디에 써먹을 수 있을까? '비판적 사고'의 학습을 돕는 것이 이 책의 목적이기에 당연히 이 질문들에 답해야겠지만, 솔직히 말해서 그리 녹록지 않은 일이다. 그럼에도 이 당연한 과제를 무작정 회피할 수는 없으니 유명한 일화를 통해 비판적 사고의 필요성을 살펴보고자 한다. 바로 '아이히만의 재판'에 관한 이야기이다.

1960년 5월 11일 아르헨티나 부에노스아이레스 시내 외곽에서 납치 사건이 발생한다. 리카르도 클레멘트라는 이름의 55세 중년 남성은 사업차 중요한 모임에 참석하고 오겠다는 말을 가족들에게 남기고 집을 떠난 뒤 갑자기 실종되었다. 그러나 사실은 이스라엘 정보기관 모사드가 그를 납치했던 것이다. 이 중년 남성은 11개월 뒤인 1961년 4월 11일, 이스라엘 예루살렘의 법정에 세워져 재판을 받기 시작했고, 같은 해 12월 15일에 교수형 선고를 받았다. 그리고 1962년 5월 31일 결국 그에 대한 사형이 집행되었다. 자상하고 평범한 가장이자 평소 자신에게 주어진 임무를 성실히 수행했던 그가 예루살렘 법정에서 재판을 받고 사형까지 당하게 된 이유가 도대체 무엇일까? 놀랍게도 그의 핵심 죄명은 제2차 세계대전 중 독일 나치가 계획한 "유대인 문제에 대한 최종 해결책", 즉 **홀로코스트**(유대인 대학살)**의 실행**이었다. 그리고 그의 정체는 바로 이 홀로코스트의 실무 책임자였던 독일 나치 친위대 중령 **아돌프 아이히만**(Adolf Eichmann)이었다.

홀로코스트로 인한 사망자는, 사실 정확히 알 수 없어 대략 가늠할 뿐인데, 유대인 약 600만 명 이상으로 추정된다. 이 숫자는 당시 유럽에 거주한 유대인의 2/3에 해당하며, 이 중 어린이 희생자가 무려 100만 명이었다. 인류 역사에서 가장 큰 악행이라고 불러도 과언이 아닌 이 유대인 절멸 계획이 수립될 때 아이히만은 조력자로 관여했으며, 이 계획이 실행될 때 그는 친위대 중령으로 승진했다. 지휘 관리의 책임자가 된 그는 열차를 이용해 유럽 각지의 유대인을 절멸수용소로 강제 이송하는 일을 위임받아 집행했다. 아이히만은 상부의 지시를 충실하고 효과적으로 수행하기 위해 효율성이 높은 열차수송 방법뿐만 아니라 수송 열차 안에 가스실을 만들어 수용소로 이송하는 동안에도 유대인 학살이 가능하도록 고안하여 실행했다.

홀로코스트 전범인 아이히만의 재판은 당시 TV로 생중계되면서 전 세계인의 이목을 집중시켰다. 독일 태생 유대인으로서 나치의 탄압을 피해 미국으로 망명한 철학자 **한나 아렌트**(Hannah Arendt)가 미국 잡지 『뉴요커』의 특파원 자격으로 이 재판의 과정을 취재하였다. 그리고 그녀는 취재 내용을 바탕으로 아이히만의 전쟁범죄를 철학적으로 분석한 보고서를 1963년 **『예루살렘의 아이히만』**이란 제목으로 출판하였다.

아렌트가 아이히만 재판을 취재한 것은 우연이 아니다. 그녀는 미국으로 망명한 후 『전체주의의 기원』(1951)과 『인간의 조건』(1958) 등의 저서를 통해 이미 독일 나치의 만행을 폭로하고 그 위험성과 함께 악의 본질을 철학적인 입장에서 심도 있게 논하여 많은 관심과 호응을 얻고 있었다. 그런 그녀가 아이히만의 재판에 관심을 가진 것은 너무나 당연했다. 그녀는 악의 실체를 직접 현장에서 보고 듣고 전하는 역할을 자임했다. 그런데 『예루살렘의 아이히만』에서 아렌트가 내놓은 의견은 금세 큰 논란을 일으킨다. 반인륜적 범죄를 저지른 아이히만의 악은 사이코패스나 악마의 형상처럼 기괴하고 특별할 것이라는 일반의 기대와는 달리 매우 정상적이며 근면한 한 인간의 **'평범성'**으로부터 기원한 **'악'**이라고 아렌트는 주장한다. 다시 말해, 우리가 평소 당연하다고 여기면서 그냥 수용하고 사는 행위가 끔찍한 악이 될 수 있음을 아렌트는 **'악의 평범성'**을 통해 설명한다.

아이히만은 재판 내내 자신에 대한 기소 혐의를 적극적으로 부인했다. 그는 살아생전 어떠한 인간도 죽인 적이 없다면서 유대인 학살에 직접 가담한 적이 결코 없으며, 게다가 자신이 유대인이든 비유대인이든 죽이라고 직접 명령을 내린 적이 없다고 주장한다. 단지 공직에 종사하면서 자신에게 내려진 명령과 임무를 최대한 충실하고 효율적으로 수행했을 뿐이며, 자신은 당시의 법을 잘 준수하기 위해 노력한 근면한 공무원에 불과했다고 그는 항변한다. 재판관이 대량학살이 진행되는 것을 보고 스스로 양심의 가책을 느낀 적이 없었냐고 질문하자, 아이히만은 오히려 자신에게 주어진 임무와 명령을 제대로 수행하지 않았다면 양심의 가책을 느꼈을 것이라고 대답했다. 더 놀라운 것은 아이히만의 정신 상태를 검사하고 재판을 참관했던 정신과 의사 6명의 소견이었다. 그들에 따르면, 아이히만이 가진 일상에 관한 생각과 태도는 지극히 **정상**이며, 심지어 **바람직**하기까지 하다는 것이다.

아이히만의 이러한 태도를 자신의 죄에 대한 계획된 변명과 책임 회피 전략으로 볼 수도 있겠지만 한나 아렌트는 더 근본적인 원인을 알고자 했다. 그녀의 분석에 따르면, 셰익스피어 작품의 주인공인 맥베스나 이아고, 혹은 리처드 3세처럼 자신의 악행을 적극 의식하고 양심의 가책을 느끼는 인물과는 달리 아이히만은 자신이 속한 체계와 조직, 그리고 그것으로부터 부여된 임무를 충실히 수행하는 데에만 관심을 가진 **근면하고 평범한 사람**이었다. 즉, 그는 **무엇이 옳은지 그른지에 대한 적극적이고 자발적인 판단 없이 전체주의 이념에 따라 명령에 복종한 평범하고 충직한 행정 관료**에 불과했다. 그런데도 아렌트는 이러한 평범성 속에 아이히만이 저지른 범죄의 근본적 원인이 있다고 주장한다. 아이히만은 행정 관료로서 자신이 하는 일이 종국에는 어떤 결과를 초래할지에 대한 생각과 반성 없이 단지 자신에게 주어진 임무를 맹목적으로 부지런히 수행하는 것에만 관심을 가진 자이다. 그의 근면성 자체는 문제가 되지 않는다. 하지만 **근면한 그가 유죄인 이유는 바로 생각해야 할 것을 제대로 생각하지 않았기 때문이다.** 그는 자신의 행위로 인해 다른 사람이 처할 상황을 고려할 줄 모르는 **생각의 무능함**에 빠졌나. 이러한 **생각의 무능함은 말하기의 무능함**을 낳았고 이는 **행동의 무능함**을 낳았다. 어쩌면 일상적이고 평범한 것으로 여겨질 수 있는 이러한 '**생각하지 않음**(thoughtlessness)'은 부당하고 비

윤리적인 지시와 명령에 대해 어떠한 **비판적 사고**와 저항의 목소리 없이 그대로 수용하여 행동하게 만드는 근본적 원인이 될 수 있다. 결국 아이히만의 예루살렘 재판을 통해 얻을 수 있는 교훈은, 나치가 저지른 잔혹한 범죄와 같은 악을 행하도록 만드는 어떤 계기가 우리에게 주어졌을 때 이를 근본적으로 막으려면 **비판적으로 생각해야 한다**는 것이다.

앞의 읽을거리를 통해서 다음의 질문에 관하여 생각해 보자.

질문

- 근면하고 성실한 아이히만의 태도와, 맹목적 추종을 통해 옳고 그름에 대한 판단을 회피한 아이히만의 태도를 동일 인물의 태도로서 어떻게 이해할 수 있을까?
- 아이히만의 '생각하지 않음'이 홀로코스트와 같은 악행의 원인이라는 아렌트의 판단은 혹시 지나친 비약은 아닐까?
- '비판적 사고'는 과연 '악의 평범성'을 막을 수 있는 유력한 해결책인가?
- 우리나라에서도 아이히만과 같은 사례를 발견할 수 있을까?

한나 아렌트가 아이히만 재판을 분석한 결과로서 주장한 '악의 평범성'은 우리가 왜 비판적으로 생각해야 하는지를 잘 설명해 주는 좋은 예시이다. 나치즘의 홀로코스트와 같은 엄청난 사건이 아니더라도 평범한 일상 속에서 쉽게 일어나는 '생각의 부재'로 인해 우리가 시나브로 괴물이 되는 것은 얼마든지 가능하다. 이념을 맹목적으로 추종하여 서로 혐오하고, 편견 속에서 쉽게 오해하지만 자기기만에 빠져 성찰할 수 없는, 그래서 거짓과 망상으로 스스로를 합리화시켜 타인에게 자신의 의지를 강요하는 모습은 정도의 차이가 있을 뿐 우리 일상에서 흔히 볼 수 있다. 이러한 일상적 문제의 원인으로서 '생각의 부재'를 인정한다면, 좀 더 구체적으로 이러한 생각의 부재를 '비판적 사고의 부재'로 대체하여 이해할 수 있을 것이다. 그런데 왜 그럴까? 그리고 왜 비판적 사고를 해야 할까? 이 질문들은 결국 이 책의 목적, 즉 비판적 사고의 이해와 실질적 활용을 위한 학습과 직결된다. 우선 비판적 사고의 의미부터 대략 알아보자.

2. 비판적 사고의 특성과 정의

(1) 비판적 사고는 부정적이고 불편하다?

'비판(批判)'이란 어떤 상황 혹은 사태에 대하여 정확한 정보를 바탕으로 그것의 옳고 그름을 잘 따져서 가려내는 활동을 뜻하며, '비판적 사고'도 이 정의에 부합한 인식 작용이다. 그래서 비판적 사고는 학문 일반에서 널리 사용되는 기본적인 방법이자 태도이다. 하지만 우리는 일상에서 이를 아래의 대화처럼 마냥 부정적이고 불편한 것으로 오해하는 경우가 많다.

선배 1: 사람들 사이에 권력 관계가 형성되면, 으레 갑질하려는 나쁜 행태가 나타나는 것 같아. 직장에서 상사가 행하는 갑질, 큰 기업이 작은 기업에 행하는 갑질, 가부장적 문화에서 여성에 대한 남성의 갑질 등 갑질 문화가 요즘 광범위하게 문제가 되고 있어. 우리 학과의 선후배 사이에서도 갑질 문화가 있을 수 있으니 평소 비판적으로 잘 살펴보고 잘못된 점이 있다면 함께 고치도록 노력하면 좋을 것 같아.

선배 2: 넌 아무 문제 없이 잘 돌아가고 있는 우리 학과의 선후배 사이를 모함하려고 작정을 했구나! 문제가 발생하면 그때 잘못됐다고 하면 되지, 넌 아직 일어나지도 않은 일로 선후배 사이를 나쁘게 생각하도록 만들고 있네. 네가 평소 '비판'을 입에 달고 사는 것은 잘 알지만 정말 매사에 모든 것을 삐딱하게 보는구나. 너의 그런 회의적이고 부정적인 태도는 너무 불편해!

선배 1: 그런 뜻에서 말했던 것이 아니야. 우리 학과의 선후배 사이는 그동안 참 돈독했기 때문에 좋은 관계가 유지되고 있다고 생각해. 하지만 얼마 전 한 후배가 어떤 선배의 부탁을 강압적이라고 느껴서 부담된다고 나에게 말하더라고. 최근 갑질 문화의 심각성에 대한 우려의 목소리가 커지고 있고, 선배로서 우리의 행동이 후배들에게 의도치 않게 갑질처럼 느껴질 수도 있으니 미리미리 조심하자는 뜻에서 말한 것뿐이야.

선배 2: 너 혹시 그 선배가 나라고 생각하고는 나에게 훈계하려는 거니?

후배 나부랭이가 그냥 말한 걸 가지고 같은 동기인 나를 의심하니? 평소 네가 '비판적 사고'가 중요하다고 외치고 다니는데, 넌 도대체 얼마나 잘났길래 남의 잘잘못을 이렇게 따져 묻고 지적질이니? 선배가 후배에게 뭘 부탁할 수도 있지. 그런 걸 가지고 강압이니 부담이니 말하고 다니는 그 후배부터 선배인 네가 먼저 따끔하게 혼을 내 줘야겠어!

선배 1: 이거 참. 너에게 내가 도대체 뭘 잘못 말한 거니? ㅠㅠ

두 사람 사이의 답답한 대화는 선배 1이 갑질 문화에 대한 비판적 사고와 태도를 언급한 지점에서 선배 2가 이것을 다음과 같이 오해했기 때문이다.

비판적 사고란
- 모든 것을 삐딱하게 보는 회의적이고 부정적인 불편한 태도
- 잘못을 따져 묻고 지적하기만 하는 공격적 행위

그런데 왜 선배 2는 이런 오해를 했을까? 여러 가지 이유가 있겠지만 두 가지 정도만 언급하고자 한다. 첫째, **비판과 비난을 혼동**했기 때문이다. 비난은 남의 잘못을 지적하면서 나쁘게 말하는 행동인 데 반해 비판은 잘못된 점뿐만 아니라 잘된 점도 함께 잘 따져 판단한다는 점에서 무조건 부정적이지 않다. 다시 말해서 비판은 비판 대상의 단점뿐만 아니라 장점도 고려하면서 긍정적 결과를 도출할 수 있다. 이에 따라 비판적 사고도 같은 맥락에서 이해할 수 있다. 둘째, **자기반성이 부족**하기 때문이다. 자신이 타인의 잘잘못을 판단하고 지적하는 것은 합당하다고 생각하지만, 타인이 자신의 잘잘못을 지적하는 것에는 발끈하며 이를 부당한 공격으로만 반응하는 태도는 자기반성의 부족 때문이다. 그런데 비판적 사고는 본질적으로 **반성적 사고**에 기반을 둔다.

방금 언급한 '비판적 사고의 오해'를 앞서 살펴본 '아이히만의 재판'과 연결해 생각해 보자. 아이히만에게서 발견되는 '비판적 사고의 부재'는 결국 큰 불행을 일으키고, 이것은 비판적 사고의 실행이 별다른 의식이나 노력 없이도 그냥 쉽

게 이루어질 수 있는 것이 아니라는 점을 시사한다. 비판이 어색하고 부정적으로 느껴질 수도 있다. 그리고 타인의 생각과 행위뿐만 아니라 내 생각과 행위의 이유를 따져 묻는 것이 귀찮고 불편하게 여겨질 수도 있다. 하지만, 그렇다고 비판 없는 삶이 마냥 편안하고 윤택한 삶을 의미하지는 않는다. 오히려 무비판적인 삶은 자기 생각과 행위를 주관 속에 갇히게 함으로써 자기중심적 판단과 결정을 선호하는 아집에 빠지게 한다. 게다가 이러한 삶은 불합리하고 부정의한 생각과 행위임에도 이를 인지하지 못하거나 무시함으로써 자기기만과 모순에 빠지기 쉽게 만들어 버린다. 비판력은 마치 지능처럼 그냥 주어진 것이 아니다. 그리고 비판적 사고가 우리에게 분명 유익하지만, 좋은 약이 쓴 것처럼 이것에 익숙해지고 이것이 수월해지기까지는 어렵고 불편할 수 있다. 그렇기 때문에 비판적 사고를 잘하려면 적절한 학습과 훈련이 필요하다.

(2) 비판적 사고의 정의

비판은 철학을 비롯한 학문 일반에서 사용된 기본적인 방법이자 태도이다. 현대에 이르러 미국의 교육학자이자 철학자인 존 듀이가 1910년부터 1939년 사이에 진행한 연구와 저작 활동을 통해 비판적 사고의 연구를 선도하였고, 그 후 지금까지 비판적 사고와 관련된 교과목은 수많은 연구와 실습을 통해 전 세계적으로 주목받고 인정받는 사고력 증진 교육 프로그램이 되었다. 듀이를 비롯한 많은 학자들에 의해 연구된 비판적 사고는 다양한 관점과 방식으로 정의된다. 대표적인 것들을 간략하게 정리하면 다음과 같다.

비판적 사고의 정의들

- 존 듀이: 근거와 결론에 관해 능동적이고 지속적이며 꼼꼼하게 따져 보는 반성적 사고
- 에드워드 글레이저: 경험에 따른 문제 상황을 사려 깊게 고찰하는 태도+논리적 탐구와 추리의 방법에 관한 지식+그런 지식을 실제 적용할 수 있는 기술
- 로버트 에니스: 의사결정을 위한 합리적이고 반성적인 사고
- 리차드 폴: 자기 편견과 잘못된 정보 그리고 부당한 외압에 대항한 합리적 의사결정 및 문제해결을 할 때 필요한 효과적인 추론 능력과 방법+사고를 위한 사고로서 사고력의 질적 증진을 위한 방법

비판적 사고의 적용 분야가 다양한 까닭에, 학자들이 각자 중요하게 강조하는 관점에 따라 비판적 사고의 정의가 조금씩 차이가 난다. 하지만 연구가 거듭되고 그 성과가 뚜렷해질수록 비판적 사고의 유용성과 효과에 대한 관심과 기대는 증대되었고, 1988년 미국철학회는 비판적 사고에 대한 다양한 정의로부터 합의되고 일치된 정의를 공식적으로 도출하려는 시도를 한다. 이에 철학자, 교육학자, 사회과학자, 자연과학자로 구성된 46명의 비판적 사고 전문가들이 2년에 걸친 연구와 논의 끝에 제출된 결론이 '**델피 보고서**(Delphi Report)'이다. 비판적 사고에 관한 포괄적이면서 상세한 의미를 이해하는 데에 도움이 될 것으로 여겨 좀 긴 내용이지만 다음과 같이 소개한다.

> **비판적 사고 및 이상적인 비판적 사고자에 관한 동의서**
>
> ① 우리는 비판적 사고를 의도적이고 자기 규제적인 판단이라고 이해한다. 이 판단은 해석, 분석, 평가, 그리고 추론을 이끌어 낼 뿐만 아니라 증거에 따른, 그리고 개념적이고, 방법론적이며, 기준을 가진, 혹은 맥락적인 고려 사항들에 관한 설명도 이끌어 낸다. 그런데 이 설명에 (의도적이고 자기 규제적인) 판단이 기초하고 있다. ② 비판적 사고는 탐구의 도구로서 필수 불가결하다. 그래서 비판적 사고는 교육에서는 해방적 힘이며 개인적이고 시민적인 삶에서는 강력한 자산이다. ③ 비판적 사고가 좋은 생각과 동의어는 아니지만, 이것은 광범위하면서도 자기 쇄신으로 이끄는 인간 현상이다. ④ 이상적인 비판적 사고자는 습관적으로 캐묻고, 정보력이 뛰어나며, 근거를 신뢰하고, 열린 마음을 가지고 있으며, 유연하고, 평가할 때 공정하며, 개인적 편견에 대응할 때 솔직하고, 판단을 내릴 때 신중하며, 기꺼이 재고하고, 현안들에 대하여 분명하며, 복잡한 문제들 속에서 체계적이고, 적절한 정보를 찾는 데 부지런하며, 기준을 선택하는 데 합리적이고, 탐구할 때 집중하며, 그리고 탐구 대상과 상황이 허락하는 한 되도록 정확한 결과를 찾는 데에 끈기 있게 노력한다. ⑤ 그러므로 훌륭한 비판적 사고자를 교육한다는 것은 이러한 이상을 향해 노력한다는 것을

의미한다. 이것은 비판적 사고 기술을 익히는 것과 함께 유용한 통찰력을 지속적으로 산출하는, 그리고 합리적이고 민주적인 사회의 초석이 되는 성향을 키우는 것을 포괄한다.

델피 보고서에 따른 비판적 사고의 정의를 좀 더 들여다보자.

① 비판적 사고의 성격과 형식

⇨ 비판적 사고를 **의도적 판단**이라고 이해함으로써 **목적 지향적 사고**로 규정한다. 그리고 **자기 규제적 판단**이라는 규정을 통해 **비판적 사고의 자율성**을 표현하고 있다. 특히 이 판단은 기본적으로 **논증의 형식**을 가지고 있는데, 결론(혹은 주장)에 해당하는 해석, 분석, 평가, 그리고 추론이 결과를 비롯하여 이 결론의 전제(혹은 이유)에 해당하는 증거와 개념, 그리고 방법과 기준, 혹은 맥락에 관한 설명이 이 판단의 내용을 구성한다.

② 비판적 사고의 적용 영역

⇨ 비판적 사고는 학술 영역뿐만 아니라 일상 영역에서도 **광범위**하게 사용될 수 있다.

③ 비판적 사고의 자연스러움

⇨ 비판적 사고가 '좋은 생각'이라는 가치로 꼭 인정될 필요는 없으나, 사고 행위가 인간의 일반적 현상이듯 비판적 사고도 스스로를 더 낫게 만들기 위한 의지에 따른 **자연스러운 행위**이다.

④ 비판적 사고의 기술과 태도

⇨ '이상적 비판적 사고자'에 빗대어 **비판적 사고의 기술과 태도**에 대해 다음과 같이 나열하고 있다. 비판적 사고의 기본 방법으로서 항상 호기심을 가지고 질문하고 탐구하고 따져 묻기 / 정보력 / 신뢰성 / 개방성 / 유연성 / 공정성 / 정직성 / 신중함 / 융통성과 다각성 / 분명함 / 체계성 / 근면성 / 합리성 / 집중력 / 충분성과 심층성

⑤ 비판적 사고의 사회적 의미

⇨ 비판적 사고의 교육은 관련 기술의 습득과 더불어 개인적 영역에서 유용한 통찰력을 산출하는 것뿐만 아니라 **사회적 영역에서 합리적이고 민주적인 시민으로의 역량을 키우는 데에 필요한 적절한 태도를 익히는** 것도 포괄한다.

이상에서 소개한 비판적 사고의 정의를 최종적인 것으로 확정할 필요는 없을 것이다. 하지만 이것이 비판적 사고의 의미와 중요성, 그리고 실질적 적용에 관한 폭넓은 이해를 제공하고 있음은 분명하다.

여기에 한 가지 덧붙이자면, 비판적 사고는 논리에 바탕을 두고 있는데, '비판'의 방법론적 원리가 바로 '논리'이기 때문이다. '**논리**'는 인간의 사고와 언어가 작동하는 원리를 정형화한 규칙인데, 이것은 일반적으로 주장과 이유로 구성된 **논증**에서 잘 구현되어 나타난다. 그런데 앞의 ①번 풀이에서 밝힌 것과 같이 비판적 사고를 '의도적이고 자기 규제적인 판단'으로서 논증의 형식에 따라 주장과 이유를 표현하는 활동으로 이해한다면, 이 활동이 원리적으로 사고와 언어의 규칙에 따르는 한에 있어서 결국 비판적 사고는 논리적이어야 한다. 개인의 차원에서 무엇이든 주장할 수 있겠지만, 그 주장이 나를 넘어 우리의 차원에서 설득되고 공감을 얻기 위해서는 그것을 가능하게 하는 적절한 이유가 제시되어야 하고, 그 이유가 다른 이에게 수용됨으로써 소통이 이루어진다. 이때 주장하는 바에 대한 적절한 이유를 찾아 제시하고, 이를 설득시키는 일련의 과정이 바로 논증이며, 이 논증을 건전하고 효과적으로 이끄는 방법이 바로 비판적 사고이다. 이와 관련하여 앞서 소개한 비판적 사고의 다양한 정의를 고려할 때 다음과 같이 비판적 사고의 목적을 간략히 정리할 수 있다.

비판적 사고의 목적

- 반성을 통한 자기 성찰
- 전략적이고 창의적인 비판을 통한 문제 해결
- 원활하고 효과적인 합리적 의사소통 및 의사결정

3. 비판적 사고의 학습 개요

앞서 설명한 것과 같이 비판적 사고는 논리 및 논증과 매우 긴밀하게 연관되어 있다. 따라서 이 책은 비판적 사고를 논증 중심으로 학습할 수 있도록 꾸몄다. 그리고 논증에 관한 학습을 통해 자연스럽게 논리에 관한 기초 지식을 습득할 수 있을 것이다. 이에 본격적인 학습에 앞서 이 책을 통해 학습하게 될 내용의 개요를 소개한다.

논증의 이해	○ 논증의 정의와 목적 ○ 논증이 아닌 글들: 단순 주장, 보고, 묘사, 서사, 예시, 인과적 설명 등 ○ 논증의 확인: 전제와 결론, 논증 지시어 ○ 개념과 명제: 내포와 외연, 개념의 정의와 유형, 좋은 정의의 조건, 명제와 그 종류
↓	
논증의 종류	○ 연역과 귀납: 필연성과 개연성 ○ 연역논증의 정의와 그 종류: 타당성과 건전성, 명제논리, 정언논리 ○ 귀납논증의 정의와 그 종류: 귀납적 일반화, 통계적 삼단논법, 유비논증, 인과논증, 최선의 설명으로의 추론
↓	
논증의 요소 분석	○ 논증의 요소들: 전제, 결론 ○ 결론 및 전제 찾기: 목적과 방법 ○ 숨겨진 요소 찾기: 숨은 전제, 숨은 결론, 방법
↓	
논증의 구조 분석	○ 기본구조의 이해: 하나의 전제와 하나의 결론 ○ 단순구조: 결합구조, 합류구조, 연쇄구조 ○ 복합구조: 여러 구조의 복합 ○ 논증의 재구성: 복석과 방법
↓	

논증의 수용가능성 평가	○ 논증 평가의 세 가지 기준과 오류: 좋은 논증과 나쁜 논증, ARS ○ 수용가능성 평가하기: 전제의 수용성과 판단 기준 ○ 수용불가능성의 오류: 언어를 잘못 사용하는 오류, 의심스러운 가정을 사용하는 오류, 결론을 전제로 사용하는 오류
논증의 관련성 평가	○ 관련성 평가하기: 결론에 대한 전제의 증거 역할 검토 ○ 무관련성의 오류: 심리적인 것에 호소하는 오류, 반박을 잘못 사용하는 오류
논증의 충분성 평가	○ 충분성 평가하기: 양적 충분성과 질적 다양성 ○ 불충분성의 오류: 귀납적인 충분성이 약한 오류, 인과관계가 약한 오류 ○ 논증의 강화와 약화: 전제의 부가 혹은 삭제
[응용 1] 논증의 비판	○ 논증 비판을 위한 매뉴얼: 논증 분석과 평가의 방법, 논증 비판의 전략 ○ 논증 비판의 실례: 기초 연습용, 심화 연습용, 연습문제
[응용 2] 토론과 비판적 사고	○ 토론의 목적과 정의: 논리적이고 합리적인 의사소통의 방법, 대화의 목적과 방식 ○ 비판적 사고를 위한 토론의 기본 과정과 방법: 토론 준비, 토론 진행, 토론 평가

이 책에서 배울 학습 내용은 이상의 개요와 같이 대략적으로나마 개괄된다. 사실 논리와 비판적 사고는 완전히 낯설고 새로운 것은 아니다. 일정한 수준의 언어를 구사할 수 있고 셈을 할 수 있는 사람은 이미 어느 정도 논리적 사고력을 가지고 있다. 그리고 스스로 근거 제시를 하면서 어떤 것을 주장하거나, 다른 이

의 주장과 근거를 이해 혹은 평가할 수 있는 사람은 이미 어느 정도 비판적 사고를 하고 있다고 말할 수 있다. 하지만 잠재된 논리력과 비판적 사고력을 새롭게 발견하고, 그 능력을 의식적으로 체계화시켜 적재적소에 잘 활용하기 위해서는 학습이 필요하다. 그런데 본격적인 학습에 앞서 현재 자신이 얼마나 비판적 사고에 관하여 알고 있는지 스스로 평가해 봄으로써 앞으로의 학습에서 무엇이 부족한지 무엇을 더 발전시켜야 하는지 진단하는 것은 의미가 있다. 이에 논리와 비판적 사고의 학습을 위한 자기 평가표를 제시하니 잘 활용해 보기 바란다.

비판적 사고 학습을 위한 자기 평가표	
[점수 내용] 4: 매우 그렇다 3: 그렇다 2: 보통이다 1: 아닌 편이다 0: 아니다	
질문	4~0점
1. 비판과 비난을 구분할 수 있다.	
2. 평소 나의 사고 습관과 행동 습관이 어떤 장단점을 가지고 있는지 알고 있다.	
3. 논증과 비논증을 구분할 수 있다.	
4. 어떤 논증이 좋은 논증인지 알고 있다.	
5. 논증할 때 발생하는 오류의 유형과 오류를 해소할 수 있는 방법을 알고 있다.	
6. 비판적 사고의 긍정적 효과와 부정적 효과에 대하여 알고 있다.	
7. 무엇 때문에 논증하는지 알고 있다.	
8. 다른 사람의 의견에 관하여 공개적으로 비판하는 것이 부담스럽지 않다.	
9. 장문의 글을 인내심을 가지고 분석하는 편이다.	
10. 논증의 전제와 결론을 찾을 수 있다.	
11. 논증의 형식적 타당성이 무엇이고 이를 어떻게 검사하는지 알고 있다.	
12. 주어진 글에서 논증을 찾아내 그 구성 요소와 구조를 분석할 수 있다.	
13. 잘 모르는 용어나 개념을 접하면 그것에 대한 자료를 찾아 이해하려고 노력한다.	
14. 논증의 구성 요소를 지시하는 어구(논증 지시어)를 알고 있다.	
15. 전제에서 결론이 필연적으로 추론됨과 개연적으로 추론됨을 구분할 수 있다.	
16. 지금껏 내가 알고 있는 것이 잘못된 지식일 수 있다고 생각한다.	
17. 근거의 참 여부를 평가하는 방법을 알고 있다.	
18. 논증에 숨은 가정을 찾을 수 있다.	
19. 논증에서 내용이나 논리의 비약을 찾아낼 수 있다.	
20. 논증의 전제가 양적으로나 질적으로 충분하게 제시될 수 있는 방법을 알고 있다.	
21. 분석을 통해 논증을 재구성하여 표준화할 수 있다.	
22. 근거로서 사용할 수 있는 적합한 권위와 부적합한 권위를 구분할 수 있다.	
23. 애매성과 모호성의 의미를 구분할 수 있다.	
24. 주어진 논증을 강화시키거나 약화시키는 방법을 알고 있다.	
25. 전제와 결론이 논리적으로나 내용적으로 관련 있는지 평가하는 방법을 알고 있다.	
전체 100점 중	점

〈점수 해석〉

각각의 항목은 여러분이 배울 세부 내용과 관련이 있다. 총점 **75점**을 기준으로 이보다 점수가 높으면 비판적 사고에 관한 소양 수준이 높다는 뜻이고, 점수가 낮으면 비판적 사고 학습을 위해 노력해야 한다는 뜻이다. 개별 항목에서 2점 이하인 항목은 그 내용을 잘 기억하여 해당 내용을 학습하는 장에서 좀 더 신경 써서 공부하길 바란다.

제2장

논증의 이해

1. 논증의 정의와 목적
2. 논증이 아닌 글들
3. 논증의 확인
4. 개념과 명제

1. 논증의 정의와 목적

예시

(가) 2018년 러시아 월드컵에서 한국은 독일을 2 : 0으로 이겼다.
(나) 개는 낯선 사람을 보면 짖는다.

논증은 우리가 각자의 주장을 확실히 하기 위해 그 주장을 뒷받침하는 이유를 제시하는 것이다. 다시 말하면 논증은 자신의 주장이 참이라는 사실을 논리적 근거를 제시하면서 입증하는 진술이다. 그래서 논증의 형식은 어떤 주장을 담고 있는 명제와 그 주장에 대한 근거를 뒷받침하는 명제들로 이루어진다. 곧 논증은 명제들의 집합으로서 어떤 한 명제가 참이라는 것을 뒷받침해 주는 나머지 명제들로부터 도출되는 과정을 포함한다. 진술 (가)와 (나)는 논증이 아니다. 각각의 진술은 '2018년 러시아 월드컵에서 한국은 독일을 2:0으로 이겼다'와 '개는 낯선 사람을 보면 짖는다'는 의미를 포함하고 있을 뿐이며, 이 진술의 내용에 대해서는 참과 거짓을 적용할 수 없다. 또한 각각의 진술은 어떤 명제가 참이라는 사실이 나머지 다른 명제로부터 도출되는 과정도 없다. 이 두 진술에서 논증인지 아닌지와 관련하여 기억해야 할 점은 하나의 명제만으로는 논증을 구성할 수 없다는 점이다.

논증의 목적은 논자가 일련의 근거의 제시를 통하여 어떤 주장의 참을 증명하거나 정당화하는 것이다. 여기서 어떤 주장을 정당화한다는 것은 곧 상대방에 대한 설득을 의미한다. 설득이란 상대방에게 영향을 주어 상대방이 자신의 생각을 변화시켜 주장하는 사람의 의도대로 생각하고 행위하도록 만드는 것이다. 예를 들어 만일 누군가 동물을 기르고 그들을 대하는 현재의 방법을 정말로 바꿔야겠다고 확신한다면, 그는 어떻게 그런 결론에 도달하였는가를 논증을 통해 입증해야 한다. 논증을 토대로 입증하는 것은 상대방을 설득해서, 그들 스스로 확신하게 하는 방법이기도 하다.

논증의 목적은 상대방을 설득하는 데 있다. 그런데 어떤 논증의 경우에는 근거의 제시를 통해 어떤 주장이 참임을 정당화하는 것에 관심을 두지 않고 오로지 설득만을 목표로 하는 것도 있다. 이는 프로퍼갠더(propaganda)에 해당하며, 대부분의 광고, 많은 정치연설, 사람의 심리를 이용하는 세련된 세일즈 기술 등이 이런 설득행위에 속한다. 이런 설득행위는 속임수, 심리이용, 협박과 보상으로 다른 사람들의 행위에 영향을 미치려는 시도를 의미하기 때문에, 주의할 필요가 있다.

예시

(다) 공항과 그 주변에 폭설이 내렸기 때문에 비행기는 결항되었다.
(라) 공항과 그 주변에 폭설경보가 발효되었기 때문에 비행기는 결항될 것이다.

진술 (다)는 논증이 아니다. 비행기가 결항되었다는 하나의 결과적 사실을 토대로 결항된 이유가 무엇인지를 설명하고 있기 때문이다. 하지만 진술 (라)는 논증이다. 현재 공항과 그 주변에 폭설경보가 발효되었다는 사실로부터 비행기가 결항될 것이라는 주장을 펼치고 있기 때문이다. 물론 이 주장이 반드시 참이라고 볼 수는 없다. 또한 우리는 진술 (라)를 통해, 진술 (다)에서처럼, '비행기가 결항되었다'는 확정된 결과를 발견할 수 없다. 그렇기 때문에 진술 (라)는 비행기가 결항될 것이라는 주장의 참을 공항과 그 주변에 폭설경보가 발효되었다는 사실로부터 입증하려는 과정을 보여 주고 있다. 따라서 진술 (라)는 공항과 그 주변에 폭설경보가 발효된 상황에서 비행기가 결항될 수도 있고, 결항되지 않을 수도 있다는 두 가지의 예측 가능한 결과적 사실 가운데, (출발 지연을 포함한) 비행기의 결항이 예상된다는 주장이 참이라는 정당화를 시도하고 있다.

논증은 어떤 주장을 담고 있는 명제와 그 주장을 뒷받침하는 하나 이상의 명제들로 구성되어 있다. 논증이 명제들의 집합이라면 명제의 특징은 무엇인지 살펴볼 필요가 있다. 첫째, 명제는 참 혹은 거짓으로 판명가능하다. 그리고 이 점에서 명제는 문장의 종류인 의문문, 감탄문, 명령문과 구별된다. 왜냐하면 의문문, 감탄문, 명령문은 대개 주장을 담고 있는 문장이 아닐 뿐만 아니라 문장의 내용만 가지고 그 내용의 참과 거짓을 판단할 수 없기 때문이다. 물론 문장의 형식이 의문문이나 명령문의 형식을 띠고 있기는 하지만, 그 내용이 명제인 경우도 있을 수는 있다. 둘째, 명제는 문장으로 표현되기는 하지만 엄밀히 말해서 문장 자체는 아니다. 다시 말하면 명제는 문장이 아니라 문장을 사용해서 진술되는 내용이다. 그러므로 명제와 내용을 표현하는 문장은 서로 다르다.

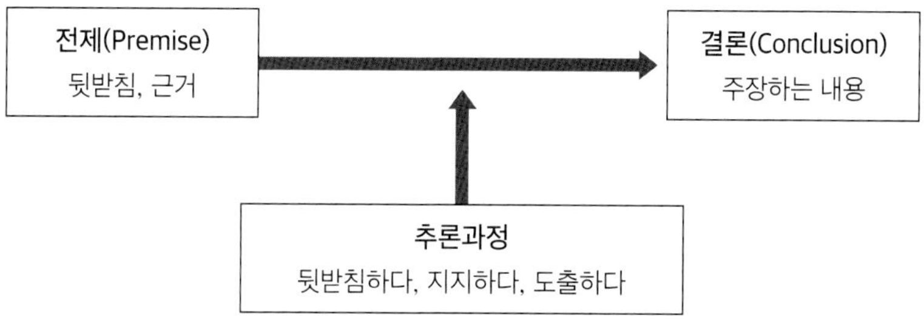

단순한 구조의 문장이 논증인지 아닌지 구분하는 일은 그리 어려운 일이 아니다. 문제는 보다 복잡하고 의미가 다양한 문장들 속에서 논증을 확인하고 구분하는 일이 생각처럼 쉽지는 않다는 점이다. 특히 언어의 의미가 상대적이고 다양하며 심지어 복합적이라는 사실을 상기한다면, 간단해 보이는 논증의 확인 절차는 예상과는 달리 어려운 문제일 수 있다.

연습문제

※ 다음 예문을 보고 논증인지 아닌지를 판단하시오.

1. 미국 측은 임의적으로 해석해서 희생자 수를 과장 발표했다. 그러므로 미국은 코소보 사태와 관련하여 취했던 조치에 대해 책임을 져야 한다.

2. 아고라는 개방성과 평등성이 보장되는 공간이다. 또한 아고라는 구성원들 사이에 수평적인 관계가 형성되는 공간이다. 하지만 아고라는 현실감각을 상실하게 하는 공간이기도 하다.

3. 하늘유치원 샛별반에서 공룡 얘기가 한창이다.

선생님: 자, 여러분! 여러분은 오늘날 공룡이 지구상에서 사라졌다는 사실을 잘 알고 있죠?

아이들: 네!

선생님: 공룡이 사라진 건 큰 몸집 때문에 식량이 부족해서예요.

2. 논증이 아닌 글들

우리가 일상적으로 접하는 언어적 표현이 모두 논증을 포함하고 있는 진술은 아니다. 또한 우리가 만나는 언어적 표현이 논증을 포함하고 있는 진술인지 아닌지를 구분하는 것 역시 쉽지 않다. 이는 우리의 일상적인 언어 표현이 다소 애매하고 모호하게 사용되기 때문이기도 하고, 언어적 표현이 가지는 상대성과 복합성 때문이기도 하다. 또한 우리의 일상적 언어표현은 반드시 전제와 결론 형식의 논증으로 구성되지 않고 전제 혹은 결론이 생략되거나 단축된 채 표현되기도 한다. 언어적 표현이 아무리 실용적이고 참되며 훌륭한 뜻을 담고 있다 하더라도, 어떤 사람의 주장이 언어적 표현 속에 결여되어 있으면 논증이라고 볼 수 없다. 논증이 아닌 글에는 단순 주장, 보고, 묘사, 서사, 예시, 인과적 설명 등이 있다.

(1) 단순 주장

단순한 주장을 담고 있는 글은 인간 삶에 도움이 되는 내용을 상대방에게 일방적으로 전달하고 있을 뿐 근거를 통한 어떤 주장의 참을 정당화하고 있지는 않다.

예시

> 지혜로운 사람을 존경하지 않는 것은 백성들로 하여금 서로 싸우지 않게 할 것이고, 구하기 힘든 물건을 귀하게 여기지 않는 것은 백성들을 도둑으로 만들지 않게 할 것이며, 욕망하는 마음을 밖으로 드러내지 않는 것은 마음을 안정되게 할 것이다.
>
> — 노자, 『도덕경』

위 예시는 삶에 대한 인간의 자세를 믿음이나 신념을 통해 해소하고자 하는 글이다. 그런데 위 예시는 현실의 삶에서 인간이 어떻게 평안한 마음과 더불어 살아갈 수 있는지에 관한 인간의 보편적인 정서를 담고 있기 때문에 이 글을 접하는 사람에게 감동과 믿음을 전해 주기는 하지만 어떤 주장의 참을 정당화하고 있지는 않다.

(2) 보고

보고는 어떤 정보나 사건에 관한 내용을 단순히 전달하는 데 그 목적이 있다. 그렇기 때문에 보고 역시 어떤 주장을 근거들을 통해 정당화하는 논증이 아니다.

예시

전쟁과 폭력, 박해로 인한 전 세계 강제 이주민의 수가 2016년 사상 최고에 달했다고 유엔난민기구(UNHCR)가 밝혔다. 지난 일 년간 전 세계 실향 상태를 집계하는 유엔난민기구의 연간 글로벌 동향 보고서(Global Trends report)에 따르면, 2016년 말 전 세계 강제이주민의 수는 6,560만 명으로 전해 대비 300,000명 증가했다.

강제이주민 6,560만 명 안에는 세 가지 인구집단이 포함되어 있다. 첫째는 2,250만 명의 난민으로, 이는 유엔난민기구 집계사상 최대치에 달한다. 이 중 1,720만 명의 난민은 유엔난민기구의 관할에 속하며, 나머지는 자매기관인 유엔팔레스타인난민기구(UNRWA)가 보호하고 있는 팔레스타인 난민이다. 550만 명의 난민이 발생한 시리아가 여전히 세계 최다난민 발생국이었으나, 2016년 난민 증가의 주요 원인은 같은 해 7월 남수단에서 재개된 내전이었다. 2016년 739,900명의 남수단인이 국경을 넘어, 남수단 난민의 수는 오늘날 187만 명에 달한다. 둘째는 4,030만 명에 달하는 자국 영토 내에서 피신 중인 국내실향민으로 전해의 4,080만 명 대비 소폭 감소하였다. 국내실향민은 시리아, 이라크 그리고 콜롬비아에 많았지만 전체 강제이주민의 3분의 2를 차지하여 국경을 넘지 않은 자국 내 실향민의 문제는 범세계적인 문제로 드러났다. 셋째는 자국을 떠나 난민으로서 국제적 보호를 받고자 하는 난민 신청자이다. 2016년 이와 같이 난민신청 결과를 기다리고 있는 사람들의 수는 280만 명에 달했다.

— 유엔난민기구, 『연간 글로벌 동향 보고서』 中

이 글은 현재 전 세계적으로 난민의 수가 증가하고 있으며, 인류가 전쟁과 박해로 인해 엄청난 대가를 지불하고 있다는 사실을 단순히 전달하고 있는 글이다. 물론 경우에 따라서는 어떤 정보를 전달하고 있는지 아니면 어떤 주장을 펼치고 있는지가 분명히 드러나지 않는 글도 있기 때문에, 보고의 성격을 띠고 있는 글이라 하더라도, 그 글이 논증인지 아닌지를 판단하려면 꼼꼼히 읽어야 한다.

예시

홉스에 의하면, 정부는 합법적이다. 왜냐하면 정부가 있는 생활은 자연 상태의 생활보다 더 낫기 때문이다. 정부의 이점이 크기 때문에 그런 이점을 살리기 위해서 우리의 자유를 희생하는 것도 가치 있는 일이다. 이런 이유 때문에, 홉스는 합리적인 사람은 사회계약에 동의하고 정부의 법률과 권력에 복종할 것이라고 주장한다.

이 글 역시 논증이 아니다. 사실 논증처럼 보이기는 하나, 이 글은 어떤 사람의 주장을 근거를 통해 정당화하고 있다고 보기 어렵다. 이 예시는 어디까지나 홉스의 주장을 단순히 소개하거나 설명하는 글에 불과할 뿐이므로, 논증이 아니다. 물론 어떤 사람이 위 홉스의 견해를 근거로 새로운 주장을 펼친다면 얼마든지 논증이 될 수 있다.

(3) 묘사

묘사는 어떤 대상을 눈으로 보는 것처럼 글로써 그려 내는, 다시 말해 대상에 관한 감각적 인상을 언어로서 나타내는 글이다. 특히 묘사는 정서적 표현, 정보 전달을 목적으로 하는 글에 두루 쓰이기 때문에 전제의 참을 통해 주장의 참을 정당화하는 논증이 아니다.

예시

에게해는 터키와 그리스 사이에 위치한 바다이다. 에게해의 물은 마치 파란색 잉크를 풀어 놓은 것처럼 아름다운 색깔을 띠고 있다. 주변에는 파란 잉크 색 바다와 잘 어울리는 하얀색의 순수하고 조그마한 건물들이 여기저기 자리하고 있다. 바다 위를 멋지게 가르며 가는 배가 뿜어내는 하얀 아치형의 물거품과 바닷가 주변의 하얀 건물들은 마치 한 폭의 그림을 연상케 한다.

이 글은 하나가 아닌 여러 개의 진술들로 이루어져 있기는 하지만, 에게해의 주변경관을 묘사적으로 기술하고 있는 글에 불과하다. 또한 그 어느 진술도 전제나 결론의 역할을 하고 있지 않기 때문에 논증이 아니다.

(4) 서사

서사는 어떤 사건이나 행동의 전개 과정을 시간의 경과에 따라 구체적으로 기술하는 글이다. 특히 서사는 정서적 표현과 정보 전달을 목적으로 하는 글에 자주 쓰인다. 따라서 설득을 목적으로 하는 논증과는 분명히 구분된다.

예시

어떤 남자가 백화점에서 황급히 뛰쳐나왔다. 그 남자가 달리는 동안 그의 가방에서 팔찌, 지갑, 목고리, 손목시계 등의 물건들이 땅바닥으로 떨어졌다. 그가 택시 승강장에 왔을 때 모든 택시에는 손님들이 타고 있었다. 그는 가장 가까이에 있는 택시를 향해 달려갔고 움직이고 있는 택시에 뛰어들었다. 그는 택시 기사에게 총을 겨누고 '해운대'라고 소리쳤다. 택시는 해운대를 향해 출발했다.

이 글은 어떤 사람의 행동이 시간의 경과에 따라서 어떻게 달라지는지를 구체적으로 기술하고 있는 글일 뿐이다. 따라서 이 글은 논증이 아니다.

(5) 예시

예시는 어떤 사실이나 현상에 대해 구체적인 예를 들어 설명하기 위한 목적을 지닌다. 또한 예시 자체는 어떤 주장을 뒷받침하기 위함이 아니라 글의 중심 내용이나 사례를 효과적으로 제공하는 데 그 목적이 있다.

예시

변희봉의 5단계 게임의 규칙은 매우 간단하다. 영화에 함께 출연한 관계를 1단계라고 볼 때, 다른 한국 영화 배우들이 변희봉과 몇 단계 만에 연결될 수 있는가를 찾는 게임이다. 예를 들면, 신하균은 〈복수는 나의 것〉에서 송강호와 더불어 주연을 맡았고, 송강호는 변희봉과 〈살인의 추억〉에 같이 출연했으므로, 신하균은 변희봉과 두 단계 만에 연결된다. 김혜수는 송강호와 함께 〈관상〉을 찍었고, 송강호는 김수로와 〈반칙왕〉에 출연했으며, 김수로는 변희봉과 〈화산고〉에 함께 나왔으므로, 김혜수는 세 단계 만에 변희봉에 도달한다.

이 글은 변희봉의 5단계 게임의 규칙을 사례를 통해 설명하고 있는 글로서 설득을 목적으로 하는 논증과는 거리가 멀다. 따라서 이 글은 논증이 아니다. 하지만 예시가 어떤 주장을 정당화하는 것이 목적이라면, 이 경우에 예시는 논증이다. 이와 관련된 예문은 아래와 같다.

예시

근본주의자들은 때때로 우리가 단 두 가지 선택지가 거론될 때는 그 둘 중에서 하나를 선택해야 한다고 주장한다. 하지만 이것은 과도한 단순화다. 예를 들면, 우리는 중요한 국가 정책을 결정할 때 반드시 보수적 정책과 진보적 정책 중 하나만을 선택해야 할까? 중도적 정책이나 보수적인 가치와 진보적인 가치가 혼입되어 있는 정책은 왜 선택해서는 안 되는가?

위 글은 '근본주의자들은 두 가지 선택지 중 하나만 선택해야 한다고 주장한다'는 진술을 근거로 '이는 과도한 일반화'라고 주장을 펼친다. 위 글의 예시는 논거 혹은 전제의 역할을 하고 있다. 그래서 이 글은 예시를 통해 주장이 참임을 입증하고 있기 때문에 논증이다.

(6) 인과적 설명

논증이란 설득을 목적으로 어떤 사람이 자신의 주장이 참임을 근거들을 통해 입증하는 과정이다. 그렇기 때문에 어떤 사람의 주장이 없다면 그것은 우선적으로 논증에서 제외되어야 한다. 왜냐하면 논증은 어떤 주장이 참이라는 것을 다른 근거들을 통해 입증하는 것인데, 어떤 사람의 주장이 없다면 이와 같은 추론의 과정은 성립될 수 없기 때문이다. 그렇다면 여기서 논증의 유무를 판가름해주는 주장과 설명, 특히 인과적 설명의 차이를 간단하게 살펴보도록 하자.

예시

(가) 엘알 이스라엘 항공 1862편은 휴즈핀 손상으로 제3엔진이 떨어져 나가면서 제4엔진과 충돌했고, 그로 인한 오른쪽 날개가 손상되었기 때문에 추락했다.
(나) 사형제도는 무고한 사람들이 오판으로 처형될 수 있기 때문에 폐지되어야 한다.

(가)는 엘알 이스라엘 항공 1862편이 추락했다는 점을 주장하는 것이 아니라 왜 추락했는가와 관련하여 그 원인을 설명하는 진술이다. 이와는 달리 (나)는 오판의 가능성이 있다는 근거를 토대로 사형제도는 폐지되어야 한다는 주장을 펼치고 있는 진술이다.

논증과 인과적 설명은 '왜냐하면', '…때문에'라는 논증 지시어를 사용하기 때문에 혼동하기 쉽다. 어떤 진술들이 논증을 구성하는지 또는 단지 인과적으로 설명을 할 뿐인지의 여부는 진술이 행해지는 상황을 고려하여 결정된다. 다시 말하면 어떤 명제가 인과적 설명인지 혹은 논증인지를 구분하는 것은 인정된 사실을 밝혀내 더 자세히 해명해 보기 위한 것인지 또는 인정된 사실을 이용해서 또 다른 주장을 뒷받침하려는 것인지에 달려 있다. 따라서 인과적 설명은 어떤 사건이나 현상에 대한 인과관계의 이해를 돕기 위해 기술하는 진술이고, 논증은 전제의 참으로부터 모종의 결론의 참을 이끌어 내는 주장이 담겨 있는 진술이다.

연습문제

※ 다음 예문을 보고 논증인지 아닌지를 구분하시오. 논증이라면 전제와 결론을 제시하고, 논증이 아니라면 어떤 종류의 글인지 밝히시오.

1. 나는 오늘 회사면접에 참석하지 못했다. 왜냐하면 내가 탄 택시 사고로 인해 부상을 입고 병원으로 후송되었기 때문이다.

2. 임대료가 높은 지역에 위치한 음식점의 음식값이 상대적으로 비싼 것은 사실이다. 하지만 음식값을 결정하는 요소가 임대료뿐이라고 단정 지을 수는 없다. 값비싼 식자재와 실력 있는 요리사, 다수의 종업원 등 음식점의 품질과 서비스를 유지하는 데 드는 부대비용 안에 임대료가 포함되어 있을 뿐이다. 그러므로 임대료의 상한을 설정한다고 해서 음식값이 바로 인하되는 것은 아니다.

3. 우리나라 산과 들에 자생하는 많은 야생화는 먹을 수 있는 것들이다. 예를 들면, 원추리나 민들레, 참나리 등은 꽃도 아름답지만 무엇보다도 비타민이나 무기질이 풍부해서 봄나물로 제격이다.

3. 논증의 확인

(1) 전제와 결론

논증은 전제와 결론으로 이루어져 있다. 논증의 결론이란 그 논증의 다른 명제들을 근거로 해서 정당화되고 있는 명제를 말한다. 그리고 결론을 정당화하는 근거 내지 이유로 제시된 명제들을 전제라고 한다. 다시 말하면 전제는 근거를 제시하는 진술들이고, 결론은 그 근거에 의해 뒷받침되는 진술이다. 앞서 살펴보았듯이, 논증은 하나의 진술만으로는 성립될 수 없고, 최소한 두 개 이상의 진술로부터 성립될 수 있다. 즉 하나의 전제와 하나의 결론은 논증이 성립하기 위한 최소 조건이다. 그렇다면 논증의 구성 요소를 확인하기 위해 몇 가지 예시를 살펴보도록 하자.

'전제'를 'P'로, '결론'을 'C'로 약칭하여 사용한다. P는 'Premise'의 약자이고, C는 'Conclusion'의 약자이다. 그리고 P1은 전제 1을, P2는 전제 2를 의미한다. 이는 논증을 표준화함으로써 논증의 각 단계와 형식을 보다 명료하게 이해하기 위함이다.

예시

정의로운 국가는 우연적으로 만들어지는 것이 아니라 지혜와 절제, 그리고 용기에 의해 만들어진다. 정의로운 국가로 나아가기 위해서는 시민의 적극적인 참여자세가 정의로워야 한다. 그러므로 시민들은 정의로운 국가를 위한 그들의 적극적 참여자세가 어떻게 하면 정의로울 수 있는지를 고민해야 한다.

이 예시에서 결론은 '시민들은 정의로운 국가를 위한 그들의 적극적 참여자세가 어떻게 하면 정의로울 수 있는지를 고민해야 한다'이다. 그리고 이 결론은 '정의로운 국가는 우연적으로 만들어지는 것이 아니라 지혜와 절제, 그리고 용기에 의해 만들어진다'는 전제와 '정의로운 국가로 나아가기 위해서는 시민의 적극적인 참여자세가 정의로워야 한다'는 또 다른 전제를 통해 뒷받침된다. 이 논증은 두 개의 전제와 하나의 결론으로 구성되어 있으며, 아래와 같이 표준화할 수 있다.

P1. 정의로운 국가는 우연적으로 만들어지는 것이 아니라 지혜와 절제, 그리고 용기에 의해 만들어진다.

P2. 정의로운 국가로 나아가기 위해서는 시민의 적극적인 참여자세가 정의로워야 한다.

C. 시민들은 정의로운 국가를 위한 그들의 적극적 참여자세가 어떻게 하면 정의로울 수 있는지를 고민해야 한다.

예시

인류 내에 존재하는 권력의 사슬은 힘과 억압에 의해서가 아니라 정신적이고 사회적인 능력에 따라 결정되는 것이 자연스럽다. 그러므로 남성이 여성을 물리적인 힘으로 억압할 수 있다는 것이 역사에서 가장 안정된 현실적 사회체제라고 보기는 어렵다.

이 예시 역시 '인류 내에 존재하는 권력의 사슬은 힘과 억압에 의해서가 아니라 정신적이고 사회적인 능력에 따라 결정되는 것이 자연스럽다'는 전제가 '남성이 여성을 물리적인 힘으로 억압할 수 있다는 것이 역사에서 가장 안정된 현실적 사회체제라고 보기는 어렵다'는 결론을 뒷받침하고 있다. 이 논증은 하나의 전제와 하나의 결론으로 구성되어 있으며, 이를 표준형식으로 바꾸면 아래와 같다.

P. 인류 내에 존재하는 권력의 사슬은 힘과 억압에 의해서가 아니라 정신적이고 사회적인 능력에 따라 결정되는 것이 자연스럽다.

C. 남성이 여성을 물리적인 힘으로 억압할 수 있다는 것이 역사에서 가장 안정된 현실적 사회체제라고 보기는 어렵다.

(2) 논증 지시어

논증의 구성 요소가 전제와 결론이고, 그 구성 요소를 예시를 통해 확인하는 것은 논증의 이해에 상당히 도움이 된다. 하지만 논증을 포함하고 있는 모든 진술들을 위와 같이 전제와 결론으로 구분하는 것이 생각만큼 쉽지는 않다. 이럴 경우에 논증인지 아닌지 구분하고 그 구성 요소를 확인하는 데 도움을 주는 것은 바로 논증 지시어이다. 논증 지시어에는 '전제 지시어'와 '결론 지시어'가 있다. 다음의 예를 살펴보자.

예시

(가) 홍길동은 열심히 훈련했기 **때문에**, 다음 동계올림픽에서 반드시 금메달을 딸 것이다.

(나) 정상적으로 운행하던 지하철이 파업예고에 따라 끊겼다. **따라서** 아마도 오늘은 퇴근길에 큰 혼란이 예상된다.

예시 (가), (나)는 모두 논증이다. 예시 (가)는 '홍길동은 열심히 훈련했다'는 전제를 통해 '다음 동계올림픽에서 금메달을 딸 것이다'는 결론으로 나아가고 있고, 예시 (나)는 '지하철이 파업예고에 따라 끊겼다'는 전제로부터 '퇴근길이 혼잡할 것이다'는 결론을 추론하고 있다. 두 진술은 비교적 명료하게 기술되었는데, 특히 (가)에서는 전제 지시어를 의미하는 '**때문에**'라는 표현이 제시되고 있고, 또 (나)에서는 결론 지시어를 의미하는 '**따라서**'라는 표현이 제시됨으로써 진술 (가)와 (나)의 전제와 결론이 잘 드러나 있다. 이처럼 논증에는 논증의 구성 요소를 쉽게 파악할 수 있는 지시어들이 있는데, 이를 논증 지시어라고 한다.

전제 지시어	결론 지시어
• 왜냐하면 ~ • 그 이유는 ~ • 첫째, 둘째, 셋째, ~ • 먼저, 다음으로, 마지막으로 ~ • 내가 그렇게 주장하는 근거는 • ~때문에, ~라는 근거에서 • ~를 고려한다면, ~임을 판단한다면 • ~인 한에서	• 그러므로, 따라서, 그래서, 그렇다면 • 필연적으로/결과적으로 ~ • 결국은 ~ • ~을 수반한다 • ~임에 틀림없다 • ~을 함축한다 • ~을 입증/증명한다 • ~믿음/견해를 정당화하다 • ~라고 결론 내릴 수 있다 • ~라고 추론할 수 있다

예시

(다) 마리화나는 합법화되어서는 안 된다. **왜냐하면** 마리화나는 사용자를 헤로인과 같은 더 심각한 마약의 습관적 사용으로 인도할 가능성이 크기 **때문이다**.

(라) 대학은 지식으로 가득 차 있다. 신입생들은 약간의 지식을 지닌 채 대학에 들어오지만, 졸업생들은 자신들이 지닌 모든 지식과 함께 대학을 떠나지 않는다. **따라서** 대학의 지식은 축적된다.

예시 (다)는 '마리화나는 사용자를 헤로인과 같은 더 심각한 마약의 습관적 사용으로 인도할 가능성이 크다'는 전제를 통해 '마리화나는 합법화되어서는 안 된다'는 결론을 뒷받침하고 있는 논증이다. 이 논증에서는 '**왜냐하면 ~ 때문이다**'라는 전제 지시어가 사용되고 있기 때문에 비교적 쉽게 전제와 결론을 구분할 수 있다. 예시 (라)는 '대학은 지식으로 가득 차 있다'는 첫 번째 전제와 '신입생들은 약간의 지식을 지닌 채 대학에 들어오지만, 졸업생들은 자신들이 지닌 모든 지식과 함께 대학을 떠나지 않는다'는 두 번째 전제를 통해 '대학의 지식은 축적된다'는 결론으로 나아가는 논증이다. 이 논증 역시 '**따라서**'라는 결론 지시어를 사용하고 있어서 논증의 구성 요소를 바로 파악할 수 있다.

이처럼 논증 지시어는 어떤 사람의 주장이 정당할 수 있도록 하는 데 도움을 주며 또 우리가 어떤 사람의 주장을 분명히 파악할 수 있도록 하는 데 도움을 준다. 그러나 우리가 실제 논증에서 논증 지시어를 구별할 수 있다 하더라도, 어떤 명제가 전제인지 혹은 결론인지를 분명히 파악할 수 있는 것은 아니다. 아울러 모든 논증구문에 논증 지시어들이 일일이 포함되어 있는 것도 많다. 결국 논증을 확인한 다음 전제와 결론을 구분하는 것은 우리가 읽고 검토하는 연습을 얼마나 많이, 얼마나 반복적으로 훈련했는가에 따라 달라진다는 점을 기억해야 한다.

4. 개념과 명제

예시

동남지사가 비서와의 부적절한 관계를 가졌다는 증언이 새로 나왔다. 그렇다면 그는 마땅히 도지사직에서 물러나야 한다.

동남지사가 비서와 부적절한 관계를 가졌다는 것이 사실이라면 그는 도지사직에서 정말 물러나야 하는가? 우리는 이 물음에 바로 대답하기 어렵다. 왜냐하면 부적절한 관계의 의미가 정확하지 않고, 여러 의미로 해석가능하기 때문이다. 우리는 언어로 생각하고 언어는 우리의 세계를 창조한다. 하지만 언어는 세계를 있는 그대로 담아내지 못하며, 또한 세계의 진리를 포획하는 완전한 그물도 아니다. 우리가 사용하는 언어는 그 자체로 결함이 있는 불완전한 도구이다. 그래서 세계를 비판적으로 사고하려면 인간이 사용하는 언어에 주의를 기울여야 한다.

우리가 언어의 불완전성과 이것으로부터 파생하는 문제점을 고려해야 한다면, 바로 언어와 개념의 관계에 주목할 필요가 있다. 개념은 특정한 대상이나 하나의 언어가 가지는 기본적이고 보편적인 의미체계로 가장 본질적인 성질이다. 직접적인 경험에 의해 추상화되는 과정을 거쳐 개념이 형성되며, 개념은 사고의 출발점이 된다. 어떤 문장이나 논증을 보더라도 문장과 논증 전체의 뜻을 이해하는 첫걸음은 낱말 하나하나에 대한 개념을 분명히 하는 일이다. 그렇기 때문에 하나의 개념을 어떻게 이해하느냐가 논리적 사고와 비판적 사고에서 매우 중요하다.

(1) 개념의 내포와 외연

논리적이고 비판적인 사고를 위해서 우리는 개념의 구성 요소를 알아 둘 필요가 있다. 그 이유는 우리가 개념의 구성 요소를 제대로 이해하고 있다면, 우리는 사고의 혼란이나 언어의 잘못된 사용으로부터 벗어날 수 있기 때문이다. 일반적으로 개념을 구성하는 두 요소는 내포와 외연이다.

개념 = 내포 + 외연

- 내포: 한 개념의 본질적 속성이나 의미
- 외연: 한 개념이 적용되는 특정한 대상들의 집합

내포는 개념의 일반적 속성, 즉 그 개념이 포괄하는 모든 대상들에 공통적으로 들어 있는 성질을 의미한다. 예를 들면, 나무의 내포는 긴 줄기와 가지들로 이루어진 다년생 식물을 의미하는데, 일반적으로 우리가 나무라고 부르는 것은 예외 없이 이러한 속성을 가지고 있다. 따라서 개념은 내포에 의해 의미를 갖게 되며, 설령 그 개념이 지시하는 실재 대상이 없다고 하더라도 그와 관련된 속성을 가질 수 있다. 이와는 달리 외연은 개념이 적용되는 모든 대상들, 다시 말하면 개념이 포함하거나 포괄하는 모든 대상들 또는 그 집합을 의미한다. 예를 들면 개에 해당하는 외연은 진돗개, 풍산개, 삽살개, 시베리안 허스키, 달마시안 등이 있다.

예시

- 증가하는 내포: 도형→평면도형→삼각형→등변삼각형
- 증가하는 외연: 등변삼각형→삼각형→평면도형→도형
- 감소하는 내포: 등변삼각형→삼각형→평면도형→도형
- 감소하는 외연: 도형→평면도형→삼각형→등변삼각형

위의 예로부터 우리는 증가하는 내포의 질서는 감소하는 외연의 질서와 동일하다는 사실을 이해할 수 있다. 즉 외연과 내포의 관계는 반비례 관계가 성립하고 있음을 알 수 있다.

위의 그림에서 개념의 내포를 증가시켜 그 의미를 정밀하게 만들어 외연을 감소시키는 것이 '한정'이며, 외연을 증가시켜 개념의 적용범위를 넓히지만 그 내포를 감소시키는 것이 '개괄'이다. 따라서 우리가 대상에 함의된 속성에 대하여 상세하게 설명할수록(=내포 증가) 그 설명이 지시하는 외연이 감소하여 설명하는 대상이 더욱 구체적으로 지시된다는 것을 의미한다. 반대로 대상에 함의된 속성에 대한 설명을 덜 할수록(=내포 감소) 설명하는 대상이 점점 일반화되어 개괄적으로 지시된다.

(2) 개념의 정의와 유형

논증이 설득력을 얻기 위해서는 논증에 사용된 개념이 분명하고 정확해야 한다. 이를 위해서는 정의(definition)가 요구되는데, 우리가 적어도 현재 논의 중인 내용에 대해 다른 사람이 동의하도록 하려면 언어를 분명하게 사용해야 한다. 정의를 내린다는 것은 낱말의 의미를 언어라는 도구로 규정하여 명확히 드러내는 과정이다. 피정의항을 정의항을 통해 언어로 정의하기 때문에 정의의 형식은 동일하지만, 정의의 목적은 정의되는 대상이나 그 특성을 나타내는 유형에 따라 다양하다. 그런데 여기서는 인문학, 사회과학, 자연과학, 공학 등의 영역에서 널리 활용되고 있는 정의의 유형을 살펴보고자 한다.

정의: 정의는 개념을 어떻게 사용할 것인가를 설명하거나 약정하는 것이다.

- 피정의항 = 정의항
- 원(피정의항) = 평면상의 한 점에서 같은 거리에 있는 점들의 집합(정의항)

1) 사전적 정의

예시

- '노인성 치매'는 노화에 따른 뇌의 퇴행성 변화 결과에 따라 지능·의지·기억 등 정신적인 능력이 현저하게 감퇴하는 노년성 정신장애이다.
- '기부'는 자선사업이나 공공사업을 돕기 위하여 돈이나 물건 따위를 대가 없이 내놓음을 뜻한다.

사전적 정의는 단순히 여러 정의들 가운데 하나가 아니라 모든 유형의 정의 가운데 가장 기본이 되는 정의이다. 즉 한 개념의 기본적이고 일반적인 의미를 분명하게 기술하고자 한다면, 사전적 정의를 이용하는 것이 바람직하다. 사전적 정의에서 한 개념은 언어공동체에서 표준적으로 사용하는 방식으로 정의되는데, 이런 점에서 볼 때 사전적 정의의 목적은 한 개념의 규약적이고 사전적인 의미를 진술한다.

2) 약정적 정의

예시

- '아바타'는 사이버 공간에서 사용자의 이미지와 인성을 대변하는 주체이다.
- '최저생계비'란 국민이 건강하고 문화적인 생활을 유지하기 위하여 소요되는 최소한의 비용으로서 보건복지부 장관이 공표하는 금액을 말한다. 2인 가구 기준 최저생계비는 2011년의 경우 906,830원이다.

약정적 정의는 새로운 상황이나 특징들이 발생하여 새로운 단어를 도입하는 경우에 사용하는 정의이다. 즉 만약 우리가 새로운 개념을 사용하거나 오래된 개념을 완전히 새로운 방식으로 사용해야 한다면, 이 경우에 우리는 약정적 정의를 사용해야 한다. 약정적 정의는 다소 적절하거나 부적절하다고 말할 수는 있으나 참 혹은 거짓이라고는 말할 수 없다.

3) 설득적 정의

예시

- '인공유산'은 무고한 인간에 가해지는 살인행위이다.
- '사형제도'는 무고한 생명을 파괴한 잔인무도한 반사회적 범죄인에 대한 가장 적절한 형벌이다.

설득적 정의는 언어의 표현적 기능과 정보전달 기능을 모두 가지는 정의로서, 이 정의를 접하는 사람의 태도나 감정, 정서에 영향을 주려는 목적을 지닌다. 다시 말하면 설득적 정의는 상대방으로 하여금 주장을 펼치는 사람의 입장에 동조하도록 촉구하는 특징을 가지고 있다. 설득적 정의는 일반적으로 감정적인 호소력과 편중된 특정한 입장을 담고 있으며, 이를 통해 사회적·정치적 논제에 대한 논증에서 사람들이 고수하고 있는 견해나 입장을 변경하거나 수정하게 하는 특별한 기능을 발휘하기도 한다.

4) 계량적 정의

예시

- '출석 미달'이란 한 학기 동안 결석 횟수가 전체 수업 일수의 4분의 1을 초과한 경우를 말한다.
- '의심할 만한 여지 없음'이란 표현은 법정에서 피고의 유무죄를 판단하기 위해 배심원단 10명 중 9명 이상이 확신하고 있음을 의미한다.

계량적 정의는 한 개념의 적용 범위가 독자나 청중에게 해석의 여지를 남겨두지 않도록 하기 위해 모호한 개념을 수치를 통해 비교적 정확하게 다듬어 정밀하게 규정하는 정의이다. 다시 말하면, 이 정의는 낱말의 불명료성을 줄이기 위해 모호한 낱말이나 개념의 의미를 보다 정확하고 명료하게 하는 방식의 정의이다.

5) 조작적 정의

예시

- '알칼리성'이란 만약 여러분이 리트머스 시험지를 그 용액에 넣었을 때 리트머스 시험지가 푸른색으로 변하면 그 용액은 알칼리성을 뜻한다.
- '지적 능력'이란 10분 동안 단어를 얼마나 많이 암기할 수 있느냐에 따라 결정되는데, 이때 주어진 단어들 중 70% 이상 암기한다면 지적 능력이 있다고 간주한다.

조작적 정의는 어떤 낱말이나 개념을 실증적인 관찰에 의해 측정할 수 있도록 구체화한 정의를 의미한다. 특히 이 정의에서는 어떤 개념이 특정 사물에 적용될 수 있는지 등을 결정할 수 있게 하는 형식적 절차나 검사 방법 등이 제시되어 있어야 한다. 조작적 정의는 절대적으로 옳고 그른 것이 없으며, 오히려 조작적 정의가 연구자가 측정하고자 하는 개념과 얼마만큼 적합하게 연관되어 있는가에 따라 평가된다.

(3) 좋은 정의의 조건

개념의 의미를 보다 분명히 하기 위하여 정의를 내리는 것은 그리 쉬운 일이 아니다. 그렇기 때문에 좋은 정의를 내리기 위해서는 나름의 규칙을 따르는 것이 요구되며, 이 규칙을 따르는 것이 정의의 기본형이 된다고 볼 수 있다. 좋은 정의를 만족시키는 두 가지 원칙은 첫째, 정의항은 피정의항보다 더 명료하게 표현되어야 한다. 둘째, 피정의항과 정의항은 서로 교환해서 사용될 수 있어야 한다. 다시 말하면 둘 중 하나를 사용하는 것이 올바르다면, 다른 하나를 사용하는 것도 올바르다. 사실 좋은 정의를 내리는 것은 사전적 정의와 관련되는데, 사전적 정의를 내리는 데 필요한 기준은 다음과 같다.

① 정의는 너무 넓거나 좁아서는 안 된다.
-'가야금'은 현악기이다.
-'회화'는 캔버스에 붓으로 그린 그림이다.
② 정의는 피정의항에 본질적 의미를 실어야 한다.
-'거북선'은 임진왜란 당시 왜구를 물리친 비밀병기이다.
③ 정의는 애매하거나 모호해서는 안 된다.
-이 가을 '밤'은 아름답고 풍성하다.
-'미니스커트'는 짧은 치마를 의미한다.
④ 정의는 편향된 의미를 포함해서는 안 된다.
-'인공유산'은 무고한 태아를 살해하는 것이다.
⑤ 정의는 비유나 은유를 통해 의미를 기술해서는 안 된다.
-'연설'은 속임수로 상대의 이해능력을 사로잡기 위해 말과 행동 간에 벌이는 공동모의이다.
⑥ 정의는 추상적인 어휘나 전문적인 용어를 사용해서는 안 된다.
-'그물'이란 교선들 사이의 망상모형이나 직각으로 교차된 형태로 조직된 구멍 난 직조물이다.
⑦ 정의는 순환적인 내용으로 의미를 기술해서는 안 된다.
-심리학이란 심리를 공부하는 학문이다.
⑧ 정의는 부정어를 사용해서는 안 된다.
-'사각형'은 삼각형이 아닌 다각형이다.

(4) 명제와 그 종류

의사소통에 있어서 가장 기본적인 단위는 '문장'이다. 문장은 주어진 언어에서 단어들을 꿰는 문법적 실로서, 대체로 평서문, 의문문, 감탄문 등의 몇 가지로 나뉜다. 우리는 문장을 사용하여 정보를 전달하고, 질문을 하며, 농담을 주고받거나 아름다움에 감탄하고 사물들의 이름을 부르기도 한다. 이 중에서 문장의 가장 중요한 기능은 정보의 전달이다. 정보를 전달할 때, 평서형 문장을 사용하여 사실을 진술하는 것을 명제라고 한다. 명제는 일반적으로 '주장' 혹은 '진술'로도 불린다.

물론 명제와 문장의 차이를 구별하는 것이 어려울 수 있다. 우리는 일반적으로 평서형 문장을 명제로 삼는다. 하지만 그렇다고 해서 문장이 명제라는 의미는 아니다. 문장은 단순히 명제를 표현하는 도구로 간주될 뿐이다. 이 경우 문장과 명제를 구별해야 하는 이유는 서로 다른 문장이라고 하더라도 똑같은 명제를 표현할 수 있기 때문이다.

일반적으로 논증의 기본 언어는 개념, 명제, 논증이다. 개념은 세계의 사물을 표현함으로써 사물의 이름을 지칭하며, 명제는 주어개념과 술어개념이 결합해서 어떤 개별 사태에 관해 사실적 내용을 표현하는 진리 주장이다. 논증은 하나의 결론과 그 결론을 지지하도록 의도된 전제들로 구성된 명제들의 집합이다. 이처럼 개념, 명제, 논증은 위계적으로 구성되어 논리적이고 비판적인 사고에서 핵심적인 역할을 한다.

앞서 기술하였듯이, 논증은 어떤 사람의 주장인 결론과 그 결론을 뒷받침하는 전제들로 구성된다. 그리고 논증의 구성 요소인 전제와 결론이 바로 명제인데, 명제는 참 혹은 거짓으로 판명가능한 문장을 의미한다. 그래서 논증을 통해 설득이 이루어진다는 점을 감안한다면, 명제에 대한 이해는 설득력 있는 논증을 구성하는 데 있어서 중요하다. 논증이 명제의 집합이고 또 명제의 참과 거짓을 판단하는 것이 논증을 평가하는 데 핵심적이기 때문에 명제의 종류를 아는 것은 진술의 참과 거짓을 판단하는 데 있어서 매우 유용하다.

① **단순명제:** 명제가 더 이상 부분들이나 요소들로 나눠지지 않는 단일한 명제, 즉 하나의 주어와 술어로 결합된 명제를 의미한다. 전칭명제, 특칭명제, 단칭명제 모두 단순명제이다.

예시

- 패티는 대학생이다.
- 몇몇 대학생은 공대생이다.
- 모든 공대생은 대학생이다.

② **복합명제:** 단순명제가 둘 이상 결합되어 구성된 명제는 복합명제이다.

예시

- 어제는 구름이 많았지만, 오늘은 화창하다.
- 칸트는 결혼한 남자이거나 총각이다.

③ **필연명제:** 도저히 거짓이 될 수 없는 명제를 필연적으로 참(필연명제 혹은 분석명제)이라고 하고, 결코 참이 될 수 없는 명제를 필연적으로 거짓(모순명제)이라고 한다.

예시

- 모든 진돗개는 개다.
- 어떤 사람이 개를 좋아한다면, 그 사람은 개를 좋아한다.

④ **우연명제:** 우연명제는 필연적으로 참 혹은 거짓일 수 없어서, 경험적인 검증을 통해 참 혹은 거짓을 판단될 수 있는 명제이다.

예시

- 수학 선생님은 수학 문제를 잘 푼다.
- 인생에서 상습적으로 실패하는 자만이 실패하는 법이다.

⑤ **사실명제:** 어떤 대상이나 현상의 상태를 기술하는 것을 목적으로 삼는 명제로서, 사실명제에는 물리적 사실명제와 심리적 사실명제가 있다.

예시

- 정약용은 1836년에 죽었다.
- 사람들은 대체로 낯선 사람을 싫어한다.

⑥ **가치명제:** 어떤 대상이나 현상의 상태를 기술하기보다는 그것이 어떠한지, 예컨대 좋은지 나쁜지 등을 평가하는 명제로서, 가치명제에는 도덕적 가치명제, 비도덕적 가치명제, 미학적 가치명제가 있다.

예시

- 모든 교수는 학생들을 평가하는 데 편견을 가져서는 안 된다.
- 우정은 소중한 것이다.
- 피카소의 〈아비뇽의 처녀들〉은 큐비즘을 대표하는 위대한 작품이다.

연습문제

※ 다음 논증을 보고 전제와 결론을 구분하시오. 그리고 논증 지시어가 있다면 찾아보고, 없다면 적절한 논증 지시어를 제시하시오.

1. 다른 장소의 관습과 문화, 언어를 연구하는 사람은 초인대학교에도 있고 주변 지역에도 있다. 그리고 부자뿐만 아니라 가난한 사람 역시 타인의 삶의 방식에 대한 관심을 갖고 있다. 그러므로 문화의 다양성에 대한 관심을 자신만의 특별한 능력으로 간주해서는 안 된다.

2. 법인세 인상은 세수를 늘리는 효과는 있지만 경기활성화를 위축시킬 수 있다. 단기적으로는 기업의 투자의욕을 감소시키고, 장기적으로는 국내자본의 해외유출을 자극하는 요인이 될 것이 분명하다. 정부는 기업의 투자의욕 증가와 국내자본 해외유출을 막기 위해 기업들과 적극적으로 협조해야 할 것이다.

3. 지나치게 욕심을 부리는 사람은 결국 인생에서 실패하게 된다. 따라서 놀부도 인생에서 실패를 맛볼 것이다. 알다시피, 놀부는 지나치게 욕심을 부리기 때문이다.

종합문제

※ 다음 예문을 읽고 논증인지 아닌지를 구분하시오. 논증이라면 전제와 결론, 논증 지시어 등을 찾아보고, 논증이 아니라면 해당 글이 어떤 종류의 글인지를 밝히시오.(1~5)

1 심성이 활발한 내 친구들은 대부분 여행을 많이 한다. 반면 소심한 내 친구들은 대부분 그렇지 않다. 여행을 더 많이 할수록 도전적인 새로운 생각들, 즉 원래 갖고 있던 생각에 의문을 제기할 수 있게 해 주는 생각들과 더 많이 마주치게 되는 것 같다. 여행은 또한 틀에 박힌 일상으로부터 벗어나게 해 주고, 얼마나 다양한 삶이 있을 수 있는지를 경험하게 한다. 따라서 여행은 심성이 활발하고 열린 사람이 되도록 하는 데 도움을 준다.

2 우주계획을 위한 비용은 보다 더 증액되어야 한다. 국가산업 및 국가방위의 미래가 우주계획에 달렸다고 해도 과언이 아니며, 이를 실행하기 위한 계획의 중심에는 기술의 진보란 점에서 우주계획은 우리에게 보다 많은 것을 가져다줄 것이다. 더욱이 지금의 재정적 지원으로는 우주계획이 가져다줄 잠재적 결과들을 실현할 수 없다.

3 생김새를 보아하니 얼굴은 박쥐와 같고 날카롭고 예리한 이빨이 유난히 드러나 보이며 눈에는 사악하고 간사한 기운이 항상 나타나며, 코는 무척이나 클 뿐만 아니라 코털이 여러 가닥 선명하게 보일 만큼 길게 났고, 몸집은 비교적 작지만 순발력이 뛰어나 보인다. 그의 나이는 스물 아홉에서 사십까지 볼 정도로 실제 나이를 가늠하기 어려우며, 얼굴의 생김생김과 몸집의 크기로 보아 다른 사람에게 미움과 경계심을 살 만큼 가까이하기 어려운 사람이라는 느낌을 갖게 한다.

4 충분히 안정된 생계는 노동자의 육체적 힘을 증가시킨다. 자신의 생활이 보다 더 좋아지고 윤택해질 것이라는 기대와 인생의 끝자락을 좀 더 안정되고 편안하게 보내게 될 것이라는 기대는 당사자에게 엄청난 활력을 불어넣고 그로 인해 힘을 최대한 발휘하게 한다. 그러므로 높은 임금의 노동자가 상대적으로 낮은 임금의 노동자보다 더 부지런하고 적극적으로 일하는 모습을 보인다.

5 철과 아연을 제외한 은과 수은, 그리고 다른 모든 금속들은 물로 희석한 황산에서는 녹지 않는다. 왜냐하면 은과 수은, 그리고 다른 모든 금속들은 유황이나 황산 또는 수소와 결합해 있는 산소를 그것들로부터 추출할 수 있기 위한 산소와의 충분한 친화력을 갖고 있지 않기 때문이다.

6 다음 중 논증에 해당하는 것은?

① 사이버 공간은 개방성과 평등성이 보장되는 공간이다. 또한 사이버 공간은 구성원 사이에 수평적 관계가 형성되는 곳이다.

② 우리는 그 화재가 방화에 의한 것은 아니라고 생각한다. 왜냐하면 서문시장은 누전의 위험이 큰 곳이기 때문이다.

③ 잘 다니던 시내버스가 갑자기 끊겼다. 왜냐하면 시내버스 노조의 파업으로 대중교통이 마비상태였기 때문이다.

④ 프로이트에 의하면, 인간의 행위는 성적인 에너지가 동인이 된다. 우리의 예술적 행위, 학문적 행위 등은 모두 성적인 에너지가 승화되어 표현된 것에 지나지 않는다는 것이다. 또한 우리의 꿈이나 농담도 성적인 에너지가 변형되어 표출된 것이라고 본다.

⑤ 키 작은 사람이 평균적으로 키 큰 사람보다 키 작은 자식을 낳을 가능성이 높다는 사실은 이미 명백한 사실이다. 왜 그럴까? 키는 유전되기 때문이다.

7 아래 문항의 밑줄은 해당 논증의 결론에 해당한다. 밑줄 표기가 잘못된 것은?

① 기계가 가져다주는 시간절약 효과는 대부분 환상에 불과하다. 물리적 엔진은 우리를 더 빠르게 이동시키고 오래된 여행 경로에 드는 시간을 단축시켰지만, 시간이 모자라 미처 다 갈 수도 없는 새로운 여행 경로를 수없이 만들어 냈다. 무엇보다도, 물리적 엔진은 실제의 당신을 이동시키거나 혹은 예정시간보다 늦는 바람에 실제의 당신을 기다리게 만들기 일쑤다.

② 지구상의 모든 생명체는 탄소, 수소, 질소, 산소, 인, 황 등 6대 기본 원소를 필수적으로 가지고 있어야만 한다. 최근 발견된 이것은 탄소, 수소, 질소, 산소, 황의 5대 원소는 가지고 있지만 인 대신 비소를 기본 원소로 가지고 있다. 그렇다면 이것은 생명체가 아니다.

③ 적어도 민주주의 내에서는 정부를 상대로 하는 청구권이 모든 시민들에게 평등하게 주어졌고, 모든 시민들이 정부에 의해 완전 고용될 수는 없기 때문에, 시민들은 정부로부터 직업을 구할 권리를 요구할 수 없다.

④ 임대료의 상한을 둔다고 해서 음식의 가격이 즉각 인하되는 것은 아니다. 음식 가격을 결정하는 요소가 임대료 하나라고 단정할 수는 없다. 값비싼 식재료와 실력 있는 요리사, 많은 종업원 등등 식당의 품질과 서비스를 유지하는데 소요되는 부대비용 안에 임대료가 포함되어 있을 뿐이다. 임대료가 높은 지역에 위치한 식당의 음식 가격이 상대적으로 비싼 것은 사실이다.

⑤ 시몬 드 보부아르는 『제2의 성』에서 "여자는 태어나는 것이 아니라 만들어지는 것이다"라고 선언했다. 그리고 주디스 버틀러는 『성차의 정치학』에서 "남녀의 생물학적 차이는 없다"고 주장한다. 이런 점을 고려한다면 남녀의 특성을 따로 나누어 인간을 평가하는 것은 잘못된 일이 아닌가?

8 정의는 의미를 보다 분명하게 하는 목적을 지닌다. 아래의 내용을 보고 설득적 정의에 해당하는 것을 고르면?

① '쿼크'는 렙톤과 함께 물질을 구성하는 가장 기본적인 입자, 즉 물질의 최소 단위를 일컫는다.

② '지적능력'이란 10분 동안 단어를 얼마나 많이 암기할 수 있느냐에 따라 결정

되는데, 이때 주어진 단어들 중 70% 이상 암기한다면 지적능력이 있다고 간주한다.

③ '합리적 의심의 여지가 없음'이란 표현은 법정에서 피고의 유 무죄를 판단하기 위해 배심원단 10명 중 9명 이상이 건전한 상식에 따라 확신하고 있음을 의미한다.

④ '성희롱'은 성범죄 행위의 구성 여부와 관계없이 성적 수치심 또는 혐오감을 일으키는 일체의 행위로서, 그 기준은 피해자의 합리적인 주관적 판단을 따르는 것을 원칙으로 한다.

⑤ '사형제도'는 무고한 생명을 파괴한 잔인무도한 반사회적 범죄인에 대한 가장 적절한 형벌이다.

9 다음은 모두 좋은 정의의 규칙을 어긴 것이다. 동일한 정의의 규칙을 위반한 것은?

> ㄱ. '식물학자'는 식물을 연구하는 사람을 의미한다.
> ㄴ. '남자'는 가정경제와 바깥일을 전담하는 사람이다.
> ㄷ. '버스'는 네 바퀴로 가는 운송수단이다.
> ㄹ. '그물'이란 교선들 사이의 망상모형이나 직각으로 교차된 형태로 조직된 구멍 난 직조물이다.
> ㅁ. '새'는 날개를 가진 온혈동물이다.

① ㄱ, ㄷ　　② ㄷ, ㄹ　　③ ㄴ, ㅁ　　④ ㄷ, ㅁ　　⑤ ㄱ, ㄹ

10 다음 명제들 중 사실명제와 가치명제를 잘 구분한 것은?

> ㄱ. 사람들은 외지인을 싫어한다.
> ㄴ. 자비는 찬양할 만한 덕목이다.
> ㄷ. 짱구는 엄마를 무척이나 사랑한다.
> ㄹ. 임마누엘 칸트는 1804년에 사망했다.
> ㅁ. 베토벤의 〈월광 소나타〉는 피아노 명곡이다.

① ㉠ 심리적 사실명제 - ㉡ 도덕적 가치명제 - ㉢ 심리적 사실명제 - ㉣ 물리적

사실명제 - ⓜ 미학적 가치명제

② ㉠ 미학적 가치명제 - ㉡ 물리적 사실명제 - ㉢ 심리적 사실명제 - ㉣ 물리적 사실명제 - ㉤ 도덕적 가치명제

③ ㉠ 미학적 가치명제 - ㉡ 심리적 사실명제 - ㉢ 도덕적 가치명제 - ㉣ 심리적 사실명제 - ㉤ 물리적 사실명제

④ ㉠ 심리적 사실명제 - ㉡ 물리적 사실명제 - ㉢ 미학적 가치명제 - ㉣ 심리적 사실명제 - ㉤ 도덕적 가치명제

⑤ ㉠ 도덕적 가치명제 - ㉡ 심리적 사실명제 - ㉢ 물리적 사실명제 - ㉣ 미학적 가치명제 - ㉤ 심리적 사실명제

제3장

논증의 종류

1. 연역과 귀납
2. 연역논증
3. 귀납논증

1. 연역과 귀납

논증은 크게 연역논증과 귀납논증으로 나누어진다. 연역논증과 귀납논증의 근본적인 차이는 전제가 결론을 지지 또는 뒷받침하는 정도에 있다. 연역논증의 전제는 결론을 가장 강한 정도로 지지하는 반면에, 귀납논증의 전제들은 결론을 그보다 약한 정도로 지지한다. 두 가지 논증을 조금 더 엄밀하게 정의하면 다음과 같다.

- **연역논증**: 전제가 참이면서 결론이 거짓인 것이 불가능한 것으로 제시된 논증. 다시 말해, 만약 전제가 참이라면 필연적으로 결론이 참인 것으로 제시된 논증
- **귀납논증**: 전제가 참이면서 결론이 거짓일 개연성이 낮은 것으로 제시된 논증. 다시 말해, 만약 전제가 참이라면 결론이 참일 개연성이 높은 것으로 제시된 논증

다음의 예를 생각해 보자.

예시

(가) 모든 20대 남성은 온라인 게임을 즐기다.
따라서 20대 남성인 철수는 온라인 게임을 즐긴다.
(나) 20대 남성의 95%는 온라인 게임을 해 본 적이 있다.
따라서 20대 남성인 철수는 온라인 게임을 해 본 적이 있을 것이다.

(가)는 대표적인 연역논증의 예이다. 모든 20대 남성이 온라인 게임을 즐기는데 20대 남성인 철수가 온라인 게임을 즐기지 않는 상황은 논리적으로 불가능하다고 할 만하기 때문이다. (나)의 논증에서는 전제가 참이면서 결론이 거짓인 것이 불가능하지는 않지만, 그 개연성 또는 확률이 상당히 낮다고 할 만하다. 따라서 이는 귀납논증이다.

한 가지 주의할 것은 연역논증의 정의에 포함된 필연성 및 불가능성을 다른 종류의 필연성 및 불가능성과 혼동해서는 안 된다는 점이다. 나음 논증을 생각해 보자.

예시

영희는 5층 높이에서 돌멩이 하나를 허공을 향해 던졌다.
따라서 그 돌멩이는 아래로 낙하했을 것이다.

영희가 던진 돌멩이는 중력 법칙에 의해 낙하하는 것이 어떤 의미에서는 '필연적'이라고 볼 법하다. 그럼에도 불구하고 위의 논증은 연역논증으로 간주되지 않는데, 그 이유는 여기서의 필연성은 '법칙적 필연성'에 불과하기 때문이다. 이에 반해 연역논증을 정의하는 필연성은 '논리적 필연성'의 개념이다. 어떤 것이 논리적으로 필연적이라면, 그것이 거짓임을 상상조차 할 수 없고 모순 없이 생각할 수조차 없다. 가령, 모든 총각은 남자인 것이나, 내일 비가 오거나 비가 오지 않는다는 것은 이런 의미에서 논리적으로 필연적이다. 다시 예로 돌아와서, 영희가 돌멩이를 허공에 던졌으나 그것이 낙하하지 않고 하늘로 치솟는 것은 얼마든지 상상 가능하기 때문에, 여기에는 논리적 필연성이 없다. 따라서 위의 논증은 귀납논증으로 분류되는 것이다.

연역논증과 귀납논증의 일반적인 차이 몇 가지를 생각해 보자.

① 연역논증의 정의에 사용된 필연성 때문에 연역논증에는 **확실성**이 있다. 따라서 합리적인 사람이라면 절대로 전제를 받아들이면서 결론을 의심할 수 없다. 반면에 귀납논증에는 확실성이 존재하지 않는다. 따라서 합리적인 사람이라도 전제를 받아들이면서 결론을 의심하는 것이 가능하다.
② 연역논증의 결론은 전제에 이미 포함되어 있다. 연역논증의 기능은 전제에 이미 암묵적으로 포함되어 있는 것을 명시적으로 드러내 주는 것에 불과하다. 그런 점에서 연역논증을 통해서 진정한 의미에서의 지식의 확장은 일어나지 않는다. 반면에 귀납논증의 결론은 전제가 말하는 바를 항상 넘어서며, 그런 점에서 진정한 의미에서의 **지식의 확장**이 일어난다.
③ 수학에서의 증명은 거의 예외 없이 연역논증이다. 반면에 과학에서 증거를 통해 과학적 가설을 확립하는 논증은 대부분의 경우 귀납논증이다.

확실성과 지식의 확장은 지식 추구의 방법이 갖는 두 가지 덕목이라고 할 만하다. ①과 ②는 안타깝게도 이 두 가지 덕목이 양립 가능하지 않다는 것을 말하고 있는 셈이다. 즉 연역논증을 사용하여 확실성을 추구한다면 지식의 확장을 포기할 수밖에 없고, 귀납논증을 사용하여 지식의 확장을 추구한다면 확실성을 포기할 수밖에 없다.

한편, '증명'이라는 말은 엄격히 말해 연역논증에만 해당되는 말임을 기억하자. 어떤 과학적 가설이 실험을 통해 증명되었다는 말은 맞지 않는 말인 경우가 많다. 과학적 가설이 실험이나 관찰 데이터에 대한 전제로부터 귀납논증을 통해서 지지되는 한, 그 가설은 기껏해야 강하게 확증될 수 있을 뿐이고 미래에 반박될 수 있는 가능성이 항상 열려 있다.

연습문제

※ 다음 논증이 연역인지 귀납인지를 판단하시오.

1. BTS의 멤버는 7명이고, 레드벨벳의 멤버는 5명이다. 따라서 BTS의 멤버가 레드벨벳의 멤버보다 많다.

2. 우주가 탄생한 이래로 모든 것은 중력 법칙의 지배를 받아 왔다. 따라서 미래에도 그러할 것이다.

3. 물속에 사는 생물의 대부분은 어류이다. 인어도 물속에 산다. 따라서 인어는 어류이다.

2. 연역논증

(1) 타당성과 건전성

본격적으로 연역논증을 살펴보기에 앞서서 연역논증을 평가하는 데 중요한 역할을 하는 개념 몇 가지를 소개할 필요가 있다. 앞 절에서 연역논증은 전제가 참이면 결론이 반드시 참인 것으로 제시된 논증이라고 하였다. 연역논증이 실제로 이런 조건을 만족할 때, 즉 전제가 참이면서 결론이 거짓인 것이 실제로 논리적으로 불가능할 때, 그 논증은 **타당하다**고 한다. 반면에 그렇지 않은 논증은 **부당하다**고 한다.

타당한 연역논증은 적어도 논리적으로는 흠잡을 데가 없는 논증이다. 가령, 다음은 모두 타당한 연역논증이다.

예시

(가) 모든 고래는 포유류이다.
모든 포유류는 어미의 젖을 먹는다.
따라서 모든 고래는 어미의 젖을 먹는다.

(나) 모든 코끼리는 날개가 달렸다.
덤보는 코끼리이다.
따라서 덤보는 날개가 달렸다.

(가)와 (나) 모두 타당한 논증이고, 그런 점에서 논리적으로 흠잡을 데 없음에도 불구하고 (나)는 다른 점에서 중대한 결함이 있음을 알 수 있다. 그 전제가 거짓이기 때문에 결론을 받아들이는 것이 강제되지 않는다는 점이다. 이러한 결함이 없는 논증을 **건전한** 논증이라고 부른다. 즉 건전한 논증은 타당한 동시에 전제가 모두 참인 논증이다.

건전성 = 타당성 + 전제의 참

논리학자들은 타당성과 건전성의 개념을 연역논증에 국한해서 사용한다. 그러나 유사한 구분이 모든 논증을 평가하는 데에 있어서 중요함을 기억해 두자. 일반적으로 하나의 논증이 **논리적으로 올바른지**의 기준과 **그 전제들이 참이거나 받아들일 만한지**의 기준은 별개이며, 논증을 평가할 때에는 이 두 가지를 구분해서 평가해야 한다.

한편, 타당성과 밀접하게 관련된 몇 가지 논리적 개념이 연역논리에서 중요한 역할을 하기 때문에 숙지해 둘 필요가 있다.

- **논리적 함축**: p가 참이면서 q가 거짓인 것이 논리적으로 불가능할 때, p는 q를 논리적으로 함축한다고 한다. 이는 p를 전제로 갖고 q를 결론으로 갖는 논증이 타당하다는 말과 같다.
- **논리적 동치**: p가 q를 논리적으로 함축하고, q가 p를 논리적으로 함축할 때, 두 명제는 논리적 동치라고 한다. 다시 말해, 논리적으로 동치인 두 명제는 필연적으로 진리치가 동일하다. 논리적으로 동치인 두 명제는 같은 의미를 갖는 것으로 보아도 무방하다. '만약 p이면 q이다'와 '만약 q가 아니면 p가 아니다'의 대우관계가 대표적인 논리적 동치관계이다.
- **모순관계**: p가 참이면 q는 반드시 거짓이고, p가 거짓이면 q는 반드시 참일 때, p와 q는 (논리적) 모순관계에 있다고 한다. p와 q가 모순관계에 있으면, p와 q의 부정(또는 p의 부정과 q)은 논리적 동치관계에 있다. 모순관계의 대표적인 예는 어떤 명제와 그것의 부정이다.

(2) 명제논리

연역논증의 타당성은 일반적으로 논증의 형식에 의해 결정되기 때문에, 연역논리에서는 타당한 논증 형식이 다루어진다. 논증을 이루는 명제들의 형식을 어떻게 분석하느냐에 따라 다양한 연역논리 체계가 있을 수 있다. 그중에서 가장 기본적인 논리 체계는 **명제논리** 체계인데, 명제논리에서는 하나의 단순명제를 기본 단위로 취급하고 복합명제들의 형식을 분석한다.

1) 여러 가지 종류의 복합명제

복합명제의 형식을 드러내기 위해 기호를 사용하면 편리하다. 다음은 복합명제의 종류와 그것을 나타내는 기호이다.

	기호	의미
부정명제	~p	p가 아니다(not).
연언명제	p ∧ q	p이고(and) q이다.
선언명제	p ∨ q	p이거나(or) q이다.
조건명제	p→q	만약 p라면 q이다(if … then).

각각의 명제에 대해서 조금 더 자세히 살펴보자.

① 부정명제

부정명제는 일상 언어에서 'p가 아니다', 'p는 거짓이다', 'p라는 것은 사실이 아니다' 등으로 표현되는 명제를 말하며, '~p'로 나타낸다. 다음의 진리표가 부정 기호의 의미를 잘 보여 준다.

p	~p
T	F
F	T

이 진리표는 어떤 명제가 참('T'로 표시)일 때 그것의 부정은 거짓('F'로 표시)이며, 그 명제가 거짓일 때 그것의 부정은 참이라는 것을 말하고 있다.

② 연언명제

연언명제(또는 연언)는 일상 언어에서 'p이고 q이다', 'p인 동시에 q이다' 등으로 표현되는 명제를 말하며, 'p∧q'로 나타낸다. 여기서 p와 q에 해당하는 바를 그 연언명제의 **연언지**라고 부른다. 연언명제는 다음과 같은 진리표를 갖는다.

p	q	p∧q
T	T	T
T	F	F
F	T	F
F	F	F

다시 말해, 연언명제는 두 연언지가 모두 참일 때에만 참이고, 다른 경우에는 모두 거짓이다.

일상 언어의 명제들을 연언명제로 이해할 때 한 가지 주의해야 할 것이 있다. 일상 언어에서의 'p이고 q이다' 형식의 문장이 시간적 선후관계를 나타낼 때가 있다. 가령, '그들은 아이를 갖고 결혼을 했다'는 문장은 그들이 먼저 아이를 갖고 그 후에 결혼을 했다는 의미로 자연스럽게 읽힌다. 위의 진리표는 이런 명제의 의미를 제대로 포착하지 못하는데, 연언지의 선후관계에 상관없이 두 연언지가 모두 참이면 연언명제는 자동적으로 참이 되기 때문이다.

또 한 가지 주의할 것은 일상 언어에서 'p이지만 q이다', 'p임에도 불구하고 q이다' 등등의 표현도 모두 연언명제를 뜻하는 것으로 이해된다는 점이다. 가령, 누군가가 "철수는 살이 쪘지만 날렵하다"고 말한다면, 그 사람은 '철수는 살이 쪘다'와 '철수는 날렵하다'를 모두 인정하고 있는 것이고, 그런 점에서 이 명제는 연언명제로 가장 잘 이해된다.

③ 선언명제

선언명제(또는 선언)는 일상 언어에서 'p이거나 q이다', 'p 또는 q이다' 등으로 표현되는 명제를 말하며, 'p∨q'로 나타낸다. 여기서 p와 q에 해당하는 바를 **선언시**라고 부른다. 선언명제는 다음과 같은 진리표를 갖는다.

p	q	p∨q
T	T	T
T	F	T
F	T	T
F	F	F

다시 말해, 선언명제는 두 선언지가 모두 거짓일 경우에만 거짓이고, 다른 경우에는 모두 참이다.

위의 진리표에서 한 가지 주의할 것은 두 선언지가 모두 참일 경우에도 그 선언명제는 참으로 간주된다는 점이다. 다시 말해, 선언명제는 '하나 또는 둘 다'라는 의미를 가진다. 이런 의미를 가진 선언명제를 **포괄적 선언**이라고 부른다. 일상 언어에서 선언이 항상 이런 의미를 갖는 것은 아니다. 가령, 음식점에서 '후

식으로 커피나 수정과를 드실 수 있습니다'라고 한다면, 둘 중에 하나만 택할 수 있다는 의미로 자연스럽게 읽힌다. 이런 의미를 갖는 선언명제를 **배타적 선언**이라 부른다.

일상 언어에서의 선언이 배타적 의미를 띠는 경우가 있기는 하지만, 포괄적 의미의 선언이 더 일반적이라는 점을 알아 두자. 가령, 입사원서에 'TEPS나 TOEFL 시험 성적이 있어야 지원이 가능하다'라고 적혀 있다면, 두 가지 시험 성적이 모두 있다고 해서 지원 자격이 없어지는 것이 아니니 안심해도 된다.

④ 조건명제

조건명제 또는 조건문은 일상 언어에서 '만약 p라면 q이다'로 표현되는 명제를 말하며, 'p→q'로 나타낸다. 여기서 p에 해당하는 부분을 조건명제의 **전건**, q에 해당하는 부분을 조건명제의 **후건**이라 부른다. 조건명제는 다음과 같은 진리표를 갖는다.

p	q	p→q
T	T	T
T	F	F
F	T	T
F	F	T

다시 말해, 조건명제는 그 전건이 참이고 후건이 거짓인 경우를 제외하고는 항상 참이다. 여기서 특이한 것은 전건이 거짓인 경우에 조건문은 무조건 참이 된다는 것이다. 가령, '만약 부정행위가 적발된다면 성적은 무효 처리가 됩니다'라는 명제는 부정행위가 적발될 경우에 어떤 일이 일어나리라는 것을 말하고 있지만, 부정행위가 적발되지 않을 경우에 어떤 일이 벌어지는지에 대해서는 아무 말도 하지 않는다. 그런 점에서 전건이 거짓이면, 어떤 일이 발생해도 그 조건명제가 거짓이라고 할 수는 없다.

조건명제는 일상 언어에서 상당히 여러 가지 방식으로 표현될 수 있는데, 다음이 특히 중요하다.

(가) 만약 p이면 q이다.
(나) p가 참인 것은 q가 참인 것의 충분조건이다.
(다) 만약 q가 거짓이면 p가 거짓이다.
(라) 오직 q인 경우에만 p가 참이다.
(마) q가 참인 것은 p가 참인 것의 필요조건이다.

(나)에 등장하는 **충분조건**의 개념은 (가)에 의해서 정의되는 것으로 보아도 무방하다. 다시 말해 '만약 p이면 q이다'가 참일 때, p는 q의 충분조건이라고 한다. (다)는 (가)의 전건과 후건을 부정하고 그 순서를 바꾼 것인데, (가)의 **대우**라고 부른다. (라)도 중요하다. '오직 모든 사람이 동의하는 경우에만, 시험을 연기하겠습니다'와 같은 문장을 생각해 보자. 이는 '만일 모든 사람이 동의하지 않는다면, 시험을 연기하지 않겠다'는 뜻으로 읽힌다. 이는 '만약 시험이 연기된다면, 모든 사람이 동의한 것이다'와 논리적 동치이다. (라)는 또 q가 p의 **필요조건**임을 진술하는 자연스러운 방법이다.

이상으로 복합명제의 종류와 그 의미를 살펴보았다. 이를 이용해서 조금 더 복잡한 복합문장의 구조를 드러낼 수 있다. 몇 가지 예를 보자.

예시

(가) 만약 시험을 보지(p) 않거나 과제를 제출하지(q) 않는다면, 좋은 학점을 받지(r) 못할 것이다.
$\Rightarrow (\sim p \lor \sim q) \rightarrow \sim r$

(나) 철수(p)와 영희가 둘 다 파티에 참석했다(q)는 것은 사실이 아니다.
$\Rightarrow \sim(p \land q)$

(다) 중간고사를 잘 보지는(p) 못했지만, 만약 기말고사를 잘 본다면(q) F를 받지는(r) 않을 것이다.
$\Rightarrow \sim p \land (q \rightarrow \sim r)$

또 진리표를 활용해서 단순명제의 진리치로부터 복합명제의 진리치를 결정할 수도 있다. 가령, 위의 (다)에서 p는 거짓, q는 거짓, r은 참이라고 하자. 그렇다면 '~r'은 거짓임을 알 수 있고, 'q→~r'은 전건이 거짓, 후건이 거짓이기 때문에 참이 된다. 연언명제인 전체 문장은 두 연언지가 모두 참이기 때문에 참임을 알 수 있다.

2) 타당한 논증 형식

이제 명제논리에서 중요한 타당한 논증 형식을 몇 가지 소개하겠다.

① 전건긍정법과 후건부정법

전건긍정법과 후건부정법은 모두 조건명제를 하나의 전제로 갖는 논증인데, 인간 사유의 가장 근본적인 규칙이라고 할 만큼 중요하고 많이 쓰이는 논증 방식이다.

전건긍정법	후건부정법
p이면 q이다. p→q p이다. p ∴ q이다. ∴ q	p이면 q이다. p→q q가 아니다. ~q ∴ p가 아니다. ∴ ~p
만약 눈이 오면, 길이 미끄럽다. 눈이 온다. 따라서 길이 미끄럽다.	만약 눈이 오면, 길이 미끄럽다. 길이 미끄럽지 않다. 따라서 눈이 오지 않는다.

앞에서 살펴보았듯이 조건명제는 여러 가지 방식으로 표현될 수 있으며, 그 때문에 위의 논증 형식도 여러 가지 방식으로 나타날 수 있다. 예를 들어, 다음 역시 후건부정법의 적용으로 볼 수 있으며, 따라서 타당하다.

예시

오직 수업일수의 3/4 이상을 출석하는 경우에만, 학점을 받을 수 있다.
수업일수의 3/4 이상을 출석하지 않았다.
따라서 학점을 받을 수 없다.

전건긍정법과 후건부정법은 다음의 부당한 논증 형식과 혼동되지 않도록 주의해야 한다. 초보적인 오류임에도 불구하고 흔히 저질러지는 오류이기 때문에 별도의 이름이 붙었다.

전건부정의 오류	후건긍정의 오류
p이면 q이다. p→q p가 아니다. ~p ∴ q가 아니다. ∴ ~q	p이면 q이다. p→q q이다. q ∴ p이다. ∴ p
눈이 오면, 길이 미끄럽다. 눈이 오지 않는다. 따라서 길이 미끄럽지 않다.	눈이 오면, 길이 미끄럽다. 길이 미끄럽다. 따라서 눈이 온다.

② 가정적 삼단논법

가정적 삼단논법은 두 조건명제를 이어서 새로운 조건명제를 추론하는 논증 방식이다.

가정적 삼단논법
p이면 q이다. p→q q이면 r이다. q→r ∴ p이면 r이다. ∴ p→r
가을이 가면, 겨울이 온다. 겨울이 오면, 날씨가 추워진다. 따라서 가을이 가면, 날씨가 추워진다.

③ 선언적 삼단논법

선언적 삼단논법
p이거나 q이다. p∨q p가 아니다. ~p ∴ q이다. ∴ q
민주당이나 공화당이 선거에서 이길 것이다. 민주당은 이기지 못한다. 따라서 공화당이 이길 것이다.

주의할 것은 'p∨q'와 'p'로부터 '~q'를 추론하는 것은 타당한 논증이 아니라는 점이다. 앞에서 보았듯이, 일반적으로 선언명제는 포괄적 선언으로 읽히기 때문에 선언지 중에 하나가 참이라고 해서 다른 하나가 거짓이라고 결론 내릴 수는 없다.

④ 연언지 단순화와 연언지 결합

연언지 단순화와 연언지 결합 규칙은, 각각 연언명제에서 하나의 연언지를 추론하고, 연언지들로부터 연언명제를 추론하는 규칙이다.

연언지 단순화	연언지 결합
p이고 q이다. $p \wedge q$ ∴ p이다. $\therefore p$	p이다. p q이다. q ∴ p이고 q이다. $\therefore p \wedge q$
나는 배가 고프고 다리가 아프다. 따라서 나는 배가 고프다.	신사임당은 화가이다. 신사임당은 여성이다. 따라서 신사임당은 화가이고 여성이다.

⑤ 선언지 첨가

선언지 첨가
p이다. p ∴ p이거나 q이다. $\therefore p \vee q$
철수는 대학생이다. 따라서 철수는 대학생이거나 유치원생이다.

지금까지 소개한 다른 타당한 논증 형식에 비해 선언지 첨가 규칙은 다소 덜 직관적이다. 그럼에도 불구하고, 어떤 명제가 참이라면 그 명제를 선언지로 갖는 명제 또한 필연적으로 참임이 분명하다. 또 뒤에서 보겠지만 이 논증 형식은 단독으로는 별로 쓰일 일이 없으나, 조금 더 복잡한 논증의 타당성을 검증하는 데에 유용하게 쓰일 수 있다는 점에서 중요성을 갖는다.

⑥ 딜레마

딜레마	
p이거나 r이다.	$p \vee r$
p이면 q이다.	$p \rightarrow q$
r이면 s이다.	$r \rightarrow s$
∴ q이거나 s이다.	$\therefore q \vee s$

오늘 저녁에 도서관에서 공부를 하거나 남자친구를 만날 것이다.
만약 도서관에서 공부를 한다면, 남자친구와 헤어지게 될 것이다.
만약 남자친구를 만난다면, 시험을 망칠 것이다.
따라서 남자친구와 헤어지거나 시험을 망칠 것이다.

일상 언어에서 두 개의 선택지 중에 어떤 것을 택해도 바람직하지 않은 귀결을 갖게 되는 상황을 딜레마라고 부른다. 논리학에서 딜레마라 불리는 논증도 크게 다르지 않다. 단 논리학에서는 그 귀결이 나쁜 귀결인지 아닌지와 상관없이 위와 같은 형식을 가진 논증은 무조건 딜레마라고 불리는 점에 주의해야 한다.

앞서 '논리적 동치'의 개념을 소개한 바 있다. 다음은 명제논리에서 중요한 역할을 하는 논리적 동치들이다(아래 표에서 '≡' 기호는 두 명제가 논리적 동치임을 나타내기 위해서 쓰였다).

드모르간 규칙	$\sim(p \vee q) \equiv \sim p \wedge \sim q$
	$\sim(p \wedge q) \equiv \sim p \vee \sim q$
교환 규칙	$p \wedge q \equiv q \wedge p$
	$p \vee q \equiv q \vee p$
이중부정	$\sim\sim p \equiv p$
대우	$p \rightarrow q \equiv \sim q \rightarrow \sim p$
단순함축	$p \rightarrow q \equiv \sim p \vee q$

드모르간 규칙은 낯설게 느껴질 수 있으나 일상생활에서도 상당히 유용하게 쓰이는 중요한 규칙이다. 가령, '혜원이가 삼겹살과 목살을 먹었다는 것은 거짓

이다'는 '혜원이는 삼겹살을 먹지 않았거나 목살을 먹지 않았다'와 논리적 동치이고, 이는 곧 두 문장이 같은 뜻임을 의미한다.

이제 기본적인 타당한 논증 형식과 논리적 동치들이 주어지면, 이를 반복해서 적용함으로써 조금 더 복잡한 논증의 타당성을 검증하는 데에 사용할 수 있다. 몇 가지 예를 보자.

P1. 만약 철수나 영희가 파티에 참석한다면, 동팔이도 파티에 참석할 것이다.
P2. 철수가 파티에 참석한다.
C. 따라서 동팔이는 파티에 참석한다.

여기서 바로 떠오르는 규칙은 P1을 사용해서 전건긍정법을 적용하는 것이다. 하지만 P1의 전건과 P2가 일치하지 않으므로 곧바로 전건긍정법을 적용할 수 없다. 이때 유용하게 사용할 수 있는 규칙이 선언지 첨가 규칙이다. P2로부터 '철수나 영희가 파티에 참석한다'가 참이라고 결론 내릴 수 있고, P1과 함께 전건긍정법을 적용해 '동팔이는 파티에 참석한다'가 반드시 참이라는 것을 알 수 있다. 이로부터 위의 논증이 타당하다는 것이 검증된다.

조금 더 복잡한 논증의 타당성도 같은 방식으로 검증해 볼 수 있다.

P1. 만약 철수가 파티에 참석하지 않는다면, 동팔이나 영희는 파티에 참석할 것이다.
P2. 철수나 동희가 파티에 참석할 것이라는 것은 거짓이다.
P3. 동팔이는 파티에 참석하지 않을 것이다.
C. 따라서 영희는 파티에 참석할 것이다.

P2는 드모르간 규칙에 의해서 '철수는 파티에 참석하지 않고, 동희도 파티에 참석하지 않는다'와 논리적 동치이다. 또 연언지 단순화 규칙에 의해 이로부

터 '철수가 파티에 참석하지 않는다'가 참임을 알 수 있다. 여기에 P1과 함께 전건긍정법을 적용하면 '동팔이나 영희가 파티에 참석할 것이다'가 참이라는 결론을 얻는다. 또 P3는 동팔이는 파티에 참석하지 않을 것이라고 말하고 있으므로, 선언적 삼단논법을 적용하면 '영희는 파티에 참석할 것이다'가 참이라는 결론을 얻는다. 즉, 위의 논증은 타당한 논증임을 알 수 있다.

연습문제

※ 다음 명제들을 주어진 문자를 사용하여 기호화하시오. 또 p가 참, q가 거짓, r이 거짓이라고 가정하고 각 명제의 진리치를 판단하시오.

1. 만일 트럼프 대통령이 중국을 계속 압박한다면, 중국이 굴복하거나 무역 전쟁이 시작될 것이다.
   (p: 트럼프 대통령이 중국을 계속 압박한다, q: 중국이 굴복한다. r: 무역 전쟁이 시작된다)

2. 만일 내일 비가 온다면, 오직 파티가 야외에서 개최되는 경우에만 파티가 취소된다.
   (p: 내일 비가 온다, q: 파티가 야외에서 개최된다, r: 파티가 취소된다)

3. 너나 나나 그 문제에 책임이 없음에도 불구하고, 내가 사과를 하겠다.
   (p: 네가 그 문제에 책임이 있다, q: 내가 그 문제에 책임이 있다, r: 내가 사과를 한다)

※ 다음 논증의 타당성을 검증하시오.

4. 오직 규찬이가 결석한 경우에만, 규만이나 규식이가 결석했다. 규찬이가 결

석하지 않았다. 따라서 규만이는 결석하지 않았다.

5. 이 전투에서 우리가 승리하려면 충분한 물자와 경험 많은 군인들이 있어야 한다. 물자도 부족하고 경험 많은 군인들도 없다. 따라서 이 전투에서 우리는 승리할 수 없다.

(3) 정언논리

1) 정언명제의 논리적 성질

명제논리에서는 단순명제를 기본 단위로 취급하였다. 하지만 단순명제 자체도 그 내적인 형식을 갖고 있는데, 정언논리는 이런 형식을 다루기 위해서 고안된 논리이다. 정언논리에서는 단순명제를 다음과 같은 범주로 구분한다.

	긍정	부정
전칭명제	모든 F는 G이다.	모든 F는 G가 아니다.
특칭명제	어떤 F는 G이다.	어떤 F는 G가 아니다.
단칭명제	a는 F이다.	a는 F가 아니다.

전칭명제는 일반적으로 '모든 …'으로 적절히 표현되는 명제로, 보편적인 주장을 담는다는 특징을 갖는다. 반면에 특칭명제는 '어떤 …'으로 적절히 표현되는 명제로, 어떤 것이 존재한다는 의미를 담고 있다. 단칭명제는 이 둘과는 달리 어떤 특정한 대상에 대한 서술을 담은 명제이다. 또 이들은 긍정 어미를 갖느냐 부정 어미를 갖느냐에 따라서 긍정명제와 부정명제로 구분된다. 가령, '모든 컵은 매장용이다'는 전칭긍정명제이고 '어떤 컵은 매장용이 아니다'는 특칭부정명제이다. '소크라테스는 매부리코이다'는 단칭긍정명제이고, '아리스토텔레스는 대머리가 아니다'는 단칭부정명제이다.

전칭명제와 특칭명제의 논리적 성질을 파악하는 데에 있어서, 그 둘이 각각 조건명제와 연언명제의 성격을 갖고 있다는 것을 알면 상당히 편리하다. 전칭명제는 다음과 같이 **조건명제**의 의미를 갖는다.

- 모든 F는 G이다: 무엇이든지, **만약** 그것이 F**라면**, 그것은 G이다.
- 모든 F는 G가 아니다: 무엇이든지, **만약** 그것이 F**라면**, 그것은 G가 아니다

반면에 특칭명제의 경우 **연언명제**로 자연스럽게 읽힌다. 즉, '어떤 F는 G이다'의 경우 다음을 뜻하는 것으로 볼 수 있다.

- 어떤 F는 G이다: 어떤 것이 존재하여, 그것이 F**이고** G이다.
- 어떤 F는 G가 아니다: 어떤 것이 존재하여, 그것이 F**이고** G가 아니다.

'모든 F는 G이다' 외에도 일상 언어에서 전칭긍정명제를 표현할 수 있는 방식은 상당히 다양하다.

예시

모든 물고기는 물속에 산다.
각각의 물고기는 물속에 산다.
무엇이든지 그것이 물고기라면, 그것은 물속에 산다.
물고기는 물속에 산다.
물속에 살지 않는 물고기는 없다.
물속에 살지 않는 모든 것은 물고기가 아니다.
오직 물속에 사는 것만이 물고기이다.

특히 마지막을 주의해서 보자. 공원 입구에 '오직 60세 이상만 무료 입장이 가능하다'라고 써 있다면, 이는 60세 이상이 아닌 사람은 모두 무료 입장이 가능하지 않다는 뜻이다. 즉 무료 입장이 가능한 사람은 모두 60세 이상이라는 말이다.

특칭명제 역시 여러 가지 방식으로 표현될 수 있다.

예시

어떤 동물은 물속에 산다.
몇몇 동물은 물속에 산다.
동물이면서 물속에 사는 것이 있다(존재한다).
물속에 사는 동물이 있다.

한 가지 주의할 것은 일상 언어에서 '어떤'이라는 표현이 등장한다고 해서 항상 특칭명제라고 보아서는 안 된다는 점이다. 다음 두 문장을 비교해 보자.

예시

(가) 어떤 동물은 물속에 살지 않는다.
(나) 어떤 동물도 물속에 살지 않는다.

(가)는 특칭부정명제로 보는 것이 맞지만, (나)는 '모든 동물은 물속에 살지 않는다'는 뜻을 가진 전칭부정명제로 읽는 것이 자연스럽다.

전칭명제는 조건명제의 성격을 갖고, 특칭명제는 연언명제의 성격을 갖는다는 것으로부터 정언명제들 사이의 논리적 동치 몇 가지를 이끌어 낼 수 있다. 가령 다음을 보자.

예시

모든 F는 G가 아니다.
모든 G는 F가 아니다.

첫 번째 문장은 '무엇이든지, 그것이 F라면 그것은 G가 아니다'는 뜻으로 읽힌다. 여기서 조건명제로 된 부분에 대해서 **대우**를 취하면, 이는 '무엇이든지, 그것이 G라면, 그것은 F가 아니다'와 논리적 동치임을 알 수 있다. 이는 '모든 G는 F가 아니다'와 논리적 동치이다.

또한 다음의 두 특칭명제도 서로 논리적 동치이다.

예시

어떤 F는 G이다.
어떤 G는 F이다.

첫 번째는 '어떤 것이 존재하여, 그것은 F이고 G이다'는 뜻으로 읽힌다. 그리고 여기서 연언명제로 된 부분에 **교환 규칙**을 적용하면 '어떤 것이 존재하여, 그것은 G이고 F이다'와 논리적 동치가 되며, 이는 두 번째 문장이 의미하는 바이다.

반면에 같은 원리를 적용하여, 다음의 각 쌍은 논리적 동치가 아니라는 것을 쉽게 파악할 수 있다.

예시

(가) 모든 F는 G이다.
모든 G는 F이다.
(나) 어떤 F는 G가 아니다.
어떤 G는 F가 아니다.

그렇다면 전칭명제와 특칭명제 사이에도 어떤 논리적 관계가 성립할까? 중요한 한 가지 관계는 전칭명제를 부정하면 특칭명제의 의미를 갖게 되고, 반대로 특칭명제를 부정하면 전칭명제의 의미를 갖게 된다는 것이다.

전칭긍정명제 ⟵ 모순관계 ⟶ 특칭부정명제
(모든 F는 G이다) (어떤 F는 G가 아니다)

전칭부정명제 ⟵ 모순관계 ⟶ 특칭긍정명제
(모든 F는 G가 아니다) (어떤 F는 G이다)

예를 들어, '모든 치킨집은 양념통닭을 판매한다'를 부정하면 '어떤 치킨집은 양념통닭을 판매하지 않는다'와 같은 뜻이 되고, '모든 취업준비생은 술을 즐기지 않는다'를 부정하면 '어떤 취업준비생은 술을 즐긴다'와 같은 뜻이 된다.

같은 이유로 다음 각각의 쌍은 서로 논리적 동치이다.

예시

(가) 모든 여자가 떡볶이를 좋아하는 것은 아니다.
어떤 여자는 떡볶이를 좋아하지 않는다.
(나) 돈가스를 싫어하는 남자는 없다.
모든 남자는 돈가스를 싫어하지 않는다.

여기서 (가)의 첫 번째 문장은 '모든 여자가 떡볶이를 좋아하지 않는다'라는 전칭부정명제와는 완전히 다른 뜻을 가짐에 주의해야 한다. 첫 번째 문장은 '모든 여자가 떡볶이를 좋아한다'라는 전칭긍정명제 전체를 부정하는 것으로 읽어야 한다. 따라서 특칭부정명제인 두 번째 문장과 논리적 동치가 된다. (나)의 경우 'F인 G는 없다'는 문장은 '어떤 F는 G이다', 즉 특칭긍정명제 전체를 부정하는 것으로 보아야 한다. 그렇기 때문에 전칭부정명제와 논리적 동치가 된다.

한편, '모든 F는 G이다'와 '모든 F는 G가 아니다'는 모순관계에 있지 않음을 주의해야 한다. '모든 지원자는 TOEFL 성적을 가지고 있다'가 거짓이라고 해서, '모든 지원자는 TOEFL 성적을 가지고 있지 않다'가 참이라는 보장은 없다. 일부 지원자는 TOEFL 성적을 가지고 있고 다른 일부는 그렇지 않을 가능성도 있기 때문이다. '모든 F는 G이다'와 '모든 F는 G가 아니다'가 갖는 관계를 모순관계와 구분하여 '반대관계'라고 부르기도 한다.

2) 벤 다이어그램 방법

정언명제의 특징 중 하나는 그 의미를 벤 다이어그램에 완전하게 표현할 수 있다는 점이다. 이런 특징 때문에 벤 다이어그램은 이런 명제들 사이의 논리적 관계를 파악하는 데에 상당히 유용하게 사용될 수 있다.

우선 전칭명제를 벤 다이어그램에 표시해 보자.

모든 F는 G이다.	모든 F는 G가 아니다.
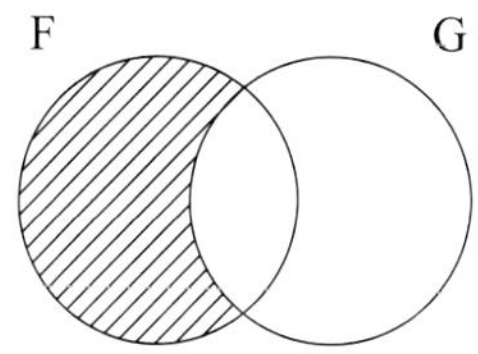	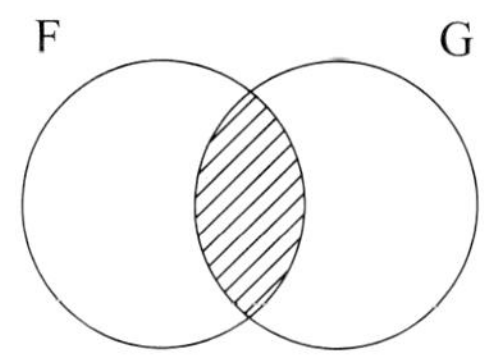

여기서 어떤 영역에 빗금이 쳐진 것은 그 영역에 아무것도 존재하지 않음을 의미한다. '모든 F는 G이다'는 'F이면서 G가 아닌 것은 없다'는 뜻이므로 F이면서 G가 아닌 곳에 빗금이 그어졌다. 비슷하게, '모든 F는 G가 아니다'는 'F이면서 G인 것은 없다'는 뜻이므로 F와 G가 겹치는 영역에 빗금이 그어졌다.

특칭명제는 전칭명제와 다른 방식으로 표시된다.

어떤 F는 G이다.	어떤 F는 G가 아니다.
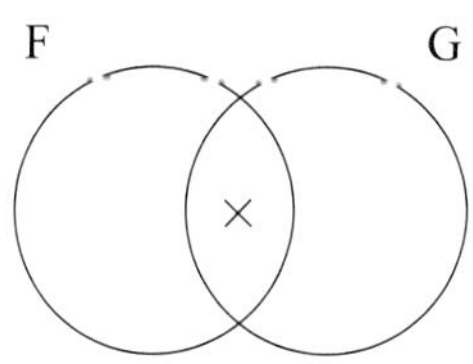	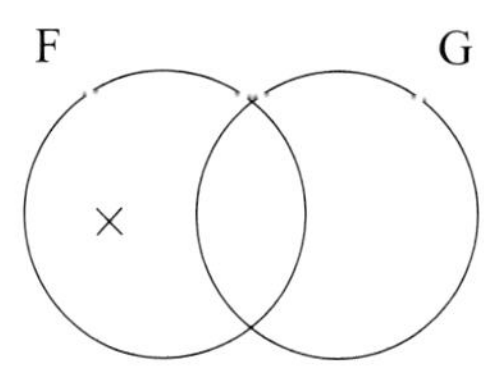

특칭명제는 어떤 것이 존재한다는 의미를 갖는다. 'x'로 표시된 것은 그 영역에 적어도 하나의 대상이 존재함을 의미하는 것으로 보면 된다.

특정한 대상에 대한 명제인 단칭명제는 어떨까? 단칭명제의 경우 특칭명제와 유사한 방식으로 표현하면 되지만, 특정한 대상에 대해서 말하고 있다는 점에서 'x' 표시 아래에 그 대상을 명시하는 방식으로 표현해 줄 수 있다.

a는 F이다.	a는 F가 아니다.
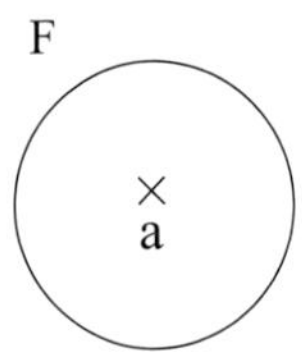	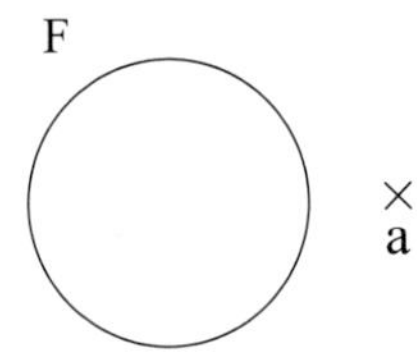

앞에서 정언명제들 사이의 논리적 관계에 대해서 살펴보았는데, 이런 논리적 관계도 벤 다이어그램으로 쉽게 재확인해 볼 수 있다. 가령, 앞에서 '모든 F는 G가 아니다'와 '모든 G는 F가 아니다'가 논리적 동치임을 보았다. 이 두 명제의 벤 다이어그램을 그려 보면, 두 명제는 정확히 같은 벤 다이어그램으로 표현된다는 것을 쉽게 알 수 있다. 이는 두 명제가 논리적 동치라는 것을 의미한다.

또 전칭긍정명제를 부정하면 특칭부정명제와 같은 의미가 된다는 것을 보았다. 즉, '모든 F는 G이다'와 '어떤 F는 G가 아니다'는 모순관계에 있다. 이 역시 벤 다이어그램을 통해 다시 확인할 수 있다. 두 명제의 벤 다이어그램을 비교해 보면, 정확히 같은 영역이 하나는 빗금으로 표시되었고, 다른 하나는 'x'로 표시되었음을 알 수 있다. 이는 두 명제가 서로 모순된 말을 하고 있음을 의미한다.

뿐만 아니라 벤 다이어그램을 정언명제로 이루어진 다양한 논증의 타당성을 검증하는 데에 사용할 수도 있다. 몇 가지 예를 통해 이를 살펴보자.

예시

모든 고래는 포유류이다.
모든 포유류는 어미젖을 먹는다.
따라서 모든 고래는 어미젖을 먹는다.

우선 전제가 표현하는 바를 하나의 벤 다이어그램에 나타낸다. 그리고 결론이 표현하는 바를 다른 벤 다이어그램에 나타낸다.

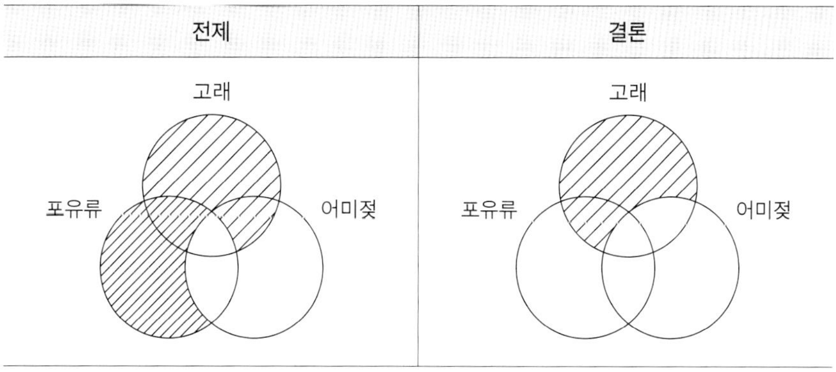

그런 다음 타당성을 검증하기 위해서 전제가 표현하는 바가 결론이 표현하는 바를 포함하고 있는지를 본다. 그 결과 결론의 벤 다이어그램에서 빗금 그어진 모든 영역이 전제에서 이미 빗금이 그어져 있으므로, 이 논증은 타당하다고 결론 내릴 수 있다.

또 다른 예를 살펴보자.

예시

모든 고래는 포유류이다.
어떤 고래는 지느러미가 달렸다.
따라서 어떤 포유류는 지느러미가 달렸다.

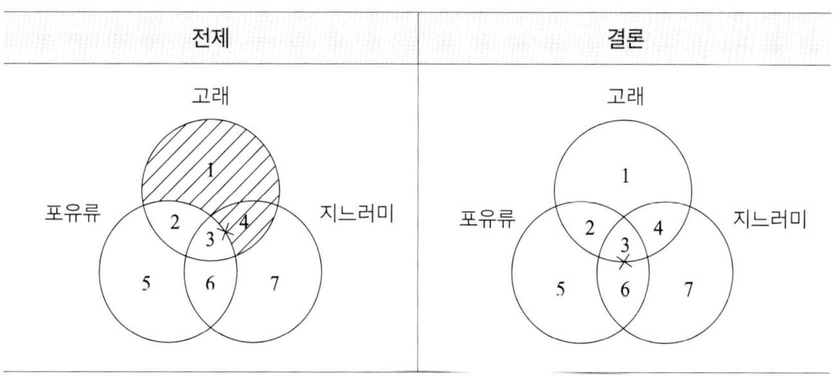

두 번째 전제는 영역 3과 4 중 한 곳에 어떤 것이 존재한다고 말하고 있으므로, 'x'를 영역 3과 4 사이에 표시해 주었다. 하지만 첫 번째 전제에 의해 영역 4

는 빗금이 쳐지므로, 결국 'x' 표시는 영역 3에 어떤 것이 존재함을 말하는 것이다. 결론의 벤 다이어그램은 영역 3이나 6 중 한 곳에 어떤 것이 존재함을 말하고 있는데, 이는 전제에 대한 벤 다이어그램의 'x'가 표시된 영역 3을 포함한다. 따라서 이 역시 타당한 논증이다.

이번에는 타당하지 않은 논증의 예를 하나 생각해 보자.

예시

모든 고래는 포유류이다.
어떤 포유류는 날개가 달렸다.
따라서 어떤 고래는 날개가 달렸다.

전제	결론
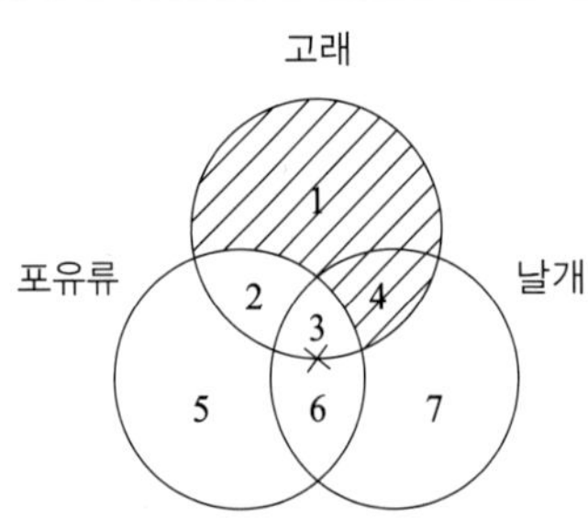	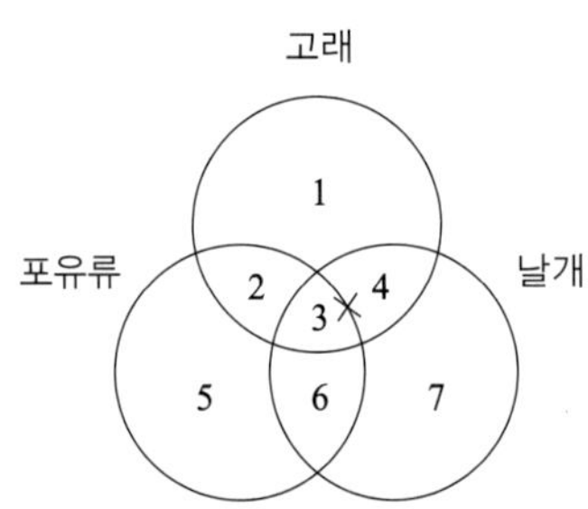

전제의 'x' 표시는 영역 3과 6에 걸쳐 있다. 즉, 영역 3 또는 6에 어떤 것이 존재한다는 말이다. 반면 결론은 영역 3 또는 4에 어떤 것이 존재함을 말하고 있는데, 이는 전제에 대한 벤 다이어그램의 영역 6을 포함하지 않는다. 따라서 이는 부당한 논증이다.

마지막으로 단칭명제를 포함하는 논증 하나를 고려해 보자.

예시

모든 20대 남성은 온라인 게임을 즐긴다.
철수는 20대 남성이다.
따라서 철수는 온라인 게임을 즐긴다.

전제	결론
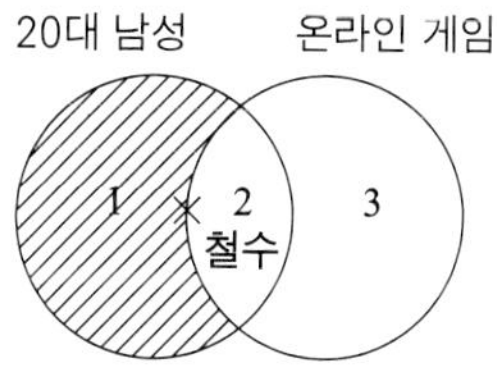	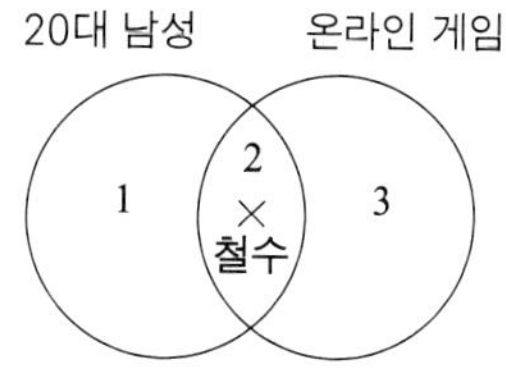

철수를 나타내는 'x'는 영역 1과 2에 걸쳐 있으나, 영역 1은 빗금이 쳐져 있으므로 철수는 영역 2에 존재하는 셈이 된다. 이는 곧 결론이 말하는 바와 같으므로, 이 논증은 타당하다고 결론 내릴 수 있다.

연습문제

※ 다음 각 쌍의 명제들이 논리적 동치인지 논리적 모순관계에 있는지 검증하시오.

1. 모든 토끼는 당근을 좋아한다.
   당근을 좋아하지 않는 토끼도 존재한다.

2. 여론을 제대로 반영하는 신문이 없다.
   모든 신문이 여론을 제대로 반영하지 않는다.

3. 인간은 이성적이다.
   비이성적인 동시에 인간인 것은 없다.

4. 오직 사람만이 두 발로 걷는다.
   두 발로 걸으면서 사람이 아닌 것이 존재한다.

※ 다음 논증의 타당성을 검증하시오.

5. 모든 코끼리는 날개를 갖고 있지 않다. 덤보는 날개를 갖고 있다. 따라서 덤보는 코끼리가 아니다.

6. 가난한 사람이면 누구나 행복하지 않고, 행복한 우울증 환자는 존재하지 않는다. 따라서 모든 우울증 환자는 가난하지 않다.

7. 몇몇 사회 취약 계층으로 분류된 이들은 의료보험 혜택을 받지 못하는데, 그 이유는 모든 불법 노동자는 의료보험 혜택을 받지 못하며, 사회 취약 계층으로 분류되지 않는 모든 사람은 불법 노동자가 아니기 때문이다.

3. 귀납논증

연역논증의 경우 논증의 타당성이 그 형식에 의해 결정된다는 것을 보았다. 귀납논증의 경우에도 몇 가지 중요한 논증 형식을 구분해 낼 수 있다. 그러나 한 가지 미리 알아 두어야 할 것은 연역논증의 경우와 달리, 귀납논증의 논리적 올바름은 그 형식에 의해 전적으로 결정되는 것이 아니라는 점이다. 앞으로 보게 되겠지만, 귀납논증이 논리적으로 올바른지 여부는 우리가 가진 배경지식에도 부분적으로 의존한다.

(1) 귀납적 일반화

우리가 당연한 것으로 여기는 일반 명제 몇 가지를 생각해 보자. 물을 마시면 목마름이 해소될 것이라고 생각한다. 불에 손을 대면 손이 델 것이라고 생각하고, 대부분의 에너지 드링크는 각성 효과가 있다고 생각한다. 이런 일반적 명제에 대한 지식은 어떻게 얻게 되는 것일까? 과거의 관찰에 기초해서 다음과 같은 추론을 통해 얻었다고 보는 것이 합당해 보인다.

귀납적 일반화
(가) 관찰된 모든 F는 G이다. 따라서 모든 F는 G이다. (나) 관찰된 모든 F의 n%는 G이다. 따라서 모든 F의 n%는 G이다.

(가)의 '모든 F는 G이다'와 같은 전칭명제가 '보편적 일반화'에 해당한다면, (나)의 '모든 F의 n%는 G이다'와 같은 진술은 '통계적 일반화'라 부를 수 있다. 보편적 일반화는 통계적 일반화에서 n=100에 해당하는 특수한 경우라는 점에서, (가)와 (나)는 사실상 구분되는 형식이 아니다. n의 정확한 수치 대신에 '대부분', '거의 모든', '상당수의' 등등의 표현이 들어갈 수도 있다. 가령, '내가 만났던 대부분의 사람은 스마트폰을 가지고 있었다. 따라서 대부분의 사람들은 스마트폰을 가지고 있는 것이 틀림없다'와 같은 논증도 귀납적 일반화이다.

귀납적 일반화는 일상생활에서나 과학에서 흔히 사용되지만, 이런 추론 방식이 가장 명시적으로 드러나는 것은 여론조사이다. 여론조사에서는 표본을 선정해 어떤 문제에 대한 사람들의 의견을 조사한 후, 전체 인구의 의견에 대한 결론을 내리는데, 이는 전형적인 귀납적 일반화의 형식을 따르는 논증이다.

귀납적 일반화는 다음과 같이 평가된다. 첫째, 관찰된 사례의 양이 많을수록 논증은 강화된다. 여론조사의 경우 조사의 표본이 1,000명인 경우보다 2,000명인 경우에 더 신뢰성이 높다고 할 수 있다. 둘째, 관찰된 사례가 다양할수록 논증이 강화된다. 여론조사의 경우 다양한 지역, 다양한 연령대, 다양한 계층을 표본으로 삼는 것이 그렇지 않은 경우에 비해 강도가 높다.

그러나 아무리 관찰된 표본이 크고 다양하더라도 귀납적 일반화는 연역논증만큼의 확실성을 가지지는 못한다는 점에 주의해야 한다. 예를 들어, '인류가 존재하는 동안 하루도 빠짐없이 아침에 해가 떠올랐다'는 것으로부터 '매일 아침에 해가 뜬다'라고 결론 내리는 것은, 그 개연성이 상당히 높다고 할 만하지만 연역논증에서와 같은 확실성이 있다고 보아서는 안 된다.

(2) 통계적 삼단논법

개별적 사례들로부터 확립된 통계적 일반화는 역으로 개별적인 사례에 대한 진술을 뒷받침하기 위해 사용될 수 있다. 가령, '대부분의 사람들은 스마트폰을 가지고 있다'는 전제로부터, '내가 지금 만날 사람도 스마트폰을 가지고 있을 것이다'라고 추론하는 식이다.

통계적 삼단논법
모든 F의 n%는 G이다. a는 F이다. 따라서 a는 G이다.

여기서 n은 50에서 100 사이의 어떤 수여야 한다. 만약 n이 100이라면, 이 논증은 귀납논증이 아닌 연역논증이 된다. 50 밑으로 내려간다면 전제는 주어진 결론이 아니라, 그의 부정을 뒷받침하는 것으로 보아야 한다. 귀납적 일반화에서와 비슷하게, 정확한 수치를 가진 통계적 일반화 대신에 '대부분의 F는 G이다'와 같은 진술을 전제로 가진 논증도 통계적 삼단논법으로 분류한다.

일반적으로 통계적 삼단논법의 강도는 n이 얼마나 크냐에 따라 결정된다. 100에 가까울수록 강한 논증이고 100에서 멀어질수록 좋지 않은 논증이다. 그러나 수치가 100에 가깝다고 해서 무조건 강한 논증이 되는 것은 아니라는 점에 유의해야 한다. 어떤 대상이 통계적 일반화의 예외가 된다고 볼 타당한 이유가 있는 경우, 그 수치가 아무리 높다고 하더라도 통계적 삼단논법은 좋은 논증이 되지 못할 수 있다. 가령 다음과 같은 예를 보자.

예시

20대 여성의 99%는 1억 원 미만의 자산을 가지고 있다.
인기가수 아이유는 20대 여성이다.
따라서 아이유는 1억 원 미만의 자산을 가지고 있을 것이다.

아이유는 유명 연예인이고, 그렇기 때문에 보통의 20대와는 달리 이미 꽤 많은 자산을 가지고 있을 것이라 짐작할 만하다. 즉, 아이유는 1억 원 미만의 자산을 가진 99%의 20대에 속하지 않는다고 볼 만한 타당한 이유가 있다는 것이다. 이런 경우 위의 논증은 결론을 전혀 지지하지 못한다. 이런 점 때문에 통계적 삼단논법을 사용할 때에는 개별적인 사례가 통계적 일반화의 예외가 된다고 생각할 이유가 있는지 주의 깊게 살펴보아야 한다.

(3) 유비논증

새로운 반려견을 입양하려고 한다고 하자. 예전에 몰티즈를 키운 적이 있는데, 좁은 집에서 키우기에 적당했다. 화이트테리어는 몰티즈와 색깔이나 생김새도 비슷하고 덩치도 비슷하다. 이로부터 화이트테리어 역시 좁은 집에서 키우기에 적절할 것이라고 결론 내린다면, 이는 유비논증을 사용하고 있는 것이다.

유비논증
X는 a, b, c 등의 성질을 가지고 있다. Y는 a, b, c 등의 성질을 가지고 있다. X는 z의 성질을 가지고 있다. 따라서 Y 역시 z의 성질을 가지고 있다.

유비논증의 강도는 비교되는 대상들이 관련된 측면에서 얼마나 유사하냐에 따라 결정된다. 즉, 두 대상이 관련된 측면에서 유사하면 할수록 강한 논증이 된다. 여기서 관련된 측면이란 결론에서 추론하려고 하는 성질(즉 z)과 유사한 성질들(즉 a, b, c)의 관련성을 말하는 것이다. 다음과 같은 논증을 보자.

예시

과학자들은 사카린의 섭취가 인간에게 어떤 영향을 끼치는지를 알아내고자 하였다. 이를 위해 흰쥐를 가지고 실험한 결과 많은 양의 사카린을 섭취한 흰쥐들이 그렇지 않은 흰쥐들에 비해서 방광암에 걸릴 확률이 훨씬 높다는 사실을 밝혀냈다. 전문가들은 흰쥐와 사람이 생리학적으로 많은 점에서 유사하기 때문에 사카린이 사람에게도 방광암을 일으킬 수 있다고 결론 내렸다.

얼핏 보아 흰쥐와 사람은 그다지 유사해 보이지 않는다. 그럼에도 불구하고 위의 논증은 좋은 논증이라 볼 수 있는데, 이는 문제가 되고 있는 생리학적인 측면에서 흰쥐와 사람이 유사성이 있다고 알려졌기 때문이다. 이처럼 어떤 유사성이 관련된 측면에서의 유사성인지를 결정하기 위해서는 과학적 지식이 동원되어야 하는 경우도 있다.

유비논증은 일상생활에서도 흔히 사용되는데, 특히 심리적인 측면에서 사람들의 마음에 쉽게 각인되기 때문에 적절히 사용하면 상당히 효과적이다. 예를 들어 한 정치인이 수년 전에 제시했던 다음과 같은 유비는 아직도 사람들 사이에서 회자된다.

예시

한나라당과 민주당 고생하셨습니다. 이제 퇴장하십시오. 50년 동안 썩은 판을 이제 갈아야 합니다. 50년 동안 똑같은 판에다 삼겹살 구워 먹으면 고기가 시커매집니다. 판을 갈 때가 이제 왔습니다.

(4) 인과논증

일상생활에서나 과학에서 원인과 결과의 관계, 즉 인과관계를 확인하는 것은 여러 가지 측면에서 상당히 중요하다. 예를 들어 교통사고의 원인을 밝혀내는 것은 사고의 책임을 따지기 위해서나, 미래에 유사한 사고를 방지하기 위해서 반드시 해야 할 일이다.

그렇다면 인과관계를 진술하는 명제의 정확한 의미는 무엇일까? 안타깝게도 인과관계 진술이 가진 단일한 의미를 찾기가 쉽지 않다. 어떤 학자들은 인과관계 진술이 가진 두 가지 두드러진 의미를 구분한다.

- **충분조건으로서의 원인**: A가 B의 원인일 때, A가 B의 충분조건인 경우가 있다. 즉, A가 일어나면 B가 일어난다는 보장이 있는 것이다. 이런 경우 A는 B의 충분조건으로서의 원인이라고 한다. 어떤 결과를 산출하는 것이 목표일 때, 충분조건으로서의 원인 개념이 중요하다.
  예) - 풍선에 바람을 불어 넣으면 풍선이 부풀어 오른다.
  - 호수에 돌을 던지면 물결 파동이 발생한다.

- **필요조건으로서의 원인**: A가 B의 원인일 때, A가 B의 필요조건인 경우가 있다. 즉, A가 일어나지 않는다면 B가 일어나지 않는다는 보장이 있는 것이다. 이런 경우 A는 B의 필요조건으로서의 원인이라고 한다. 어떤 결과를 막는 것이 목표일 때, 필요조건으로서의 원인 개념이 중요하다. 원인을 제거해 버린다면, 결과는 발생하지 않을 것이기 때문이다.

  예) - 산소가 있어야 초에 불이 붙는다.
  - 올림픽에 참가해야 올림픽 금메달을 딸 수 있다.

하지만 모든 인과관계가 이 두 가지 범주 중 하나에 속한다고 생각해서는 안 된다. 예를 들어, 흡연이 폐암의 원인이라고 하지만, 흡연은 폐암의 충분조건으로서의 원인도 아니고, 필요조건으로서의 원인도 아니다. 기껏해야 흡연자 중 폐암 환자의 비율과 비흡연자 중 폐암 환자의 비율을 비교했을 때, 전자가 후자에 비해 높을 것이라고 기대할 수 있을 뿐이다.

인과관계 자체가 갖는 복잡성 때문에, 인과관계를 확립하는 단일한 결정적인 절차 같은 것은 알려진 것이 없다. 다시 말해, 인과관계를 추론하는 인과논증은 단 하나의 정형화된 형식을 갖는다고 볼 수 없다. 그럼에도 불구하고 제한된 경우에 인과관계를 효과적으로 추정할 수 있는 일련의 방법이 있는데, 이를 처음으로 체계화한 철학자 존 스튜어트 밀(John Stuart Mill)의 이름을 따서 '밀의 원인 발견법'이라 부른다. 그중 몇 가지를 소개한다.

1) 일치법

상황을 이루는 요소들	결과
ABCD	X
ABCE	X
ABDF	X
ACDG	X

위의 도식은 여러 가지 상황에서 결과 X가 일어난 경우를 상정한다. 이 경우 여러 상황에서 공통된 요소, 즉 A를 그 원인이라고 추론하는 것이 일치법이다.

예를 들어 보자. 어떤 식당에서 같은 시간대에 식사를 한 일단의 사람들이 식중독에 걸렸다고 하자. 식중독의 원인이 무엇인지를 찾기 위해서는 식중독에 걸린 사람들이 공통적으로 먹은 음식이 무엇인지를 조사하는 것이 첫 번째 순서일 것이다. 만약 식중독에 걸린 사람이 공통적으로 먹은 음식이 깍두기밖에 없다면, 깍두기를 식중독의 원인으로 지목하는 것이 합당하다.

그러나 이 방법이 결정적이라고 생각해서는 안 된다. 가령, 위의 예에서 사실 식중독에 걸린 사람이 모두 깍두기를 먹었다는 것은 우연에 불과하고, 오염된 물수건이 식중독의 진짜 원인이었을 가능성을 배제할 수 없다.

2) 차이법

상황을 이루는 요소들	결과
ABCD	X
(~A)BCD	~X

차이법은 결과가 나타난 상황과 그렇지 않은 유사한 두 상황을 두고, 그 차이를 만든 요소가 무엇인지에 주목한다. 위의 경우 A의 존재 여부가 이 차이를 만든 요소이므로, A를 X의 원인이라 결론 내린다.

예를 들어, 최근에 불면증에 시달리고 있는데, 잠자리에서 스마트폰을 사용하는 것이 불면증의 원인인지를 알아보고 싶다고 하자. 이를 위해 이틀에 걸쳐서 작은 '실험'을 진행할 수 있다. 첫째 날과 둘째 날에 모든 조건을 유사하게 한 다음, 하루는 잠자리에서 스마트폰을 사용하고 하루는 잠자리에서 스마트폰을 사용하지 않는 것이다. 첫째 날은 힘들게 잠이 들었지만, 둘째 날은 불면증 없이 편히 잠이 들었다면, 스마트폰 사용이 불면증의 원인이라고 합당하게 결론 내릴 수 있을 것이다.

3) 일치 차이 병용법

상황을 이루는 요소들	결과	상황을 이루는 요소들	결과
ABCD	X	(~A)BCD	~X
ABCE	X	(~A)BCE	~X
ABDF	X	(~A)BDF	~X
ACDG	X	(~A)CDG	~X

일치 차이 병용법은 말 그대로 일치법과 차이법을 동시에 사용하여 두 방법을 강화하는 것이다. 위의 표에서 왼쪽 줄은 일치법과 정확히 일치한다. 반면에 각 행에서는 차이법이 사용되고 있다.

예를 들어, 앞에서 일치법과 관련하여 든 예에서, 깍두기를 먹은 사람과 깍두기를 먹지 않은 사람을 비교하여, 깍두기를 먹지 않은 사람은 식중독에 걸리지 않았음이 밝혀진다면, 깍두기가 식중독의 원인이라는 결론은 더욱 강화될 것이다.

4) 공변법

상황을 이루는 요소들	결과
A↓BC	X↓YZ
A↑BC	X↑YZ

다른 요소들이 변화하지 않는 상황에서, 어떤 요소의 증감이 다른 요소의 증감과 함께 움직인다면, 두 요소를 원인과 결과로 생각할 수 있다는 것이 공변법이다.

예를 들어, 음주 단속의 빈도를 높일수록 음주 운전으로 인한 사고가 줄어들고, 음주 단속의 빈도를 낮출수록 음주 운전으로 인한 사고가 늘어났다고 해 보자. 이로부터 음주 단속이 음주 운전으로 인한 사고를 줄이는 데에 효과가 있다고 결론을 내린다면, 이는 공변법을 사용한 추론이다.

앞에서 강조했듯이, 밀의 원인 발견법이 인과관계를 검증하는 결정적인 방법이라고 생각되어서는 안 된다. 또 인과관계를 확인하기 위해서 이런 방법을 적용하는 것이 아예 불가능한 경우도 있을 수 있다. 가령, 오스트리아-헝가리 제국의 왕위 계승자의 암살이 제1차 세계대전 발발의 원인이었는지를 결정하기 위해서는 밀의 원인 발견법이 그다지 쓸모가 있어 보이지 않는다.

(5) 최선의 설명으로의 추론

강의 시간에 맞추어 강의실에 도착했다고 하자. 그런데 강의실에 아무도 없는 것이 아닌가? 이로부터 어떤 결론을 내릴 수 있을까? 아마도 보통의 경우에 '오늘 수업이 휴강인데, 나만 모르고 있었나 보다'는 결론을 합당하게 추론할 수 있는 것으로 보인다. 이런 종류의 추론은 다음의 형식을 따라 진행된다고 볼 수 있을 것이다.

최선의 설명으로의 추론
P가 발생하였다. H가 P에 대한 가장 좋은 설명을 제공한다. 따라서 H는 참이다.

자동차의 시동이 안 걸리는 것을 보고, 배터리가 방전되었다고 생각한다든지, 어떤 학생이 나를 보고 항상 미소 짓는 것을 보고, 그 학생이 나를 좋아하고 있다고 생각한다든지 하는 식의 추론도 최선의 설명으로의 추론으로 볼 수 있다.

최선의 설명으로의 추론은 일상생활에서뿐만 아니라 과학에서도 많이 사용된다. 가령, 뉴턴의 역학 이론이 많은 현상들에 대한 훌륭한 설명을 제공한다는 것은 그것이 참이라고 볼 합당한 이유로 여겨졌다. 눈으로 직접 관찰할 수 없는 블랙홀의 존재가 받아들여지는 것은, 그것이 존재한다는 가설이 달리 설명될 수 없는 우주적인 현상들을 잘 설명한다고 생각되기 때문이다.

최선의 설명으로의 추론에서 가장 중요한 역할을 하는 것은 두 번째 전제이다. 일반적으로 하나의 현상에 대해서 여러 가지 대안적인 설명이 있을 수 있는

데, 이 전제는 주어진 설명이 다른 대안적인 설명에 비해 더 좋은 설명임을 요구한다. 가령, 앞의 예에서 '교수님과 모든 수강생이 오늘 심하게 아파서 수업에 참석할 수 없다'라는 가설 역시 오늘 강의 시간에 아무도 강의실에 나타나지 않았다는 사실을 설명할 것이다. 그럼에도 불구하고 상식적으로 볼 때, 이런 설명은 '오늘 수업이 휴강이다'라는 가설에 의거한 설명보다 좋지 않은 설명임이 분명하다.

그렇다면 어떤 설명이 다른 설명보다 더 좋은지를 결정하는 기준은 무엇일까? 그 대략적인 기준으로 다음과 같은 사항들이 거론된다.

① 경험적·상식적 차원에서 받아들이기 어려운 주장을 포함하지 않는 설명이 더 좋은 설명이다.
② 기존의 과학 이론이 말하는 바와 잘 맞지 않는 주장을 포함하지 않는 설명이 더 좋은 설명이다.
③ 다른 조건이 같다면, 보다 단순한 설명이 더 좋은 설명이다.
④ 유사한 다른 현상들도 설명할 수 있는 설녕이 너 좋은 실명이다.

그러나 이런 기준이 절대적이라고 여겨서는 안 된다. 기존의 과학 이론과 잘 맞지 않는 가설이 어떤 현상에 대한 최선의 설명으로 여겨질 수 있고, 이는 거꾸로 기존의 이론이 폐기되는 중요한 계기가 될 수도 있다.

마지막으로 최선의 설명으로의 추론과 밀접히 연관된, 자연과학 및 사회과학의 표준적인 방법론이라고 할 만한 방법 하나를 소개한다. **가설연역법**이라 불리는 방법인데, 이는 그 자체로 하나의 논증의 형식이라기보다는 과학적 가설을 확립하고 반박하는 일반적인 절차를 체계화한 것이다.

가설연역법
단계 1: 어떤 현상을 설명할 수 있는 가설을 제안한다.
단계 2: 그 가설로부터 검증 가능한 귀결을 이끌어 낸다.
단계 3: 그 검증 가능한 귀결이 실제로 발생하는지 조사함으로써, 가설을 확증 또는 반증한다.

다음의 예가 이런 절차를 잘 보여 준다.

예시

천문학자 에딩턴은 아인슈타인의 상대성 이론이 옳음을 입증하기 위해 다음과 같은 절차를 생각해 냈다. 만일 아인슈타인의 상대성 이론이 참이라면, 그리고 에딩턴이 관측에 사용할 사진기가 신뢰할 만한 관찰 도구라면, 강한 중력을 지닌 태양의 주변을 지나는 빛이 휘어지는 현상을 관측할 수 있을 것이다. 그는 1919년 아프리카에서 개기일식 때 태양 주변의 별들을 사진기로 촬영했고, 6개월 뒤 그 별들을 다시 촬영하여 그 위치를 비교했다. 이 관측에서 그는 개기일식 때 찍은 별들의 위치와 6개월 뒤 찍은 별들의 위치에 차이가 있음을 확인할 수 있었고, 이 위치의 차이는 아인슈타인의 상대성 이론으로 계산할 수 있는 위치의 차이와 일치했다. 즉 에딩턴은 빛이 강한 중력을 가진 태양 옆을 지날 때 휘어짐을 확인했다. 따라서 그는 아인슈타인의 상대성 이론이 옳다고 결론 내렸다.

가설연역법의 단계 1은 최선의 설명으로의 추론과 유사하다. 어떤 현상을 설명하기 위해서 가설 또는 이론이 세워지는 단계이다. 하지만 과학에서는 가설이 이미 알려진 현상을 설명하는 데에 만족하지 않고, 새로운 현상을 통해 그 가설을 추가적으로 확증하고자 한다. 그를 위해 필요한 것이 단계 2와 단계 3이다.

단계 2는 단계 1에서 세워진 가설로부터 관찰이나 실험에 의해 검증할 수 있는 새로운 예측을 도출하는 단계이다. 위의 예에서 볼 수 있듯이 어떤 가설로부터 관찰을 통해 검증 가능한 예측을 도출하는 것은 종종 상당한 전문지식과 독창성의 발휘가 필요한 일이다.

단계 3은 그 예측이 맞는지를 실제로 검증하는 단계이다. 일반적으로 말해서, 예측한 바가 실제로 일어나면 그 가설이 강화 또는 확증되고, 일어나지 않으면 가설이 약화 또는 반증된다고 생각할 수 있다. 그러나 실제 상황은 이보다 훨씬 복잡하다.

우선 예측된 바가 거짓임이 드러나는 경우를 생각해 보자. 문제를 복잡하게 만드는 것은, 일반적으로 가설로부터 검증 가능한 귀결을 도출할 수 있기 위해서는 다른 보조적인 가설들이 필요하다는 점이다. 가령, 위의 예에서 상대성 이론뿐만 아니라 태양 및 주변 별의 정확한 위치라든지, 빛의 성질, 심지어는 관측 장비의 신빙성 같은 것들에 대한 전제가 추가되어야 정확한 예측이 가능할 것이다. 문제가 되는 가설 외에, 검증 가능한 예측을 도출하기 위해서 필요한 이런 전제들을 '보조가설'이라 부른다. 이제 가설과 보조가설에 의해 어떤 예측이 도출되었지만 그 예측된 바가 나타나지 않을 때, 어떤 논리적 귀결이 나올지 생각해 보자(여기서 'H', 'A', 'O'는 각각 가설, 보조가설, 예측된 바를 의미).

$$(H \wedge A) \rightarrow O$$

$$\sim O$$

$$\therefore \ \sim(H \wedge A)$$

예측된 바가 발생하지 않을 경우 후건부정법에 따라 가설 H와 보조가설 A가 둘 다 참일 수는 없다는 결론이 나온다. 앞에서 배운 드모르간 규칙에 따라, 이는 H가 거짓이거나 A가 거짓임을 함축한다. 이는 논리적으로 보아서는 가설이 반박된 것으로 결론 내려야 할지, 아니면 보조가설이 반박된 것으로 결론 내려야 할지 결정할 수 없음을 의미한다.

다음의 두 가지 역사적 일화는 가설이 예측하는 바가 거짓으로 판명되었을 때, 완전히 다른 두 가지 일이 발생할 수 있음을 잘 보여 준다.

예시

(가) 해왕성이 발견되기 전에 과학자들은 천왕성이 뉴턴 역학이 예측하는 궤도와는 다른 궤도로 움직인다는 것을 관측하였다. 이는 뉴턴 역학을 반박하는 관측으로 여겨질 수도 있었지만, 아담스와 르베리에는 이와는 다른 방식으로 이 관측을 수용하고자 하였다. 그들은 천왕성 바깥쪽에 또 다른 행성, 즉 해왕성이 존재한다고 추측하였다. 해왕성은 이후 망원경 관측에 의해서 실제로 발견되었다.

(나) 르베리에는 수성의 궤도가 뉴턴 역학이 예측하는 바에서 다소 벗어나는 것도 이와 유사한 방식으로 설명하고자 하였다. 즉, 르베리에는 수성의 궤도보다 더 작은 궤도를 가진 또 다른 행성 '벌칸'이 존재한다고 가정하였다. 하지만 벌칸을 찾으려는 모든 시도는 실패하였다. 나중에 뉴턴 역학이 아인슈타인의 상대성 이론에 의해 대체된 이후에야 수성의 궤도를 제대로 설명할 수 있게 되었다. 이 경우 수성의 궤도는 뉴턴 역학을 반박하는 사례로 판명되었다.

(가)는 가설이 예측한 바가 거짓으로 드러나 보조가설(즉, 천왕성 바깥쪽에는 아무런 행성이 없다는 가설)도 거짓으로 판명된 경우이다. 반면에 (나)는 가설 자체(즉, 뉴턴 역학)가 거짓인 것으로 드러난 경우이다. 결국 가설이 예측한 바

가 발생하지 않았을 때, 그 가설이 반박되어야 할지 보조가설이 반박되어야 할지는 추가적인 연구를 통해 밝혀내야 할 일인 것이다.

가설에 의해 예측된 바가 실제로 참임이 밝혀지면 어떻게 될까? 이 경우 가설 H는 추가적인 지지 또는 확증을 얻을 수 있는 것으로 생각된다. 그러나 여기에도 중요한 단서 조건이 하나 있다. 최선의 설명으로의 추론의 경우에서처럼, 새로운 예측을 포함해서 주어진 모든 현상을 H보다 더 잘 설명할 수 있는 대안적인 가설이 있는 경우, 예측이 참이더라도 H에 대한 확증은 일어나지 않는 것으로 본다.

연습문제

※ 다음 각각의 귀납논증이 어떤 유형에 속하는지 말하시오.

1. 사람과 긴팔원숭이는 모든 방향으로 움직일 수 있는 어깨 관절이 있고, 대뇌피질이 크게 분화되어 있으며, 임신기간이 길다. 긴팔원숭이는 자유의지를 갖고 있지 않다. 따라서 사람도 자유의지를 갖고 있지 않다.

2. 눈이 오면 대체로 교통사고가 많이 일어난다. 오늘 눈이 많이 내렸다. 그러므로 오늘 교통사고가 많이 일어날 것이다.

3. S사의 새로운 스마트폰 1,000개를 무작위로 선정해 조사했더니 그중 15개 제품의 배터리가 불량인 것으로 드러났다. 따라서 S사의 새로운 스마트폰 전체의 1.5% 정도는 배터리가 불량일 것이다.

4. 옆집에 사는 김철수 씨는 변변한 직업이 없다. 그런데 그의 집은 온통 명품으로 가득하고 차도 최고급 외제차이다. 그는 아마도 부모님으로부터 엄청난 유산을 물려받았나 보다.

종합문제

※ **다음 물음에 답하시오.**(1~2)

1 갑수가 살인자이거나 을수가 살인자이다. 을수가 살인자라면, 인 성분이 그의 몸에서 발견되어야 한다. 을수의 몸에서는 어떤 인 성분도 발견되지 않았다. 그렇다면 범인은 누구인가?

2 그 살인 사건은 도서관에서 일어나지 않았다. 병수가 살인자라면, 살인 흉기는 회칼이다. 병수가 살인자이거나 정수가 살인자이다. 정수가 살인자라면, 그 살인 사건은 도서관에서 일어났다. 그렇다면 누가 살인자이고 어떤 흉기로 살인을 저질렀는가?

※ **다음 각각의 논증이 어떤 유형에 속하는지 말하고 평가하시오.**(3~5)

3 30대인 철수는 최근에 폐암 3기 진단을 받았다. 그러나 크게 걱정할 필요는 없다. 30대 남성의 95%가 앞으로 20년 이상 더 생존한다는 통계가 있기 때문이다.

4 퇴근 후에 집에 돌아왔더니 다리미의 전원이 켜져 있는 것이 아닌가? 분명히 끄고 나간 것으로 기억하는데 말이다. 누군가가 나 혼자 사는 집에 침입해서 다리미를 켜 놓은 것이 틀림없다.

5 전쟁은 결코 평화를 얻는 수단이 될 수 없다. 콩을 심으면 콩을 수확하고, 밀을 심으면 밀을 수확하는 법이다. 엉겅퀴를 심고서 딸기를 수확할 것이라고 기대할 수는 없다. 증오와 살인을 심고서 평화와 정의를 수확할 것이라고 기대해서 되겠는가?

6 다음 논증 가운데 귀납논증에 해당하는 것은?

ㄱ. 이번 지방선거 출구조사 결과, 김복현 후보는 53%의 지지율을 얻은 것으로 나타났다. 따라서 김복현 후보의 당선이 유력시된다.

ㄴ. 만약 당신이 술을 매일 마신다면, 당신의 간 상태는 나빠질 것이다. 따라서 당신이 간 상태를 나쁘게 하지 않고 건강하려면, 매일 술을 마셔서는 안 된다.

ㄷ. 정부로부터 보조금을 받는 모든 사회단체가 정부의 정책 기조로부터 자유로울 수 있는 것은 아니다. 정부의 보조금을 받는 모든 사회단체는 국민들이 낸 세금에 의해 운영 및 유지된다. 그러므로 국민 세금의 도움으로 운영 및 유지되는 사회단체라고 해서 모두 정부의 정책 기조로부터 자유로운 것은 아니다.

ㄹ. 내가 결혼을 한다면 후회할 것이고, 내가 결혼을 하지 않는다면 후회할 것이다. 그런데 나는 결혼을 하거나 하지 않을 것이다. 그러므로 나는 어쨌든 후회할 것이다.

ㅁ. 나폴레옹은 분명히 비소 중독에 의해 사망했다. 최근 그의 머리카락에서 다량의 비소가 검출되었다는 연구결과 보고가 있었고, 또한 나폴레옹은 사망할 당시 심한 구토와 오한, 심지어 체중 감량 등의 증세를 보였다고 전해지고 있는데, 이는 비소에 중독되면 일어나는 현상과 유사하다.

ㅂ. 만약 우리가 왜곡된 언론의 활동을 저지한다면, 우리는 헌법이 보장하는 언론의 자유를 침해하는 것이 될 것이다. 우리는 헌법이 보장하는 언론의 자유를 침해하지 않았다. 따라서 우리는 왜곡된 언론의 활동을 저지하지 못했다.

ㅅ. 시계는 대단히 복잡하고 정교한 기계이다. 그런데 시계는 시계 제작자가 있다. 인간의 눈은 훨씬 복잡하고 정밀하다. 인간은 이 눈을 만들 수 없을 것이다. 따라서 인간의 눈을 만든 것은 위대한 설계자인 신이다.

① ㄱ, ㄷ, ㅁ　② ㄷ, ㄹ, ㅂ　③ ㄱ, ㅁ, ㅅ　④ ㄱ, ㄴ, ㅂ　⑤ ㅁ, ㅂ, ㅅ

7 다음 중 논리적으로 타당한 논증은?

ㄱ. 모든 고양이는 조류가 아니다. 모든 말도 조류가 아니다. 그러므로 모든 고양이는 말이 아니다.

ㄴ. 모든 예술가는 사물에 대해 특별한 호기심을 가지고 있는 자들이다. 그래서 모든 과학자는 예술가가 아니다. 왜냐하면 사물에 대해 특별한 호기심을 가지고 있는 모든 사람은 과학자가 아니기 때문이다.

ㄷ. 동영이가 수학과 물리에서 모두 A등급을 받는다면, 그는 등록금 전액 면제 장학금을 받는다. 그런데 그는 등록금 전액 면제 장학금을 받지 못했다. 그러므로 동영이는 수학에서 A등급을 받지 못했을 것이다.

ㄹ. 서영이는 체중이 줄어들지 않았다. 그런데 체중이 줄어드는 경우에만 다이어트에 성공한다. 그러므로 서영이는 다이어트에 성공하지 못했을 것이다.

ㅁ. 시험에서 부정행위를 한 학생은 학점을 취득하지 못한다. 동수는 학점을 취득하지 못했다. 따라서 동수는 시험에서 부정행위를 했을 것이다.
ㅂ. 모든 진정제는 알코올보다 더 위험하다. 그리고 알코올보다 위험한 어떤 것도 슈퍼마켓에서 팔아서는 안 된다. 따라서 진정제를 슈퍼마켓에서 팔아서는 안 된다.

① ㄱ, ㄴ, ㄷ ② ㄱ, ㄷ, ㄹ ③ ㄴ, ㄷ, ㅁ ④ ㄴ, ㄹ, ㅂ ⑤ ㄷ, ㄹ, ㅂ

8 다음 대화에서 영희의 말이 참이라는 가정하에서 반드시 참인 명제는?

철수: 김갑돌 후보나 이을순 후보나 시장감이 아니야.
영희: 그렇지 않아!

① 김갑돌 후보와 이을순 후보 둘 다 시장감이다.
② 김갑돌 후보나 이을순 후보 둘 중에 오직 한 사람만 시장감이다.
③ 만일 김갑돌 후보가 시장감이 아니라면, 이을순 후보는 시장감이다.
④ 만일 김갑돌 후보가 시장감이라면, 이을순 후보는 시장감이 아니다.
⑤ 오직 김갑돌 후보가 시장감인 경우에만 이을순 후보도 시장감이다.

9 다음은 어떤 살인 사건에 대해서 알려진 정보이다. 이 정보가 모두 참이라는 가정하에서, 누가 범인이고 피해자가 어떻게 죽었는지를 바르게 추론한 것은?

(가) 치타 또는 용팔이가 범인이다.
(나) 치타가 범인이라면, 피해자는 목이 졸려 죽지는 않았을 것이다.
(다) 용팔이가 범인이라면, 피해자는 자상으로 사망했을 것이다.
(라) 피해자가 자상으로 사망했다면, 범죄 현장에는 핏자국이 남아 있을 것이다.
(마) 범죄 현장에는 핏자국이 남아 있지 않다.

① 범인은 용팔이고, 피해자는 자상으로 사망했다.
② 범인은 치타이고, 피해자는 자상으로 사망했다.
③ 범인은 용팔이고, 피해자가 어떻게 죽었는지는 알 수 없다.

④ 범인은 치타이고, 피해자가 어떻게 죽었는지는 알 수 없다.

⑤ 누가 범인인지는 알 수 없고, 피해자는 목이 졸려서 죽었다.

10 다음 중 논리적으로 동치인 진술들끼리 묶인 것이 아닌 것은?

ㄱ. 오직 대구 막창을 먹어 본 사람만 대구 음식에 대해 논할 자격이 있다.
　대구 막창을 먹어 보지 않은 어떤 사람도 대구 음식에 대해 논할 자격이 없다.
ㄴ. 미국 공화당에 북미정상회담을 반대하지 않는 사람들이 있다.
　모든 미국 공화당 사람들이 북미정상회담을 반대하는 것은 아니다.
ㄷ. 오직 대졸자만이 유능하다는 것은 사실이 아니다.
　유능하지 않은 대졸자도 있다.
ㄹ. 죄를 짓는 어떤 사람도 벌을 받을 것이다.
　어떤 사람이 죄를 짓고 벌을 받지 않는다는 것은 거짓이다.

① ㄱ　② ㄷ　③ ㄹ　④ ㄱ, ㄷ　⑤ ㄴ, ㄹ

11 다음의 상황으로부터 추론할 수 있는 것으로 알맞은 것은?

어떤 범행에 대해서 조사하고 있는 경찰은 동진과 서진으로부터 다음과 같은 진술을 받았다.

동진: 모든 칠성파 행동대원들은 현장에 있지 않았다.
서진: 현장에 있지 않았던 사람들 중에 범행에 가담한 사람이 있다.

그런데 거짓말 탐지기로 조사한 결과 동진은 진실을 말했고, 서진은 거짓말을 한 것으로 드러났다.

① 현장에 있던 사람은 모두 범행에 가담했다.

② 모든 칠성파 행동대원들이 범행에 가담했다.

③ 범행에 가담한 사람은 모두 칠성파 행동대원이다.

④ 어떤 칠성파 행동대원도 범행에 가담하지 않았다.

⑤ 칠성파 행동대원 중에 범행에 가담한 사람이 있다.

12 다음 논증과 유형이 동일한 논증은?

> 우리나라 70대 이상의 노인 중 백내장, 녹내장 등 안질환으로 치료를 받았거나 치료를 받고 있는 사람이 75%나 된다. 나의 할아버지는 올해 80세이다. 따라서 나의 할아버지도 안질환을 앓고 계실 것이다.

① 과학과 종교 이 둘 사이에는 그 어떤 공통점도 존재하지 않는다. 특히 이 둘은 방법적 측면에 있어서도 상당히 반대되는데, 먼저 과학은 사실만을 문제 삼고 이를 기술하고 설명하지만, 종교는 초월적 존재인 신에 대한 신앙을 주장한다. 또한 과학은 순전히 객관화된 세계와 인생을 대상으로 삼아 왔지만, 종교는 인간의 삶을 신앙의 대상으로 삼고 신에게 의지해 왔다.

② 국내 프로야구가 빈볼 시비로 시끄럽다. 만약 프로야구팀의 감독이 빈볼을 지시했다면, 그 감독은 마땅히 감독직에서 물러나야 한다. 다행히도 그 감독은 빈볼을 지시한 적이 없다고 한다. 따라서 프로야구팀의 감독은 자신의 역할을 계속해야 한다.

③ 금속의 비등점은 금속이 끓는 온도를 뜻한다. 오늘 화학 수업시간에 알루미늄의 비등점에 대한 과제가 있었다. 우리는 우리 조의 구성원이 준비한 알루미늄 조각 5개를 실험하였는데, 그 결과 섭씨 1,780도에서 알루미늄이 끓는다는 것을 확인했다. 그래서 우리는 섭씨 1,780도를 알루미늄의 비등점이라고 결론 내렸다.

④ 한국은행은 얼마 전 제2분기 GDP(국내총생산) 통계를 발표하면서 '민간소비가 전년 대비 2.7% 증가했다'며 '내수 쪽 증가세가 예상보다 빠르게 확대되고 있다'고 밝혔다. 통계상 민간소비가 지난해 같은 기간에 비해 2.7%나 증가했으니 작년 마이너스로 곤두박질쳤던 내수 경기가 큰 폭으로 회복되었다고 볼 수 있다.

⑤ 서울 및 수도권을 비롯한 인구 100만 이상 도시의 성인남녀 2,000명을 대상으로 빈부격차 혹은 양극화에 대해 조사한 결과, 전체 응답자의 83.8%가 빈부격차가 심각하다고 답변했다. 그러므로 우리 국민의 80% 이상은 빈부격차로 인한 양극화 현상이 심각하다고 생각하고 있다.

13 다음 논증들은 모두 귀납논증이다. 논증의 유형이 같은 것끼리 묶인 것은?

> ㄱ. 서울 지역 대학생들을 보니, 대개 청바지를 입고 있었다. 그리고 영남 지역 대학생들도 청바지를 입고 있었다. 충남이나 전북 지역의 대학생들은 물론 강원, 제주 지역 대학생들 역시 청바지를 많이 입고 있었다. 그러므로 우리나라 대학생들은 대개 청바지를 즐겨 입는다.
> ㄴ. 소금암 광산과 바닷물로부터 각각 소금(NaCl)을 얻어 그 속에 들어 있는 염소(Cl)의 질량비를 조사했더니 60.66%였다. 따라서 모든 소금에는 염소가 60.66% 존재한다.
> ㄷ. 한국 축구팀은 지금까지의 경기에서 69전 38승 19무 12패로 일본 팀에 패배할 확률이 20%가 안 된다. 내일 한국 팀과 일본 팀이 맞붙는다. 내일도 한국 팀이 지지 않을 것이다.
> ㄹ. 지난 여름 티베트 지역을 여행한 박 교수는 해발 4,000m 이상의 고원 지역에서 100세 이상의 노인을 10명이나 만났다. 그래서 박 교수는 이렇게 생각했다. '고산지대 사람들은 모두 100세 넘게 산다.'
> ㅁ. 아스피린을 복용한 두통 환자 중 85% 정도는 복용 10분 후에 통증이 사라졌다. 가야는 머리가 아파서 아스피린을 먹었다. 그러므로 가야는 10분이 지나면 두통이 사라질 것이다.

① ㄱ, ㄴ, ㄹ - ㄷ, ㅁ　② ㄱ, ㄷ, ㄹ - ㄴ, ㅁ　③ ㄱ, ㄴ, ㅁ - ㄷ, ㄹ
④ ㄴ, ㄷ, ㄹ - ㄱ, ㅁ　⑤ ㄱ, ㄴ - ㄷ, ㄹ, ㅁ

14 다음은 지표면에서 바람이 부는 원리에 관한 어떤 가설이다. 이 가설에 의해 잘 설명되는 사례를 [보기]에서 고르면?

> 지표면 온도가 서로 다른 인접한 두 지역에 공기가 정체하게 되면, 상대적으로 저온인 지표 위의 공기는 고온인 지표 위의 공기보다 더 차가워진다. 그 결과 전자의 공기 밀도가 후자의 경우보다 커진다. 밀도가 다른 두 공기 덩어리가 수평으로 맞닿게 되면, 밀도가 큰 공기가 작은 공기의 아래로 파고들게 된다.
>
> 【보기】
> ㄱ. 낮에 지표 온도가 높은 평지로부터 지표 온도가 낮은 계곡을 향해 부는 바람이 관측된다.
> ㄴ. 겨울철에 시베리아에 정체하여 냉각된 찬 공기가 해수면 온도가 높은 남쪽 해상을 향해 분다.
> ㄷ. 낮에 해안 지역에서 육지로 부는 해풍이 관측되는데, 이때 해수면 온도가 육상의 지표면 온도보다 낮다.
> ㄹ. 봄철에 따뜻한 남쪽 해양에 정체하여 따뜻해진 공기가 저온의 고위도 육상을 향해 부는 바람이 관측된다.

① ㄱ, ㄴ　② ㄱ, ㄷ　③ ㄱ, ㄹ　④ ㄴ, ㄷ　⑤ ㄷ, ㄹ

15 다음 상황으로 미루어 보아 가장 적절하게 추론한 것은?

같은 대학교 및 같은 학과에 다니는 현수와 창민이는 점심을 먹기 위해 교내 식당에 갔다. 두 사람이 식사를 마친 후 현수는 곧 배탈이 났지만, 창민이는 배탈이 나지 않았다. 현수가 약을 먹은 뒤 두 사람은 어떤 음식이 배탈을 유발했는지를 조사하기로 하였고, 그에 따라 자신들이 먹은 음식의 목록을 확인하기로 하였다.

구분	밥	국	김치	닭조림	탕수육	콩나물	계란찜
현수	○	○	×	○	○	○	×
창민	○	○	○	×	○	○	○

① 현수의 배탈을 일으킨 음식을 확인하기는 어렵다.

② 창민이는 현수와 달리 위장이 좋지 않았지만, 배탈에 걸리지 않았다.

③ 배탈을 일으킨 음식은 닭조림일 가능성이 높다.

④ 현수가 음식을 너무 급하게 먹은 탓에 배탈이 났다고 볼 수 있겠다.

⑤ 교내 식당의 위생 상태가 전반적으로 좋지 않아 현수가 배탈이 났다.

제4장

논증의 요소 분석

1. 논증의 요소들
2. 결론 찾기
3. 전제 찾기
4. 숨겨진 요소 찾기

1. 논증의 요소들

예시

(가) 철수: 내일 등산 일정은 차질 없이 진행될 거야.
(나) 영희: 기상청 일기예보를 보니 내일 비가 온다고 하던데. 아마 내일 등산은 연기될 거야.
(다) 상수: 기상청 일기예보를 보니 내일 비가 온다고 하던데. 그렇다면 내일은 오랜만에 더 즐거운 산행이 될 거야.

내일 등산을 하려는 사람에게 세 명의 친구가 각각 다른 말을 하고 있는 경우를 생각해 보자. (가)의 철수는 "내일 등산 일정은 차질 없이 진행될 거야"라고 말하고, (나)의 영희는 "기상청 일기예보를 보니 내일 비가 온다고 하던데. 아마 내일 등산은 연기될 거야"라고 말한다면, 우리는 누구의 말을 근거로 자신의 생각을 정리할 것인가? 아마 대부분의 사람들은 영희의 말을 토대로 자신의 일정을 변경할 것이다. 그렇다면 우리는 왜 이와 같이 판단할까? 철수의 주장은 근거가 없기 때문에 평가가 불가능한 반면, 영희의 주장은 합리적인 근거에 의해 정당화된 것으로 평가할 수 있기 때문이다.

핵심은 누군가 자신의 주장을 논증 형태로 제시하지 않는다면, 우리는 그 주장의 합리성 여부를 평가할 수 없고, 그렇다면 당연히 그러한 주장을 받아들일 수 없다는 것이다. 그러므로 우리는 자신의 주장을 상대에게 설득시키기 위해서 그것을 합리적으로 뒷받침할 수 있는 근거를 통해 정당화(justification)해야 한다. 이러한 사실을 통해 우리는 논증의 핵심 요소가 주장과 그것을 뒷받침하는 근거라는 점을, 다시 말해 결론과 전제라는 점을 알 수 있다.

그런데 (다)의 상수가 주장한 것을 살펴보면, 약간 이상한 점을 발견할 수 있다. 상수의 주장은 "내일은 오랜만에 더 즐거운 산행이 될 거야"라는 것이고, 그것을 뒷받침하는 근거로 '내일 비가 올 것이라는 기상청 일기예보'를 제시하고 있다. 우리는 흔히 비가 오면 영희처럼 산행을 하지 못할 것이라고 생각한다. 그런데 상수는 비가 오기 때문에 더 즐거운 산행이 될 것이라고 주장한다. 그러므로 우리는 상수가 '비가 오는 날의 산행은 맑은 날의 산행보다 더 즐겁다'라는 점을 미리 가정한 채 자신의 주장을 펼치고 있다고 추론할 수 있다. 상수는 명시적으로 제시한 근거와 미리 가정하고 있는 근거를 통해서 "내일은 오랜만에 더 즐거운 산행이 될 거야"라는 주장을 펼치고 있는 셈이다. 여기서 미리 가정하고 있는 근거를 일반적으로 '숨은 전제'라고 부른다. 따라서 우리는 논증의 요소가 숨겨져 있는 경우도 있다는 점을 기억할 필요가 있다. 이 장에서는 논증의 요소인 결론과 전제를 찾는 방식에 대해서 살펴볼 것이다.

2. 결론 찾기

예시

① 입사 면접을 볼 때는 확실히 자신감 있는 태도로 임하는 것이 무엇보다 중요하다. ② 회사를 경영하는 사장들은 대개 자신감 있는 사람을 선호한다.

상대방이 제시한 논증을 평가하기 위한 첫 번째 작업은 논증의 요소 가운데 결론을 찾는 일이다. 대화의 경우라면 맥락을 고려하여 어렵지 않게 결론을 확인할 수 있겠지만, 문자로 제시된 경우라면 어느 정도 노력이 필요하다.

그렇다면 논증의 결론을 찾는 방법은 무엇일까? 논증의 결론을 찾기 위한 최선의 방법은 다음과 같이 자문을 한 뒤, 그러한 물음에 대한 답을 찾는 것이다. '논증자가 우리에게 주장하는 것이 무엇일까?', '논증자가 우리에게 설득하고자 하는 것이 무엇일까?'라고 자문을 한 후, 이러한 물음에 대한 답을 찾는다. 왜냐하면 논증자가 우리에게 주장하는 것, 우리에게 설득하고자 하는 내용이 바로 결론이기 때문이다.

그렇다면 이 논증에서 결론은 무엇인가? 만약 우리가 이와 같은 말을 했다고 가정해 보자. 그렇다면 우리는 이 말을 통해 상대에게 어떤 점을 설득하려고 하는 것일까? '면접을 볼 때 자신감 있는 태도로 임하는 것이 무엇보다 중요하다'는 것을 말하고자 하는 것일까, 아니면 '사장들은 대개 자신감 있는 사람을 선호한다'는 것을 말하려는 것일까? 아마 전자를 말하고자 했다고 생각할 수 있다. 그렇다면 이 논증의 결론은 ①이다. 그리고 이 주장을 정당화하기 위해 ② '사장들은 대개 자신감 있는 사람을 선호한다'는 사실을 근거로 끌어들이고 있다. 그러므로 ②는 전제가 된다.

확실한가? 그렇다면 ②는 도저히 결론으로 볼 수 없는 것일까? 만약 '사장들은 대개 자신감 있는 사람을 신호한다'를 결론으로 본다면 '면접을 볼 때는 확실히 자신감 있는 태도로 임하는 것이 무엇보다 중요하다'는 전제가 될 것이다. 이렇게 된다면, 이 논증은 '면접을 볼 때는 확실히 자신감 있는 태도로 임하는 것이 무엇보다 중요하기 때문에 사장들이 자신감 있는 사람을 선호한다'는 논리적이지 않은 글이 되어 버린다. 그러므로 합리적인 사람이 펼친 논증이라면 우리는 결코 ②를 결론으로 볼 수 없을 것이다.

그렇다면 결론을 효과적으로, 또 쉽게 찾을 수 있는 방법 같은 것은 없을까? 결론 찾기 매뉴얼 같은 것 말이다. 우리는 다음과 같은 몇 가지 방식을 생각해 볼 수 있다.

첫째, 결론 지시어를 확인하자.

예시

> 얼마 전 독일에서는 디젤차가 도심에 진입하는 것을 금지했다고 한다. 독일의 사례를 볼 때, 이와 같은 규제는 우리나라에서도 곧 시행될 것으로 보인다. 그러므로 디젤차 구입에 대해 신중히 생각해 보는 것이 좋을 것이다.

이 논증의 경우 우리는 '그러므로'라는 결론 지시어를 통해 논증자가 우리에게 '디젤차 구입에 대해 신중히 생각해 보는 것이 좋을 것이다'라는 주장을 펼치고 있음을 확인할 수 있다. 우리는 자신의 생각을 논리적으로 표현하기 위해 여러 가지 지시어를 사용한다. "개미들이 줄줄이 이사를 가네. **그러므로** 내일 비가 올 거야", "갈매기들이 떼 지어 하늘 높이 날고 있는 게 보이잖아. **따라서** 폭풍이 곧 몰아칠 거야" 등과 같이 지시어를 통해 주장을 분명히 드러낸다. 누군가가 "A이다. **그러므로(따라서 등의 결론 지시어)** B이다"라고 말한다면 우리는 '그러므로'라는 지시어를 통해 논증의 결론이 B임을 금방 알 수 있다. 이러한 방법을 위의 두 예시에 적용해 보면, 우리는 '그러므로'라는 지시어를 통해 "내일 비가 올거야"라는 말이 결론임을, '따라서'라는 지시어를 통해 "폭풍이 곧 몰아칠 거야"라는 말이 결론임을 찾을 수 있다. 이렇듯이 우리는 문장들 간의 논리적 관계를 보여 주는 논증 지시어를 통해 어떤 문장이 결론인지를 쉽게 찾을 수 있다.

둘째, 글의 표현을 확인하자.

예시

내 생각에 저 사람은 남자임이 분명하다. 그는 우리에게 자신이 여자라고 말했지만, 목소리와 몸의 형태, 몸짓 등을 종합해 볼 때, 더욱이 남자라야만 알 수 있는 내밀한 속성까지 확인해 볼 때 그를 여자라고 말하기에는 무리가 있는 듯하다.

이 논증의 결론은 '저 사람은 남자임이 분명하다'이다. 문맥상 이 글을 쓴 사람은 어떤 사람의 목소리와 몸의 형태, 몸짓 등을 종합해 볼 때, 남자라야만 알 수 있는 내밀한 속성까지 그 사람에게 있다는 것을 근거로 '저 사람은 남자임이 분명하다'라는 주장을 펼치고 있다. 우리는 흔히 자신의 주장을 표현할 때, '내 생각에는', '나의 판단은', '이러한 점을 고려할 때' 혹은 '~라고 판단한다', '~라고 주장한다', '~임이 분명하다' 등과 같은 말을 사용한다. 따라서 이와 같은 표현이 들어 있는 문장이 있다면, 그 문장은 결론일 확률이 매우 높다. 우리는 다음 예시에서도 이와 같은 사실을 확인할 수 있다.

예시

학교가 특정 종교를 선호할 때 학교는 다른 종교를 믿는 사람들의 자유를 침해하게 된다. 그런데 종교의 자유는 민주 국가 수립의 토대가 되는 헌법적 이념이다. 이러한 점을 고려할 때 공립학교에서 종교수업 하는 것을 허용해서는 안 된다.

이 밖에 '~해야만 한다' 혹은 '~해서는 안 된다'와 같은 당위적 표현이 들어가 있는 문장, '~라는 정책을 추진해야 한다'와 같은 정책적 판단을 담고 있는 문장 등은 논증자의 주장이기 때문에 결론일 확률이 매우 높다고 할 수 있다.

셋째, 논증자의 의도를 확인하자.

예시

벌레들은 자신들을 주둥이로 쪼아 먹는 새들을 최대의 적으로 생각한다. 그런데 벌레들이 죽은 척을 하면 새들은 먹고 싶은 마음이 사라져 벌레들은 목숨을 건질 수 있다고 한다. 벌레들은 자연 속의 적을 속여 넘기기 위해 죽은 척을 하는 것이다.

이 논증의 결론은 무엇일까? 얼핏 봐서는 첫 번째 문장도 결론처럼 보이고, 두 번째 문장도, 세 번째 문장도 결론처럼 보인다. 지시어도 없고, 글의 표현을 통해서도 찾기 어렵다. 그렇다면 우리는 논증자가 이 글을 어떤 의도에서 '왜?' 작성했는지에 대해 물어봐야 한다. 논증자가 '벌레들은 무엇 때문에 새들을 최대의 적으로 생각하는 것일까?'라는 물음에 답을 제시하기 위해 이 글을 썼을까, 아니면 '벌레들이 죽은 척을 하면 생명을 건질 수 있다'는 것을 말하기 위해 이 글을 썼을까? 이 글의 경우, 논증자가 '벌레들은 도대체 무엇 때문에 죽은 척을 하는 것일까?'라는 물음에 '답을 제시하기 위해서' 이 글을 썼을 것이라고 추론하는 것이 가장 합리적이라고 할 수 있다. 다시 말해, 이 논증은 논증자가 '벌레들이 죽은 척을 하는 이유는 자연 속의 적을 속이기 위한 것'이라는 사실을 밝히기 위한 것으로 볼 수 있다. 그러므로 이 문장이 논증의 결론이다. 그런데 이와 같은 방식으로 결론을 찾기 위해서는 '논증자가 우리에게 설득하고자 하는 것이 무엇일까?'라는 물음을 던진 후 논증 속의 문장들을 이리저리 연결시켜 보는 수고를 통해 답을 찾아야 한다.

넷째, 논증 지시어를 내입해 보자.

> **예시**
>
> ① 고양잇과 동물은 대개 단독 생활을 즐긴다. ② 우리는 눈밭을 헤치며 눈썰매를 끌 여덟 마리의 호랑이는 구할 수 없을 것이다.

위 논증에는 논증 지시어가 제시되어 있지 않다. 그러므로 두 문장 가운데 어떤 문장이 결론인지 단번에 확인하기 힘들다. 하지만 천천히 읽어 보면서 두 문장 사이에 결론 지시어를 넣어 보면, 우리는 결론을 쉽게 확인할 수 있을 것이다. 어느 문장이 결론인지 확인되지 않은 상황에서는 '① 그러므로 ②'로도 읽을 수 있고, '② 그러므로 ①'로도 읽을 수 있다. 여기서 전자는 자연스러운 데 비해 후자는 무언가 어색하다면 ②가 결론이고, 전자는 무언가 부자연스러운데 후자는 자연스럽게 읽힌다면 ①이 결론이다. 위 논증은 어떻게 읽는 것이 자연스러운가?

여기서 확실히 해 둘 것은 앞서 제시한 네 가지 방식은 여러 측면에서 나름의 한계가 있다는 것이다. 논증 지시어가 없을 수도 있고, 표현이 분명하게 드러나 있지 않을 수도 있으며, 논증자의 의도 파악이 쉽지 않은 경우도 충분히 있을 수 있기 때문이다. 그리고 논증 지시어 대입을 통해 결론을 찾는 것은 선입견의 영향을 많이 받기 때문에, 즉 읽는 사람의 의도대로 읽힐 수도 있기 때문에 한계가 있다. 결국 결론을 찾는 가장 확실한 방법은 다시 기본으로 돌아가서 '논증자가 우리에게 설득하고자 하는 것이 무엇일까?'라는 물음을 던진 다음, 이러한 물음에 대한 답을 찾는 것이라고 하겠다.

연습문제

※ 다음 논증에서 결론이 무엇인지, 그리고 그것을 어떤 방식으로 찾았는지 말해 보시오.

1. 트럼프 대통령이 자국 기업을 보호하기 위해 수입품에 과도한 관세를 부과했다. 이러한 조치는 미국 내 소비자들의 피해로 돌아올 것이다.

2. 많은 사람들은 멸종 위기의 반달곰을 지리산 등지에 방사한다면 생태적으로 충분히 좋고 바람직하다고 생각한다. 하지만 나는 그것을 문제라고 생각한다. 먹을 것이 부족한 반달곰은 지리산에서 자생력을 갖추지 못한 채 민가로 내려와 여러 피해를 입히기 때문이다. 반달곰 복원사업 중 발생한 피해 현황을 분석한 결과, 현재까지 총 390건의 피해가 발생했다. 이 가운데 양봉 피해가 336건으로 86%를 차지했고, 이어서 민가시설물 피해가 24건으로 6%, 농작물 피해가 10건으로 2.6%를 차지했다.

3. 운전자들이 기름값을 통해 지불하는 교통세의 80%는 도로 건설을 비롯한 대형 토건 공사에 사용된다. 반면 에너지 관련 사업에 쓰이는 돈은 고작 3%

에 불과하다. 그런데 도로 건설을 비롯한 대형 토건 공사 관련 예산은 대부분 지역구의 민원을 챙기는 국회의원의 쌈짓돈으로 사용되기 때문에 낭비되는 경우가 허다하다. 이러한 점을 고려할 때, 정부는 치솟는 기름값 부담을 덜어 서민의 생계를 보호하기 위해 교통세가 포함된 유류세 인하 정책을 실시해야 한다.

3. 전제 찾기

예시

철수: 이번 대통령 선거에서 A후보를 지지해야 해.
영미: …

이 대화 상황에서 영미는 어떤 반응을 보일까? 우리는 영미의 반응을 크게 세 가지로 예상해 볼 수 있을 것이다.

① 당연하지.
② 안 돼.
③ 왜?

①은 영미가 철수의 주장을 받아들이는 상황이고, ②는 영미가 철수의 주장을 받아들이지 않는 상황이다. 그렇다면 ③의 반응은 무엇을 의미하는 것일까? 우선 A후보에 대한 정보가 없을 때 '왜?'라고 물을 수 있으며, 다음으로 A후보에 대한 평가가 자신이 알고 있는 것과 다를 때에도 '왜?'라고 물을 수 있다. 결국 철수의 주장을 받아들일지 말지를 결정할 수 없을 때 '왜?'라는 질문을 한다는 것을 확인할 수 있다. 이러한 측면에서 생각한다면, '왜?'라는 짧은 말은 '철수야 너는 어떤 근거에서 그렇게 생각하니?'라는 물음과 같다고 볼 수 있다. 철수가 자신의 주장을 뒷받침하는 근거를 제시하지 않았기 때문에 영미가 철수의 주장을 평가하기 위해 근거를 요구한 것이다. 주장을 뒷받침하는 역할을 하는 근

거가 바로 논증의 전제가 된다. 철수가 전제를 제시하지 않은 채 결론만 펼쳤기 때문에 영미가 '왜?'라고 말하며 그 근거가 무엇인지를 물은 것이다.

만약 '왜?'라는 물음에 대해 철수가 "A후보는 평소 정치적 문제를 풀어 갈 때 주권자인 시민들의 의견에 귀를 기울인 후 그들과 함께 해결하는 모습을 보여 왔기 때문이야"라고 근거를 제시한다면, 영미는 이제야 철수의 주장을 받아들일지 말지 판단할 수 있게 된다. 가령 철수가 제시한 전제가 사실이고, 그것이 설득하고자 하는 주장을 충분히 뒷받침할 수 있다면, 영미는 철수의 견해를 받아들일 것이다. 이렇듯이 전제는 논증의 결론을 받아들일지 말지를 판단하는 데 결정적인 역할을 한다.

그러므로 전제를 찾는 기본적인 방법은 '왜 이러한 결론이 나오는가?'라고 질문을 던지는 것이다. 다시 말해, '논증자가 자신의 결론을 우리에게 설득하기 위해 무엇을 끌어들이고 있는가?'라는 질문을 던져야 한다. 이 물음에 대한 답이 바로 전제이기 때문이다. 여기서 알아 두어야 할 것은 전제를 찾기 위해서는 반드시 먼저 결론을 찾아야 한다는 것이다.

다음 논증에서 전제를 찾아보자.

예시

① 일부 초등학교 교사들은 일과 중에 여유 시간을 활용하여 개인적인 볼일을 보기도 한다. 하지만 ② 대부분의 초등학교 교사들은 수업 준비를 하고 행정 업무를 처리하는 데 너무 많은 시간이 소요되기 때문에 학생들의 생활 지도에는 소홀할 수밖에 없다. 그러므로 ③ 정부는 학생들의 생활 지도를 위해 모든 초등학교에 생활 지도 도우미를 배치해야 한다.

먼저, 논증의 결론을 찾아야 한다. 여기서는 결론 지시어 '그러므로'를 통해 ③이 결론이라는 것을 확인할 수 있다. 결론을 찾았다면 이제 어떤 문장이 전제가 될 수 있는지 확인해 보자. 전제를 찾기 위해서는 '왜?'라는 질문을 던져 보아야 한다. '논증자는 왜 모든 초등학교에 생활 지도 도우미를 배치해야 한다는 주장을 펼치는 것일까?' 이 물음에 대한 답이 ② '대부분의 초등학교 교사들은 수업 준비를 하고 행정 업무를 처리하는 데 너무 많은 시간이 소요되기 때문에 학생들의 생활 지도에는 소홀할 수밖에 없다'라는 것을 확인할 수 있다. 그러므로 이 논증의 전제는 ②이다.

그렇다면 전제도 결론처럼 효과적으로 찾을 수 있는 방법이 없을까? 앞서 살펴보았듯이 전제 찾기는 '왜 이러한 결론이 나오는가?', '왜 그렇게 주장하는가?'라는 질문을 통해 이루어진다. 그렇기 때문에 전제를 효과적으로 찾기 위해서는 결론의 내용 가운데 '왜?'라는 질문이 집중되어야 할 부분이 어디인지를 파악해야 한다.

다음의 예문을 보자.

예시

지난해 수성랜드에서 이루어진 공채는 불공정하다. 지난해 수성랜드 공채에는 국회의원인 권삼수의 권력이 개입되었다. 권삼수 의원은 예산안 심의 과정에서 수성랜드에 예산이 많이 편성되도록 힘을 썼다고 한다.

이 논증의 결론은 '지난해 수성랜드에서 이루어진 공채는 불공정하다'이다. 그러므로 이 논증의 경우 '왜?'라는 질문이 집중되어야 할 부분은 '논증자는 지난해 수성랜드에서 이루어진 공채를 왜 불공정하다고 말하는 것일까?'이다. 이러한 질문에 대한 답 '지난해 수성랜드 공채에는 국회의원인 권삼수의 권력이 개입되었다'가 바로 전제이다.

예시

모든 학교에 안전 요원을 배치해야 할 것이다. 많은 학교의 교사들이 수업 준비와 행정 업무로 인해 학생들의 생활 지도에 소홀할 수밖에 없다고 토로했다. 그리고 전체의 75%나 되는 교사들이 학교 폭력을 근절하기 위해 안전 요원이 필요하다는 데 인식을 같이했다.

이 논증의 결론은 '모든 학교에 안전 요원을 배치해야 할 것이다'이다. 그러므로 이 논증의 경우 '왜?'라는 질문이 집중되어야 할 부분은 '왜 안전 요원의 배치를 주장하는 것일까?'와 '왜 모든 학교일까? 정말 모든 학교에 안전 요원 배치가 필요한가?'이다. 그러므로 이 논증의 전제는 바로 '많은 학교의 교사들이 수업 준비와 행정 업무로 인해 학생들의 생활 지도에 소홀할 수밖에 없다'와 '전체의 75%나 되는 교사들이 학교 폭력을 근절하기 위해 안전 요원이 필요하다는 데 인식을 같이했다'이다.

예시

정부는 모든 국민들을 위해 금연정책을 강제적으로 실시할 필요가 있다. 흡연이 흡연자에게 절대적으로 나쁜 영향을 미친다는 사실은 금연정책을 실시해야 하는 가장 큰 이유이다. 담배에는 4천여 종이나 되는 발암물질과 화학물질이 함유되어 있어 흡연은 곧 독을 마시는 행위와 다를 바 없기 때문이다. 많은 사람들은 흡연의 폐해로 신체적인 피해를 말하지만, 사실 담배를 끊어야 한다는 강박관념이나 담배에 대한 극단적인 의존과 같은 정신적인 피해도 엄청나다. 게다가 흡연자의 흡연으로 인한 비흡연자의 간접흡연 피해도 심각하다. 간접흡연 역시 흡연과 마찬가지로 폐암, 호흡기 질병, 심장질환 등 여러 가지 질병의 원인이 되기 때문이다. 그리고 간접흡연으로 인해 비흡연자가 느끼는 정서적 불쾌감도 무시할 수 없다.

이 논증의 경우 결론은 '정부는 모든 국민들을 위해 금연정책을 강제적으로 실시할 필요가 있다'이다. 그러므로 여기서는 '왜 모든 국민들을 위해서라고 말하는 것일까?', '왜 자율적이 아니라 강제적인 금연정책 실시를 주장하는 것일까?' 등에 집중해야 한다. '모든 국민'이라는 표현을 통해서 금연정책이 '흡연자'와 '비흡연자'를 대상으로 하고 있음을 확인할 수 있고, '강제적으로'라는 표현을 통해서 흡연이 '흡연자에게 절대적으로 나쁜 영향을 미친다'와 '비흡연자의 간접흡연 피해도 심각하다'는 점을 확인할 수 있다.

마지막으로 결론 찾기와 마찬가지로 논증 지시어의 도움을 받을 수 있다.

예시

① 멸종 위기인 유라시아 늑대를 도입해서 소백산 등지에 방사한다고 해도 생태적 측면에서 효과를 거두기 어려울 것이다. 왜냐하면 ② 유라시아 늑대와 한반도에서 자생하는 늑대는 전혀 다른 종이기 때문이다.

이 논증의 전제는 ②이다. 왜냐하면 ②는 전제 지시어 '왜냐하면'으로 문장이 시작하기 때문이다. 전제 지시어에는 '왜냐하면' 외에도 '그 이유는', '첫째, 둘째, 셋째…', '내가 그렇게 주장하는 근거는', '~ 때문에', '~인 까닭은', '~라는 근거에서', '~임을 고려한다면', '~인 한에서' 등이 있다. 이와 같은 전제 지시어를 확인한다면 전제를 효과적으로 찾을 수 있다.

연습문제

※ 다음 논증에서 논증자가 자신의 주장을 설득시키기 위해 끌어들이고 있는 내용, 즉 전제가 무엇인지 찾아보시오.

1. 태양에서 나오는 자외선은 피부를 검게 태우기도 하지만 더 큰 문제는 피부암을 유발할 수도 있다는 점이다. 피부가 약한 사람은 햇볕에 노출되는 시간을 줄여야 한다.

2. 오늘날 심장질환의 주요 원인으로 지목되는 동물성 지방이 전혀 없다는 측면에서 채식 위주의 식사를 권장하는 사람들이 점점 늘고 있다. 하지만 채식만이 능사는 아니다. 특히 노인의 경우 뼈 건강과 근력이 매우 중요한데, 이러한 건강을 유지하려면 단백질이 다량으로 함유된 고기를 섭취해야 한다.

3. 현재 우리나라의 자동차 기술이 매우 발전했기 때문에 가속페달을 가볍게 밟아도 시속 100km를 쉽게 넘긴다. 우리나라에도 이제는 속도제한이 없는 고속도로를 건설할 필요가 있다. 도로 건설 기술도 발전해서 도로 표면이 웬만한 무게나 속도에도 끄떡없다.

4. 숨겨진 요소 찾기

예시

(가) ① 청소년들이 저지르는 범죄 건수가 지난 7년 사이 거의 두 배나 증가했다. ② 올해 입법된 '형사소송법'이 이러한 흐름을 되돌릴 수 있을 것으로 보인다. ③ 범죄를 저지른 청소년들은 처벌 수위가 낮다는 것을 알고 있다. 그러나 ④ 새롭게 제정될 법률에 따르면 부모에게 벌금이나 배상 등의 책임을 지우고, 청소년 자녀와 함께 법정에 출두하도록 강제할 수 있게 된다. ⑤ 벌금 수준은 부모의 수입에 따라 다르게 부과될 전망인데, 부유층은 자녀의 범죄 행위에 대해 최고 5천만 원까지 벌금을 물어야 할 것이다.

(나) ① 반성적 사고를 하는 사람이라면 수천 명에 달하는 무고한 사람들을 결코 가스실로 보내지 않을 것이다. 그런데 ② 아이히만은 그러한 일을 했다.

(가)는 새롭게 입법된 형사소송법 관련 신문기사 정도로 볼 수 있겠고, (나)는 한나 아렌트의 『예루살렘의 아이히만』이라는 책을 읽은 후, 친구에게 감상평을 전달하기 위해 쓴 것으로 볼 수 있겠다.

먼저 (가)에 대해 살펴보자. 이 글을 분석하기 위해서는 먼저 '기자가 왜 이 글을 썼을까?'라는 질문을 던져 보아야 한다. 기자는 '올해 입법된 형사소송법이 청소년 범죄율을 낮출 수 있을 것이다'라고 주장하기 위해 이 글을 썼을 것이다. 다음으로, '새롭게 입법된 형사소송법의 어떤 점이 청소년 범죄율을 낮추는 데 기여할 수 있을까?'라는 질문을 던져 보자. 기자는 '부모들에게 청소년 자녀의 범죄 행위에 대해 책임을 지운다'는 것을 그 방법으로 생각하는 듯하다. 그러므로 이 논증의 결론은 ②이고, 전제는 ④이다.

그런데 우리는 여기서 다음과 같은 의문을 가질 수 있다. '부모들에게 청소년 자녀의 범죄 행위에 대해 책임을 지운다고 해서 청소년 범죄율이 낮아질까?'라는 것이다. 우리는 여기서 '부모에게 책임을 지우는 것'과 '자녀의 범죄 행위가 감소하는 것' 사이에 논리적 비약이 있다는 사실을 발견할 수 있다. 이 논증이 설득력을 갖기 위해서는 '부모가 자녀의 행위를 통제할 수 있다'는 것이 입증되어야 한다. 그렇기 때문에 우리는 논증자가 '부모는 자녀를 통제할 수 있다'는 것을 미리 가정한 채 논증을 제기하고 있다고 생각할 수 있다. 여기서 논증자가 미리 가정한 것을 '숨은 전제'라고 부른다.

(나)는 ①과 ② 두 문장으로 구성되어 있다. 여기서 우리는 '글쓴이가 왜 이러한 말을 하는 것일까?'라는 물음을 던져 보자. 이 물음에 대한 답은 ①도 아니고 ②도 아닌, '아이히만은 반성적 사고를 하지 않았다'이다. 그러므로 이 논증은 결론이 명시적으로 제시되어 있지 않다. 이것을 숨겨진 결론이라고 한다. 글쓴이는 전제들만으로도 충분히 자신의 의도를 전달할 수 있다고 생각했기 때문에 결론을 숨긴 것이다. 그리고 이 글을 통해 일차적으로는 '아이히만은 반성적 사고

를 하지 않았다'라는 주장을 하고자 하지만, 사실은 더 나아간 결론 '아이히만의 잘못은 무반성적 사고에 있다'라는 것까지 전해 주기 위해 결론을 숨겨 놓았을지도 모른다.

논증에서 논증자는 여러 가지 이유에서 결론이나 전제를 생략하는 경우가 있다. 이 생략된 명제를 논증의 '숨겨진 요소'(가정, assumption)라고 하는데, 이 숨겨진 요소는 명시적으로 표현되지는 않았지만 명제들의 논리적 관계를 통해 간접적으로 확인할 수 있다. 물론 우리가 숨겨져 있는 모든 것을 찾아낼 필요는 없다. 논증자가 명시적으로 드러내지 않아 숨겨져 있는 결론이나 전제 가운데 논증을 평가하는 데 중요한 역할을 하는 것만 찾아내면 된다.

그렇기 때문에 논증자가 어떤 전제를 생략한 채 논증을 제시한 경우, 우리는 "당신은 A라는 '숨은 전제'를 미리 가정한 채 그렇게 주장하고 있어"라고 말할 수 있을 것이고, 결론을 생략한 채 논증을 제시한 경우, 우리는 "당신은 결국 B라는 숨은 결론을 말하고자 하는군요!"라고 말할 수 있을 것이다. 여기서는 숨은 전제 찾기를 중심으로 살펴볼 것이다. 그 이유는 주장하고자 하는 결론을 명시적으로 표현하지 않는 경우는 드물며, 그런 경우가 있다고 하더라도 맥락상 어렵지 않게 숨은 결론을 발견해 낼 수 있기 때문이다.

앞서 살펴보았듯이, 전제의 역할은 결론을 정당화하는 데 있다. 전제가 하나인 경우는 그것만으로도 결론을 정당화할 수 있기 때문에 하나일 것이다. 그런데 하나의 전제로는 부족한 경우도 있을 수 있다. 그런 경우라면 하나의 전제는 다른 전제의 도움을 얻어야만 비로소 결론을 정당화할 수 있을 것이다. 그렇기 때문에 만약 하나의 전제가 숨어 있다면 명시적으로 표현된 전제와 결론 사이에는 논리적 간격이 존재할 수밖에 없다.

결국 숨은 전제를 찾기 위해서는 명시적으로 표현된 전제와 결론 사이의 논리적 간격을 살펴보는 것이 매우 중요하다. 숨은 전제를 찾으려면 우선, 제시된 전제와 결론 사이에 논리적 비약이 있는지 살펴보아야 한다. 논리적 비약은 결론에서 사용된 주요 개념들이 전제를 통해 얼마나 충실하게 근거 지어지는지 확인하는 방식으로 살펴볼 수 있다. 전제로부터 결론이 추론되는 과정에서 논리적 비약이 클 경우, 반례를 허용할 수 있으므로 반례가능성을 제기해 보고, 이에 대한 적절한 답을 찾는 것도 효과적인 방법이다. 다음의 논증을 살펴보자.

예시

① 강의가 시작되면 강의실 밖으로 나가는 행위를 해서는 안 된다. 이렇게 말하는 이유는 무엇일까? ② 강의 시간에는 부적절한 행위를 하면 안 되기 때문이다.

먼저 이 글을 쓴 사람이 우리들에게 설득하고자 하는 내용이 무엇인지를 찾아보자. 이 글을 쓴 사람은 ① '강의가 시작되면 강의실 밖으로 나가는 행위를 해서는 안 된다'고 주장한다. 그렇다면 결론은 명시적으로 표현되어 있다. 다음으로 논증자가 이와 같은 결론을 정당화하기 위해 어떤 내용을 끌어들이고 있는지를 살펴보자. 명시적으로 드러나 있는 전제는 ② '강의 시간에는 부적절한 행위를 하면 안 된다'이다. 이제 제시된 문장들을 표준화해 보자.

P. 강의 시간에는 부적절한 행위를 하면 안 된다.
C. 강의가 시작되면 강의실 밖으로 나가는 행위를 해서는 안 된다.

우리는 이러한 논증을 별 무리 없이 받아들일 수 있을 듯하다. 그런데 이 논증의 결론과 전제를 세심히 살펴보면 그 사이에 논리적 간격이 벌어져 있음을 확인할 수 있다. 전제에는 결론에서 언급된 '강의가 시작된 후 강의실 밖으로 나가는 행위'에 대한 내용이 보이지 않는다. 그렇기 때문에 이 논증의 논리적 간격을 메우기 위해서는 전제의 '강의 시간의 부적절한 행위'와 결론의 '강의가 시작된 후 강의실 밖으로 나가는 행위'를 연결시켜 줄 내용이 필요하다. 그러므로 이 논증의 숨은 전제는 '강의가 시작된 후 강의실 밖으로 나가는 행위는 부적절한 행위이다'로 볼 수 있다. 숨은 전제를 찾아서 논증을 표준화하면 다음과 같다.

P1. 강의시간에는 부적절한 행위를 하면 안 된다.
P2: (강의가 시작된 후 강의실 밖으로 나가는 행위는 부적절한 행위이다.)

C. 강의가 시작되면 강의실 밖으로 나가는 행위를 해서는 안 된다.

숨은 전제 찾기는 뒤에서 다루게 될 논증 평가와 관련해서 매우 중요하다. 왜냐하면 앞의 논증을 받아들일 수 있는 사람은 '강의가 시작된 후 강의실 밖으로 나가는 행위를 부적절한 행위'로 보는 반면, 이 논증을 받아들이지 않는 사람은 '강의가 시작된 후 강의실 밖으로 나가는 행위를 부적절한 행위'로 보지 않을 것이기 때문이다. 여기서 우리는 앞의 논증을 평가하는 데 결정적인 역할을 하는 것이 바로 숨은 전제라는 사실을 알아차려야 한다.

우리는 반례가능성을 통해서도 숨은 전제를 찾을 수 있다. 앞의 논증에서 전제 ①을 수용하면서도 결론을 수용하지 않을 수 있다고 한다면 논증자는 무언가를 암묵적으로 가정하고 있다고 생각해 볼 수 있을 것이다. 그렇다면 전제 ①을 수용하면서도 결론을 거부할 수 있으려면 무엇이 필요할까? '강의가 시작된 후 강의실 밖으로 나가는 행위는 부적절한 행위가 아니다'는 것을 받아들인다면 전제 ①을 받아들이면서도 결론을 거부할 수 있다. 이러한 사실을 통해 우리는 논증자가 '강의가 시작된 후 강의실 밖으로 나가는 행위는 부적절한 행위이다'라는 것을 은밀히 가정한 채 논증을 제기했다고 추론할 수 있다. 이와 같은 방식으로도 숨은 전제를 찾을 수 있다.

계속해서 다음의 논증을 살펴보자.

예시

① 반려동물과 함께 살면 사람의 수명이 길어진다. 왜냐하면 ② 반려동물은 사람들의 삶에 즐거움을 주는데, 즐겁게 사는 사람은 그렇지 않은 사람보다 수명이 길다는 연구가 있기 때문이다. 따라서 ③ 사람들이 반려동물과 함께 살아가는 것은 바람직하다.

이 논증이 우리에게 설득하고자 하는 내용은 그렇게 어렵지 않게 확인할 수 있다. 바로 ③ '사람들이 반려동물과 함께 살아가는 것은 바람직하다'이다. 그렇다면 논증자는 이러한 주장을 하기 위해 어떤 내용을 근거로 제시하고 있는가? 논증자는 반려동물과 함께 살면 즐겁고, 즐겁게 사는 사람이 그렇지 않은 사람보다 오래 산다는 이유를 들어 ① '반려동물과 함께 살면 사람의 수명이 길어진다'는 것을 근거로 제시하고 있다. 그리고 다시 ①을 정당화하기 위해 ②를 근거로 제시하고 있다. 그러므로 위 논증을 표준화하면 다음과 같다.

P1. 반려동물은 사람들의 삶에 즐거움을 주는데, 즐겁게 사는 사람은 그렇지 않은 사람보다 수명이 길다는 연구가 있다.
P2. 반려동물과 함께 살면 사람의 수명이 길어진다.
C. 사람들이 반려동물과 함께 살아가는 것은 바람직하다.

이 논증은 'P1'이 'P2'를 뒷받침하고, 다시 'P2'가 'C'를 뒷받침하는 구조로 되어 있다. 그런데 합리적인 사람이라면 'P2'에서 'C'로 가는 과정에서 논리적 간격을 발견할 수 있을 것이다. 왜냐하면 논증자는 P2 '반려동물과 함께 살면 수명이 길어진다'는 사실로부터 C '반려동물과 함께 살아가는 것은 바람직하다'는 주장을 곧바로 펼치고 있기 때문이다. 다시 말해 전제의 '반려동물과 함께 살면 사람의 수명이 길어진다'라는 내용 속에 결론에서 제시된 '바람직한 근거'가 보이지 않기 때문이다. 그렇기 때문에 이 논증의 논리적 간격을 메우기 위해서는 전제의 '반려동물과 함께 살아 수명이 길어지는 것'과 결론의 '반려동물과 함께 사는 것은 바람직하다'를 연결시켜 주어야 한다. 그러므로 이 논증의 숨은 전제는 '사람이 오래 사는 것은 바람직하다'로 볼 수 있다. 숨겨진 요소를 찾아 다시 표준화하면 다음과 같다.

P1. 반려동물은 사람들의 삶에 즐거움을 주는데, 즐겁게 사는 사람은 그렇지 않은 사람보다 수명이 길다는 연구가 있다.
P2. 반려동물과 함께 살면 사람의 수명이 길어진다.
P3. (사람이 오래 사는 것은 바람직하다.)
C. 사람들이 반려동물과 함께 살아가는 것은 바람직하다.

이 논증에 대한 평가 역시 앞서 말한 것처럼, 숨은 전제 '사람이 오래 사는 것은 바람직하다'에 대한 평가와 직접적으로 연결되어 있다고 할 수 있다.

연습문제

※ **다음 글을 읽고 숨겨진 요소를 찾아보시오.**

1. 시 교육청은 지역 내 고등학생들의 대학 진학률을 높이기 위해 대학 진학률이 높은 지역에서 실시하고 있는 대학 진학 프로그램을 도입해야 한다. 현재 우리 시 고등학생의 대학 진학률은 다른 지역에 비해 월등히 낮다.

2. 최근에 다시 화력발전소에서 인진사고가 발생했다. 인간의 활동은 늘 위험 요소를 갖고 있기 때문에 산업재해 사고는 절대 없어지지 않을 것이다. 하지만 산업재해 사고를 완전히 없앨 수는 없다고 하더라도 발생 건수는 충분히 줄일 수 있다. 가령 산업재해 사고가 발생할 경우, 그 작업장의 고용주에게 형사상 책임을 엄격하게 묻는 방안이 있을 것이다. 이와 같은 정책을 도입하게 되면 고용주 입장에서 볼 때 다소 불공정하다는 반발을 살 수도 있겠지만, 작업장의 안전을 보장하는 데는 효과적인 방법일 수 있다.

종합문제

※ 다음 논증에서 논증의 구성 요소를 분석하시오.(1~5)

1 전 지구적으로 이상기후가 관측되고, 북극의 빙하가 녹으며, 한반도에 아열대성 식물이 자라고 있는 사실을 볼 때 이전과 달리 현재 지구에 온난화가 진행되고 있음은 분명하다. 하지만 지구 온난화의 주범이 이산화탄소를 다량으로 배출하는 화석연료의 사용이라는 것은 확실하지 않다. 왜냐하면 요즘처럼 화석연료를 많이 사용하기 전에도 화산 폭발 등으로 인해 이산화탄소가 많았던 적이 있었기 때문이다.

2 우리나라는 출산율이 급격하게 낮아지고 있다. 이러한 사실은 사람들이 이전보다 오래 산다고 하더라도 생산인구가 줄어들기 때문에 결국에는 전체 인구가 감소할 수밖에 없다는 것을 의미한다. 뿐만 아니라 이것은 노인인구를 부양할 수 있는 생산인구가 감소한다는 의미이다. 결국 정부는 은퇴 연령을 높이거나, 생산인구의 생산성을 높이는 정책을 추진해야 한다.

3 "우리가 달에 가면 미국 아폴로 11호의 착륙이 사실인지 확인할 계획이다"라는, 러시아연방우주국 사장 드미트리 로고진이 던진 '뼈 있는 농담'으로 미국의 달 착륙이 조작됐을지도 모른다는 해묵은 음모론이 또다시 고개를 들고 있다. 이러한 발언과 함께 1969년도에 미국이 추진했던 아폴로 계획에 대해 의구심을 가지는 사람들이 점점 늘어나고 있다. 나 역시 아폴로 11호가 달에 갔었다는 사실에 대해 합리적 의심을 갖는다. 왜냐하면 아폴로 11호가 달에서 촬영했다는 동영상과 그곳에서 찍었다는 여러 사진들이 합리적 의심을 갖게 만들기 때문이다. 예를 들어 공기가 없는 달에서 깃발이 펄럭였다는 점과, 달착륙선의 경우에는 분사 자국이 없는데 우주인 발자국의 경우 그 모양이

달 표면에 선명히 찍혀 있다는 점 등이다. 더욱이 달 주위에 있어야 할 별들이 보이지 않는다는 점도 그렇다. 이러한 사실들을 고려할 때 나는 미국 측이 보여 준 동영상이나 사진들이 조작되었을 가능성이 매우 높다고 생각한다.

4 초·중·고 학생 1인당 지출되는 사교육비가 역대 최고치를 경신했다. 교육부와 통계청이 15일 발표한 '초·중·고 사교육비 조사 결과'를 보면 지난해 학생 1인당 사교육비는 월평균 27만 1000원으로 전년보다 5.9% 늘었다. 5년 연속 지속적인 증가세를 이어 가면서, 급기야 2017년에는 사교육비 조사를 시작한 이후 역대 최고치를 기록한 것이다. 또한 현재 초·중·고 학생들 가운데 70%가 사교육을 받고 있다. 심상치 않은 사교육 열풍이다. 더욱 심각한 것은 소득 양극화에 따른 사교육비 격차가 좀처럼 해소되지 않고 있어 저소득 가구 학생들은 고소득 가구 학생들과 동등하게 경쟁할 수 있는 기회를 잃게 된다는 것이다. 이와 같은 교육 기회 불평등이 가난의 대물림으로 이어진다면, 이것은 사회적으로 대단히 우려스러운 일이 아닐 수 없다. 이러한 점들을 고려할 때 교육 당국이 우선적으로 추진해야 할 과제는 사교육비 절감 대책을 마련하는 것이다.

5 현재 우리 사회의 사법적 정의는 가해자에게 피해자가 받은 만큼의 피해를 입힘으로써 균형을 이룰 수 있다는 응보적 정의에 기초해 있다. 이러한 이유로 오랜 세월 학교 현장에서 생활 지도라는 명분으로 응보적 정의를 적용해 왔다. 그런데 응보적 정의에 기초한 생활 지도는 가해자 처벌에 무게를 두는 방향으로 흘러왔고, 이 과정에서 피해자는 소외되어 상처가 회복될 수 있는 기회를 얻지 못했다. 더욱이 이와 같은 생활 지도는 학생들 상호 간의 관계를 악화시켰으며, 이것은 급기야 불필요한 갈등과 분쟁을 초래했다. 이러한 문제를 해결하기 위해 새롭게 등장한 것이 회복적 정의이다. 회복적 정의는 누가 피해를 입었는지, 그리고 피해를 회복하기 위해서 필요한 것은 무엇인지에 중점을 두고 있다. 응보적 정의가 징계나 벌로써 죗값을 치르게 하는 데

역점을 두었다면, 회복적 정의는 발생한 갈등을 오히려 배움과 성장의 기회로 삼아 당사자와 공동체의 피해와 관계를 회복하는 데 역점을 두고 있다. 따라서 이제는 응보적 정의에서 회복적 정의의 실현으로 옮겨 와 처벌보다 관계 회복에 초점을 맞춰 학교폭력에 대응해야 할 것이다.

6 다음 논증의 결론으로 가장 적절한 것을 찾으시오.

> 서양의 역사에서 보면, 기근이 들면 콩이나 밀과 같은 식품의 투기가 크게 일어났다. 이러한 투기로 인해 식품의 공급이 크게 늘어났고 그 결과 식품 가격이 빠르게 안정되는 현상이 관찰되었다. 그런데 왕이나 영주가 여론의 요구에 못 이겨서 투기자를 색출하여 처형하는 경우가 있었다. 그 결과 투기자에 의한 식품의 공급은 줄어들고 식품 가격은 투기가 없었을 때보다 오히려 더 높아지는 결과가 초래되었다. 이와 같은 사실로 볼 때, 식품 가격의 가파른 상승은 기근으로 인한 식품의 공급 부족 때문에 발생한 것이 아니라 오히려 정부가 투기를 억제하거나 통제했기 때문에 빚어진 것이다. 결국 투기자가 가격의 상승을 초래했다는 비난은 투기를 올바로 이해하지 못한 결과로 나온 것임을 알 수 있다.
>
> 사회 내에서 투기의 긍정적인 역할과 기능은 투기자가 자신의 이익을 추구하는 과정에서 나오는 것으로 보아야지, 타인의 이익을 위한 결과에서 나오는 것으로 보아서는 안 된다. 다시 말해 정부는 투기자에게 가격의 안정이라는 '공공의 선'을 목적으로 행동할 것을 주문해서는 안 된다는 것이다. 이것은 아담 스미스가 경제행위자의 이기적인 행위로 인해 '보이지 않는 손'이 작동한다고 주장하는 것과 맥락을 같이한다. 인간은 경제행위를 할 때 자신의 이익을 극대화하기 위해 행동하지만, 그러한 행위가 결국 사회 전체의 부의 증가를 가져오며 그 결과 타인들 역시 이익을 누릴 수 있게 된다는 것이다.

① 투기의 경제적 기능을 균형 있게 이해할 필요가 있다.

② 어떤 상품에 대한 투기가 발생했을 때, 그것을 억제하면 그 상품의 가격이 상승한다.

③ 어떤 상품에 대한 투기가 발생했을 때, 그것을 억제하면 그 상품의 공급량이 감소한다.

④ 투기의 긍정적 역할과 기능을 강조하게 되면 그것은 투기를 조장하는 결과를 낳게 된다.

⑤ 경제행위자에게 공동의 선을 목적으로 행동할 것을 주문하기보다는 자신의 이익을 실현하는 방식으로 행동할 것을 주문해야 한다.

7 아래 논증으로부터 도출할 수 있는 주장으로 가장 적절한 것은?

> 1955년 인도네시아의 보르네오섬에서 '고양이 공수 작전'이라는 이상한 작전이 펼쳐졌다. 영국 공군이 고양이를 낙하산에 매달아 보르네오섬 전역으로 내려보냈다. 그렇다면 이런 이상한 작전은 무엇 때문에 수행되었던 것일까? 당시 보르네오섬에서는 말라리아가 창궐했다고 한다. 그래서 당국은 말라리아를 일으키는 모기를 없애려고 다량의 살충제를 여러 차례 뿌렸다. 하지만 이러한 행위가 예상치 못한 결과를 낳았다. 다량의 살충제 살포로 말라리아를 잡는 데는 성공했지만, 그보다 훨씬 더 무서운 병인 페스트라는 전염병을 발생시켰다. 살충제 살포로 인해 말라리아를 일으키는 모기를 없애는 데는 성공했지만 모기보다 몸집이 큰 바퀴벌레는 살충제를 흡수할 뿐 죽지 않았다. 이런 바퀴벌레를 먹은 도마뱀은 몸속에 살충제 성분이 쌓여 운동 신경에 장애가 발생하였고, 움직임이 느려진 도마뱀을 잡아먹은 고양이들은 살충제가 과다하게 축적되어 죽어 갔다. 결국 고양이들이 사라진 마을에 쥐가 빠르게 증가하면서 말라리아보다 더 무서운 전염병인 페스트가 돌기 시작했던 것이다. 그래서 당국은 이러한 문제를 해결하기 위해 영국 공군에게 그러한 작전을 요청했던 것이다. 하지만 고양이 공수 작전은 또 다른 예기치 못한 결과를 낳았다. 작전이 수행된 지 얼마 지나지 않아 나무로 지어진 집들이 무너지기 시작했다.

① 생태계에는 늘 예기치 못한 일들이 발생한다.

② 보르네오섬의 고양이 공수 작전은 결국 실패했다.

③ 인간이 생태계 내에서 발생하는 문제를 해결하기 위해서는 좀 더 치밀한 연구가 필요하다.

④ 어떤 현상의 발생을 감소시키기 위해서는 그것을 야기하는 원인을 제거할 필요가 있다.

⑤ 생태계에 존재하는 여러 존재들은 다른 존재들과 유기적인 관계를 맺고 있기 때문에 인위적인 조정은 큰 위험을 낳을 수 있다.

8 다음 글을 읽고 숨겨진 것을 포함해서 논증의 요소로 보기 어려운 것을 찾으시오.

> 의학기술 발달로 인해 대부분의 젊은 부부들은 태아의 성 감별 검사가 안전하다고 믿는다. 그렇기 때문에 정부가 태아의 성을 감별하는 행위를 합법화한다면 상당수의 젊은 부부들은 태아의 성별을 확인하고자 할 것이다. 따라서 앞으로 남아의 수가 기하급수적으로 늘어날 것이다. 하지만 최근 출생률의 감소로 이와 같은 문제가 그렇게 심각하지 않을 것이라는 전망도 있다.

① 젊은 부부들은 태아의 성 감별 검사가 안전하다고 믿는다.

② 만약 태아가 여아로 밝혀지면 대다수의 젊은 부부들이 임신중절수술을 할 것이다.

③ 젊은 부부들은 남아를 여아보다 선호한다.

④ 최근 출생률의 감소로 인해 남아 증가 문제가 덜 심각해지고 있다.

⑤ 앞으로 남아의 수가 기하급수적으로 증가할 것이다.

9 다음 논증은 논증자가 무언가를 가정한 채 자신의 결론을 정당화하고 있다. 이 경우에 결론을 정당화하는 데 가장 큰 영향력을 지닌 숨은 전제는 무엇인가?

> 정부는 1998년 이후 급증하는 자살률을 낮추기 위해 2012년 '자살예방 및 생명존중문화 조성을 위한 법률'을 공표하였다. 이 법의 핵심 내용은 국민이 자살 위험에 처했을 때 국가에 도움을 요청할 권리가 있음을 규정하였고, 국가는 자살 예방을 위해 단계별 정책을 수립·시행할 책임이 있다는 것을 명시하였다. 또한 정부는 2004년부터 2008년, 그리고 2009년부터 2013년까지 두 차례에 걸쳐 '자살예방 5개년 종합대책'을 수립하여 시행하고 있다. 이를 위해 정부 부처별로 자살률을 낮추기 위한 대책 마련에 열중하고 있다. 보건복지부에서는 정신보건시설을 확충하여 개인의 심리적 안정화를 위해 노력하고 있으며, 교육부에서는 학생정서 행동특성검사 프로젝트를 가동하고 있다. 그리고 여성가족부에서는 건강가정지원센터 운영을 통해 가족구성원들의 정서적 안정을 돕기 위한 각종 프로그램을 실시하고 있다.

① 대한민국의 자살률은 세계 최고 수준이다.

② 가파르게 증가하는 자살률을 낮추기 위해서는 대책 마련이 시급하다.

③ 새롭게 입법된 '자살예방 및 생명존중문화 조성을 위한 법률'은 분명 자살률을 낮추는 데 도움이 될 것이다.

④ 자살을 하는 원인은 매우 다양하기 때문에 개인들이 심리적으로 안정된다고 해서 자살률이 낮아지는 것은 아니다.

⑤ 자살을 하는 많은 사람은 심리적 불안으로 인한 우울증 등과 같은 개인의 정서적 문제가 크기 때문에 이러한 문제를 개선하면 자살률을 낮출 수 있을 것이다.

10 다음 글이 암묵적으로 가정하고 있는 것으로 가장 적절한 것은 무엇인가?

> 동물학자 파블로프는 동물실험을 통해서 개가 먹이가 아닌 종소리에 반응하도록 만들었다. 행동주의 학파의 이론은 이 실험을 통해 비로소 시작되었다. 그 후 왓슨은 개가 아닌 알버트라라는 아기를 이용해서 유명한 실험을 하게 된다. 흰쥐를 한 번도 본 적이 없는 알버트라에게 흰쥐를 보여 주는 동시에 무서운 천둥소리도 같이 들려주어 두려운 감정이 생기도록 만들었다. 반복된 실험 결과 알버트라는 흰쥐만 봐도 울음을 터트리게 되었다. 여기서 한 걸음 더 나아가 왓슨은 이렇게 말했다. "나에게 건강한 아이 열두 명만 맡겨 다오. 잘 만들어진 나만의 실험실에서 그들을 키우도록 허용해 준다면, 나는 그들의 타고난 특성에 관계없이 내가 선택한 전문직, 즉 의사든 변호사든 예술가든 상인이든 만들 수 있다. 심지어는 거지나 도둑으로도 만들 수 있다." 그만큼 행동주의 학파의 이론은 도발적이고도 명쾌했다.
> 대중 앞에서 어떤 일로 큰 창피를 당해 본 경험이 있는 사람들은 종종 그러한 고통이 학습되어서 더 이상 대중 앞에 서지 못하는 경우가 있다. 이런 사람들은 대중 앞에 서는 상상만으로도 오금이 저리고 가슴이 두근거리고 정신이 어찔하고 말문이 막힌다고 한다. 많은 사람들이 고통받는 사회공포증은 바로 이런 이유에서 생긴다. 그런데 아이러니하게도 사회공포증을 치료할 수 있는 가장 좋은 방법 역시 대중 앞에 다시 서게 하는 것이라고 한다. 대중 앞에 서는 두려움을 직면하면서 그것을 극복할 때에만 비로소 사회공포증이 치료될 수 있기 때문이다. 문제는 환자를 실제 대중 앞에 세우는 것이 현실적으로 매우 어렵다는 점이다. 이러한 이유에서 의사들은 사회공포증 환자에게 가상현실(Virtual Reality: VR) 치료법을 사용한다. 이 VR 치료법이 4차 산업혁명 시대를 맞이해 여러 마음의 병을 치료하는 데에 사용되고 있다. 오늘날 공황장애, 외상 후 스트레스장애, 특정 공포증, 사회공포증, 강박장애, 알코올 중독 같은 병들을 치료하기 위해 여러 대학에서 VR 치료법을 이용하고 있다. 공황장애나 외상 후 스트레스장애를 치료하기 위해 직접 현장에 가거나 스트레스를 주는 상황에 노출시켜야 하지만 이러한 것은 현실적으로 불가능하다. 이때 VR 치료는 사회공포증 환자 개개인의 상태와 특성에 맞는 자극을 가한 후, 그들이 안전하지만 현실감 있게 자극을 이겨 내고 극복해 내는 과정을 거치도록 하면서 병을 치료하고자 한다. 지금의 컴퓨터 시스템 발달 정도면 얼마든지 상용화될 수 있을 것이다.

① 인간의 심리현상은 주어진 외적 조건에 지배를 받는다.

② VR 치료법은 현장 재현이 힘든 병의 치료에 더욱더 적합한 치료기술이다.

③ 컴퓨터 시스템이 발달하면 할수록 사회공포증의 발생 빈도는 줄어들 것이다.

④ 사회공포증의 경우 그러한 공포를 야기했던 상황을 극복함으로써 치료가 가능하다.

⑤ 4차 산업혁명의 시대에는 VR 치료법을 통해 공황장애, 외상 후 스트레스장애, 특정 공포증, 사회공포증, 강박장애, 알코올 중독 같은 병들을 치료할 수 있을 것이다.

제5장

논증의 구조 분석

1. 단순구조
2. 복합구조
3. 논증의 재구성

1. 단순구조

예시

(가) ① 한국대학교에서 〈논리와 비판적 사고〉 강의를 들었던 사람들은 비판적 사고력이 뛰어나다. 그런데 ② 철수는 한국대학교에서 〈논리와 비판적 사고〉 강의를 들었다. 그러므로 ③ 철수는 비판적 사고력이 뛰어난 사람이다.

(나) ① 철수는 누군가의 주장을 평가할 때 그 사람이 어떠한 근거에서 그와 같은 주장을 제기했는지에 대해 세밀히 검토한다. 더욱이 ② 그는 자신의 주장을 펼칠 때에도 수용가능한 근거를 통해 자신의 주장을 충분히 정당화한다. 이런 점을 고려할 때 ③ 철수는 비판적 사고력이 뛰어난 사람임이 분명하다.

(다) ① 철수는 비판적 사고력이 뛰어난 사람이다. 왜냐하면 ② 그는 상명대학교 철학과에서 실시하는 '비판적 사고력 증진 프로그램'에 참여하였기 때문이다. ③ 명수도 그 프로그램에 참여했는데, 그곳에서 철수를 보았다고 말했다.

위 세 논증의 결론은 모두 '철수는 비판적 사고력이 뛰어난 사람이다'로 동일하다. 그리고 세 논증 모두 전제 두 개와 결론으로 구성되어 있다. 하지만 세 논증을 자세히 살펴보면 그 구조가 다르다는 것을 확인할 수 있다. 논증 (가)의 경우 두 개의 전제가 매우 단단히 결합하여 결론을 정당화하고 있다. 그렇기 때문에 이 논증은 둘 중 하나의 전제가 없다면 독립적으로 결론을 정당화하기 힘들다. 하지만 논증 (나)는 두 개의 전제가 각각 독립적 지위를 갖고서 결론을 정당화하고 있다. 그렇기 때문에 하나의 전제가 없더라도 독립적으로 결론을 정당화할 수 있다. 마지막으로 논증 (다)는 전제와 결론이 연쇄적으로 이어져 있다는 것을 확인할 수 있다. 다시 말해 ③이 전제로서 결론 ②를 정당화하고, 다시 ②가 전제로서 결론 ①을 정당화하고 있다. 여기서 ②는 ③과의 관계에서는 결론이지만, ①과의 관계에서는 전제 역할을 하고 있다. 이렇듯이 전제는 논증의 구조에 따라 각각 상이한 지위(독립적인지 의존적인지, 하부결론을 지지하는지 결론을 직접 지지하는지 등)를 갖고 있다.

우리는 앞서 논증의 구성 요소들을 확인하는 법에 대해 살펴보았다. 논증의 구성 요소들을 분석하였다면, 이제 논증을 좀 더 분명하게 이해하고 평가하기 위해서 논증 구성 요소들이 어떤 구조로 서로 관계하는지 분석할 필요가 있다. 논증은 최종결론과 이를 뒷받침하는 전제들로 구성되어 있다. 논증의 결론과 전제들 사이의 논리적 관계는 논증의 구조를 통해 명확히 드러난다. 그러므로 논증을 이해하려면 전제와 결론 사이의 논리적 관계, 즉 논증의 구조를 파악해야 한다.

논증의 구조는 기본구조, 단순구조, 복합구조로 나누어 볼 수 있다. 여기서 기본구조는 말 그대로 레고의 블록처럼 논증의 기본이 되는 구조로서, 하나의 전제와 결론으로 이루어진 구조를 말한다. 그리고 단순구조는 기본구조가 단순한 형태로 이루어진 구조를 말한다. 예를 들어 기본구조가 결합된 형태로 이루어진 구조는 결합구조이고, 기본구조가 합류하는 형태로 이루어진 구조는 합류구조이며, 기본구조가 연쇄적으로 일어나는 형태를 띤 구조는 연쇄구조이다. 마지막으로 복합구조는 이러한 구조들이 복합적으로 섞여 있는 구조를 말한다. 이 장에서는 별도의 분석이 필요 없는 기본구조를 제외한 단순구조와 복합구조를 중심으로 살펴보겠다.

논증구조		
기본구조	단순구조	복합구조
전제 ↓ 결론	결합구조 합류구조 연쇄구조	여러 구조의 복합

(1) 결합구조

결합구조는 전제들이 각각 독립적으로 결론을 지지하는 것이 아니라 서로 의존적으로 결합해서 결론을 지지하는 구조를 말한다. 따라서 논증의 전제들은 서로 결합할 경우에만 결론을 지지할 수 있다. 결합구조를 가진 논증에서는 전제들이 각각 독립적으로 결론을 지지하지 못하므로 전제들 간의 의존성을 확인하는 것이 중요하다.

이러한 구조를 지닌 논증의 주요 특징은 전제 모두 수용가능해야 좋은 논증이 될 수 있다는 것이다. 따라서 결합구조를 지닌 논증의 경우 전제가 모두 수용가능한지를 면밀히 살펴볼 필요가 있다. 만약 제시된 전제 가운데 하나라도 수용불가능한 것으로 밝혀진다면 그 논증은 곧바로 좋지 못한 논증이 된다.

다음 논증을 살펴보자.

> 예시
>
> 영화 〈강철빔〉에서 주연배우로 흥행 돌풍을 일으켰던 배우 김철민이 최근 이슬람교로 개종했다고 해. 이제 김철민이 돼지고기를 먹는 모습을 볼 수 없을 거야. 왜냐하면 무슬림들은 종교적인 이유에서 돼지고지를 먹지 않기 때문이야.

이 논증을 분석하면 다음과 같다. 먼저, 이 논증은 '김철민이 돼지고기 먹는 모습을 앞으로 볼 수 없을 것이다'라는 점을 주장하고 있다. 그리고 이러한 주장을 정당화하기 위해 그가 최근에 이슬람교로 개종했다는 사실과, 무슬림들은 종교적인 이유에서 돼지고기를 먹지 않는다는 사실을 근거로 제시하고 있다. 따라서 이 논증을 표준화하면 다음과 같다.

P1. 배우 김철민은 최근 이슬람교로 개종했다.
P2. 무슬림들은 종교적인 이유에서 돼지고지를 먹지 않는다.
C. 앞으로 김철민이 돼지고기를 먹는 모습을 볼 수 없을 것이다.

그렇다면 전제들은 어떤 구조로 결론을 지지하는 것일까? 이 논증에서 P1과 P2는 독립적인 지위를 갖고 있지 못하다. 왜냐하면 배우 김철민이 무슬림이라는 사실에서 곧바로 그가 돼지고기를 먹지 않을 것이라는 결론도, 무슬림들이 종교적인 이유에서 돼지고기를 먹지 않는다는 사실에서 배우 김철민이 돼지고기를 먹지 않을 것이라는 결론도 이끌어 낼 수 없기 때문이다. 이 논증의 논리적 구조는 다음과 같다.

P1. 김철민 = 무슬림
P2. 무슬림 = 돼지고지를 먹지 않는 사람
C. 김철민 = 돼지고기를 먹지 않는 사람

따라서 이 논증을 도식화하면 다음과 같다.

$$\frac{P1 + P2}{\downarrow \atop C}$$

결합구조를 지닌 논증의 몇 가지 사례를 더 살펴보자.

예시

> 어떤 생명이 존엄한 존재라면 그 생명은 살릴 수 있는 한 살려야 한다. 심각한 기형을 안고 태어났지만 민석이도 인간으로서 존엄한 존재이다. 민석이도 수술을 받게 하여 살려야 한다.

먼저, 이 논증을 표준화해 보자.

P1. 어떤 생명이 존엄한 존재라면 그 생명은 살릴 수 있는 한 살려야 한다.
P2. 심각한 기형을 안고 태어났지만 민석이도 인간으로서 존엄한 존재이다.
C. 민석이도 수술을 받게 하여 살려야 한다.

이 논증에서 전제들은 어떤 구조로 결론을 지지하는 것일까? P1과 P2 모두 독립적으로는 결론을 지지할 수 없다는 사실을 확인할 수 있을 것이다. 일반적으로 두 개 이상의 전제가 나오는 논증에서 하나의 전제가 조건문이라면 그 전제는 나머지 한 전제와 결합하여 결론을 지지할 가능성이 높다. 왜냐하면 'p→q'라는 전제로부터 '~q→~p'라는 결론을 곧바로 이끌어 내는 경우가 아니라면, 간접추론에서 조건문은 독립적으로 결론을 지지하지 않기 때문이다. 이 논증의 구조를 살펴보면 다음과 같다.

P1. 존엄한 존재 → 그 생명을 살려야 함
P2. 민석이는 존엄한 존재임
C. 민석이의 생명도 살려야 함

따라서 이 논증을 도식화하면 다음과 같다.

$$\frac{P1 + P2}{}\downarrow C$$

예시

민주시 시민 중 약 80%는 수술실의 CCTV 설치가 의료사고 예방에 효과가 있을 것이라고 생각한다. 철민이는 민주시 시민이다. 따라서 철민이도 수술실의 CCTV 설치가 의료사고 예방에 효과가 있을 것이라고 생각할 것이다.

먼저, 이 논증을 표준화해 보자.

P1. 민주시 시민 중 약 80%는 수술실의 CCTV 설치가 의료사고 예방에 효과가 있을 것이라고 생각한다.

P2. 철민이는 민주시 시민이다.

C. 철민이는 수술실의 CCTV 설치가 의료사고 예방에 효과가 있을 것이라고 생각할 것이다.

이제 이 논증에서 전제들이 어떤 구조로 결론을 지지하는지 살펴보자. P1과 P2 모두 독립적으로는 결론을 지지할 수 없다는 사실을 어렵지 않게 확인할 수 있을 것이다. 왜냐하면 P1은 어떤 집합에서 특정 의견을 지지하는 통계 수치만을 제시하고 있고, P2는 어떤 사람이 그 집합에 속한다는 사실만을 말하고 있기 때문이다. 그러므로 이 논증 역시 전제들이 결합하여 결론을 지지한다고 보아야 한다. 이 논증의 논리적 구조는 다음과 같다.

P1. 민주시 시민 중 약 80% = 수술실의 CCTV 설치가 의료사고 예방에 효과가 있을 것이라고 생각함

P2. 철민이 = 민주시 시민임

C. 철민이 = 수술실의 CCTV 설치가 의료사고 예방에 효과가 있을 것이라고 생각함

이 논증을 도식화하면 다음과 같다.

$$\frac{P1 + P2}{\downarrow \atop C}$$

이 논증은 전제를 참이라고 가정할 때, 결론이 참이 될 확률이 80%이다. 그러므로 연역논증이 아니라 귀납논증이다. 하지만 전제로부터 결론을 도출하는 논리적 추론 과정이 연역의 형식을 띠고 있기 때문에 결합구조로 보는 것이 적절하다. 이러한 이유에서 귀납논증으로 분류되는 통계적 삼단논법이나 가설논증의 가설연역법의 경우에도 그 구조를 결합구조로 보아야 한다.

예시

변호사들은 돈을 많이 벌거나 인권 신장을 위해 노력한다. 그런데 변호사인 철수는 돈을 많이 벌지 못했다. 그러므로 철수는 인권 신장을 위해 노력했을 것이다.

먼저, 이 논증을 표준화해 보자.

P1. 모든 변호사들은 돈을 많이 벌거나 인권 신장을 위해 노력한다.
P2. 변호사인 철수는 돈을 많이 벌지 못했다.
C. 철수는 인권 신장을 위해 노력했을 것이다.

이 논증에서 전제들은 어떤 구조로 결론을 지지하는 것일까? P1과 P2 모두 독립적으로 결론을 지지할 수 없다는 사실을 확인할 수 있을 것이다. 이 논증의 논리적 구조는 다음과 같다.

P1. 모든 변호사들은 돈을 많이 벎 ∨ 인권 신장을 위해 노력함
P2. 철수는 돈을 많이 벌지 못했음
C. 철수는 인권 신장을 위해 노력했을 것임

따라서 이 논증을 도식화하면 다음과 같다.

$$\frac{P1 + P2}{\downarrow \atop C}$$

이상에서 우리는 결합구조를 하고 있는 논증들을 여러 차례 살펴보았다. 결합구조를 하고 있는 논증들은 대개 앞서 보았던 연역논증임을 확인할 수 있었다. 다시 말해 어떤 논증이 연역논증이라면 그 논증은 대체로 결합구조를 지니고 있다고 말할 수 있다.

(2) 합류구조

결합구조와 달리 합류구조를 가진 논증의 전제들은 서로 결합되지 않고 각각 독립적으로 결론을 지지할 수 있다. 이 말은 합류논증의 전제들의 경우 동일한 결론을 지지한다는 점에서는 서로 관계가 있다고 할 수 있지만 동일한 결론을 지지하기 위해 결합하지 않아도 된다는 뜻이다. 그 이유는 굳이 다른 전제들과 결합하지 않더라도 독립적으로 결론을 이끌어 낼 수 있기 때문이다. 물론 전제들 하나하나가 독립적으로 결론을 지지할 수 있지만, 관련된 다른 전제들과 함께 결론을 지지할 때 더 설득력 있는 논증이 된다. 그래서 합류논증일 경우 대체로 전제의 수가 많을수록 논증의 설득력은 강화된다.

다음의 논증을 살펴보자.

예시

우리나라 대학은 교내를 음주 금지구역으로 지정할 필요가 있다. 술을 마시는 행위는 교내의 건전한 학습문화를 저해한다. 뿐만 아니라 과도한 음주는 학생들의 건강에도 해롭다.

먼저, 이 논증을 표준화해 보자.

P1. 술을 마시는 행위는 교내의 건전한 학습문화를 저해한다.

P2. 과도한 음주는 학생들의 건강에도 해롭다.

C. 우리나라 대학은 교내를 음주 금지구역으로 지정할 필요가 있다.

이 논증을 살펴보면, P1과 P2가 독립적인 지위를 갖고 있음을 확인할 수 있다. 다시 말해 P1만으로도 C를 지지할 수 있고, P2만으로도 C를 지지할 수 있다. 물론 P1과 P2가 함께 있을 때 논증의 강도가 더 커진다. 여기서 주의할 점은 P1과 P2가 함께 있을 때 논증의 강도가 그렇지 않을 때보다 더 커진다는 이유에서 논증의 구조를 결합구조로 보아서는 안 된다는 것이다. 왜냐하면 결합구조는 결합하지 않으면 논리적으로 결론을 정당화할 수 없는 구조인데, 합류구조는 결합을 하지 않더라도 강도만 약할 뿐 결론을 지지할 수 있는 구조이기 때문이다.

이 논증을 도식화하면 다음과 같다.

P1　P2
↘　↙
C

이렇게 합류구조를 지닌 논증은 각각의 전제가 결론을 독립적으로 지지하기 때문에 기본구조로 분리하더라도 논증은 성립된다.

P1　P2
↓　↓
C　C

그러나 문제는 이렇게 되면 논증의 설득력이 약해진다는 것이다. 이러한 사실을 통해 우리는 합류구조로 이루어진 논증의 경우 대체로 전제의 양이 많아지면 논증의 강도도 강해진다는 사실을 알 수 있다.

다음은 앞의 논증에서 전제 두 개를 추가한 경우다.

P1. 술을 마시는 행위는 교내의 건전한 학습문화를 저해한다.

P2. 과도한 음주는 학생들의 건강에도 해롭다.

P3. 음주 후 발생하는 여러 쓰레기는 학교의 환경을 심각하게 어지럽힌다.

P4. 음주 금지구역 지정은 음주 인구를 감소시키는 데 도움이 된다.

C. 우리나라 대학은 교내를 음주 금지구역으로 지정할 필요가 있다.

전제들이 추가된 논증의 경우도 합류구조의 도식을 가진다.

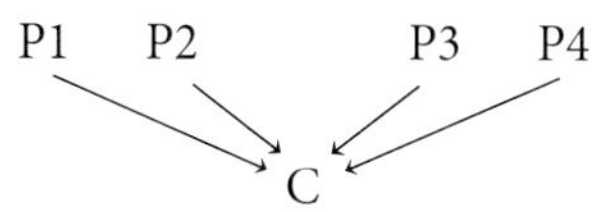

다음의 논증도 분석해 보자.

예시

> 대한적십자사는 헌혈의 활성화를 위해 헌혈한 사람들에게 충분한 대가를 지불해야 한다. 헌혈을 하는 사람이 부족한 것은 사람들이 자신의 행위에 대한 정당한 대가가 돌아오지 않는다고 생각하기 때문이다. 그리고 대한적십자사는 헌혈된 피를 통해 충분한 수입을 올리고 있다.

먼저, 이 논증을 표준화해 보자.

P1. 헌혈을 하는 사람이 부족한 것은 사람들이 자신의 행위에 대한 정당한 대가가 돌아오지 않는다고 생각하기 때문이다

P2. 대한적십자사는 헌혈된 피를 통해 충분한 수입을 올리고 있다.

C. 대한적십자사는 헌혈의 활성화를 위해 헌혈한 사람들에게 충분한 대가를 지불해야 한다.

그리고 이 논증을 도식화하면 다음과 같다.

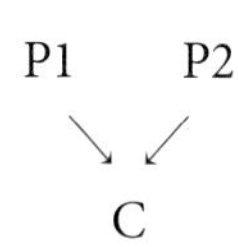

합류구조인 논증의 특징은 전제들이 각각 독립적인 지위를 가진다는 것이다. 그렇기 때문에 합류구조인 논증의 전제들은 '또한', '게다가', '더욱이', '첫째, 둘째, 셋째' 등과 같은 지시어로 연결되어 있다. 그러므로 논증에 사용된 지시어를 확인한다면, 논증의 구조를 밝히는 데 도움을 얻을 수 있다.

(3) 연쇄구조

연쇄구조는 기본구조가 연쇄적으로 일어나는 구조를 말한다. 쉽게 설명하자면 하나의 전제가 중간 단계의 결론을 지지하고, 이것은 다시 전제가 되어 다음 단계의 결론을 지지하는 형태로 이루어진 구조를 말한다. 이런 의미에서 보면 연쇄구조를 지닌 논증은 두 개 이상의 전제들이 상이한 지위를 갖는다고 할 수 있다. 결국 연쇄구조를 띤 논증은 맨 하위의 전제가 그 위의 전제를 지지하고, 이 전제가 다시 그 위의 전제나 최종결론을 지지하는 구조로 이루어진다.

예시

정부는 국민들의 건강을 위해 금연정책을 강제적으로 실시해야 한다. 흡연이 흡연자의 건강을 위협하기도 하지만 더 큰 문제는 비흡연자의 건강까지 위협한다는 것이다. 청산대 의대 연구팀의 연구결과에 따르면, 간접흡연은 폐암, 호흡기 질병, 심장질환 등 여러 가지 질병의 원인이 된다고 한다.

이 논증은 정부가 금연정책을 강제적으로 실시해야 한다는 것을 주장하고 있다. 그리고 그 근거로 '흡연이 흡연자뿐만 아니라 비흡연자의 건강까지 위협한다'는 것을 제시하고 있다. 그런데 이러한 주장에 동의하지 않는 사람의 경우 논증자가 제시한 근거인 흡연이 비흡연자의 건강까지 위협한다는 점에 대해 고개를 갸웃거릴 수도 있을 것이다. 이러한 이유에서 논증자는 다시 청산대 의대 연구팀의 연구결과를 통해 논증의 결론을 직접 지지하는 전제를 보강한 것이다. 그러므로 이 논증은 결론을 정당화하기 위해 제시한 전제를 수용가능한 것으로 만들기 위해 다시 다른 전제를 사용하고 있다. 먼저, 이 논증을 표준화해 보자.

P1. 청산대 의대 연구팀의 연구결과에 따르면, 간접흡연은 폐암, 호흡기 질병, 심장질환 등 여러 가지 질병의 원인이 된다고 한다.

C1(=P2). 흡연이 흡연자의 건강을 위협하기도 하지만 더 큰 문제는 비흡연자의 건강까지 위협한다는 것이다.

C2. 정부는 국민들의 건강을 위해 금연정책을 강제적으로 실시해야 한다.

그리고 이 논증을 도식화하면 다음과 같다.

P1
↓
C1(=P2)
↓
C2

다음의 논증도 분석해 보자.

예시

동중서가 주장한 삼강(三綱), 즉 군위신강, 부위자강, 부위부강은 억압적이고 권위적인 유교 윤리이다. 오늘날 이와 같은 유교 윤리를 되살리자는 주장은 우리 사회를 억압적이고 권위적인 사회로 되돌리자는 소리와 같다. 이러한 점을 고려할 때 우리 지역에서 유교 윤리를 보급하기 위해 추진 중인 유교문화단지 조성사업은 철회되어야 한다.

이 논증은 '우리 지역에서 유교 윤리를 보급하기 위해 추진 중인 유교문화단지 조성사업의 철회'를 주장한다. 그 이유로 논증자는 '유교 윤리를 되살리자는 주장은 우리 사회를 억압적인 사회로 되돌리자는 소리와 같다'라는 점을 근거로 들고 있다. 그런데 이 전제는 유교 윤리를 긍정적으로 받아들이는 사람에게는 '정말 그럴까?'라는 의구심을 들게 할 수도 있다. 이러한 이유에서 논증자는 다시 '동중서가 주장한 삼강(三綱), 즉 군위신강, 부위자강, 부위부강은 억압적이고 권위적인 유교 윤리임'을 보여 준 것이다.

먼저, 이 논증을 표준화해 보자.

P1. 동중서가 주장한 삼강(三綱), 즉 군위신강, 부위자강, 부위부강은 억압적이고 권위적인 유교 윤리이다.

C1(=P2). 오늘날 이와 같은 유교 윤리를 되살리자는 주장은 우리 사회를 억압적인 사회로 되돌리자는 소리와 같다.

C2. 우리 지역에서 유교 윤리를 보급하기 위해 추진 중인 유교문화단지 조성사업은 철회되어야 한다.

그리고 이 논증을 도식화하면 다음과 같다.

P1
↓
C1(=P2)
↓
C2

연습문제

※ 다음 논증이 어떤 구조로 되어 있는지 말해 보시오.

1. 청년실업이 만연한 요즘, 철수는 취직을 하려고 노력하는 장애인이다. 그런데 취직을 위해 노력하는 모든 장애인들은 차별의 고통을 감수해야 한다. 그렇다면 철수도 별반 다르지 않을 것이다.

2. 인간은 천부적 권리로서 생명권을 소유하고 있다. 그러므로 인간의 생명권을 박탈하는 어떠한 행위도 정당화될 수 없다. 이러한 측면에서 볼 때 국가의 이름으로 인간의 생명권을 박탈하는 제도인 사형제도는 폐지되어야 한다.

3. 북극의 빙하가 점점 녹기 시작했다. 그리고 언젠가부터 한반도에 아열대성

식물이 자라기 시작했다. 세계 곳곳에서도 이상기후가 자주 목격되었다. 지구온난화가 진행되고 있다고 보아야 한다.

2. 복합구조

현실에서 접하게 되는 논증은 단순하지 않고 여러 가지 형태의 논증이 서로 얽히고설키어 길고 복잡한 논증구조를 가지는 경우가 많다. 이러한 논증은 단순구조가 혼합되어 있기 때문에 그 구조를 분석하는 작업은 쉽지 않다. 따라서 논증분석의 기본적인 방법을 잘 숙지하면서 다양한 논증을 반복적으로 분석해 보는 연습이 필요하다. 그러면 다음 논증을 분석해 보자.

예시

① 정부는 국민들을 위해 금연정책을 실시할 필요가 있다. ② 흡연이 흡연자에게 절대적으로 나쁜 영향을 미친다는 사실은 금연정책을 실시해야 하는 가장 큰 이유이다. ③ 담배에는 4천여 종이나 되는 발암물질과 화학물질이 함유되어 있어 흡연은 곧 독을 마시는 행위와 다를 바 없기 때문이다. ④ 많은 사람들은 흡연의 폐해로 신체적인 피해를 말하지만, 사실 담배를 끊어야 한다는 강박관념이나 담배에 대한 극단적인 의존과 같은 정신적인 피해도 엄청나다. ⑤ 게다가 흡연자의 흡연으로 인한 비흡연자의 간접흡연 피해도 심각하다. ⑥ 간접흡연 역시 흡연과 마찬가지로 폐암, 호흡기질병, 심장질환 등 여러 가지 질병의 원인이 되기 때문이다. ⑦ 그리고 간접흡연으로 인해 비흡연자가 느끼는 정서적 불쾌감도 무시할 수 없다.

복합구조의 경우 여러 개의 단순구조가 혼합되어 있기 때문에 주논증을 먼저 분석한 다음 부논증을 분석하는 것이 좋다. 먼저, 최종결론과 그것을 뒷받침하는 전제로 이루어진 주논증을 확인하고, 다음 단계로 주논증의 하위논증, 즉 최종결론을 지지하는 주논증의 전제를 보강하는 부논증을 확인해야 한다.

그러면 먼저 이 논증에서 최종결론을 찾아보자. 논증자가 우리에게 설득하고사 하는 것이 무엇일까? ①이 최종결론이라는 것을 어렵지 않게 찾을 수 있을 것이다. 논증자는 정부에 금연정책 추진을 요구하고 있다. 다음 단계로는 최종결론을 지지하는 전제를 찾아야 한다. 논증자는 어떤 근거에서 '정부의 금연정책 추진'을 주장하는 것일까? 논증자는 최종결론을 뒷받침하는 근거로 흡연이 흡연자에게도 비흡연자에게도 좋지 않다는 것을 제시하고 있다. 따라서 위 논증의 주논증은 다음과 같다.

【주논증】

P1. ② 흡연이 흡연자에게 절대적으로 나쁜 영향을 미친다는 사실은 금연정책을 실시해야 하는 가장 큰 이유이다.

P2. ⑤ 흡연자의 흡연으로 인한 비흡연자의 간접흡연 피해도 심각하다.

C. ① 정부는 국민들을 위해 금연정책을 강제적으로 실시할 필요가 있다.

주논증에서 전제들은 독립적인 지위를 갖고서 결론을 지지하고 있음을 알 수 있다. 그러므로 주논증을 도식화하면 다음과 같다.

②　⑤
↘ ↙
①

다음 단계로 부논증을 분석해 보자. 논증자는 어떤 근거에서 ② '흡연이 흡연자에게 절대적으로 나쁜 영향을 미친다'고 주장하는 것일까? 그 근거가 ③과 ④임을 확인할 수 있다. 다시 말해 논증자는 담배에 무수히 많은 유해물질이 들어있기 때문에 신체적 측면에서 유해할 뿐만 아니라, 흡연자들이 담배를 끊어야 한다는 강박관념이나 담배에 대한 극단적 의존과 같은 정신적 측면에서도 피해를 입고 있다는 것을 근거로 들고 있다.

【부논증 1】

P1. ③ 담배에는 4천여 종이나 되는 발암물질과 화학물질이 함유되어 있어 흡연은 곧 독을 마시는 행위와 다를 바 없기 때문이다.

P2. ④ 담배를 끊어야 한다는 강박관념이나 담배에 대한 극단적인 의존과 같

은 정신적인 피해도 엄청나다.

C. ② 흡연이 흡연자에게 절대적으로 나쁜 영향을 미친다는 사실은 금연정책을 실시해야 하는 가장 큰 이유이다.

부논증 역시 전제들이 독립적인 지위를 갖고서 결론을 지지하고 있음을 알 수 있다. 그러므로 부논증을 도식화하면 다음과 같다.

③ ④
↘ ↙
②

이제 주논증의 다른 전제에 대해 살펴보자. 논증자는 어떤 근거에서 ⑤ '흡연자의 흡연으로 인한 비흡연자의 간접흡연 피해도 심각하다'고 주장하는 것일까? 그 근거로 ⑥과 ⑦을 찾을 수 있다. 다시 말해 간접흡연 역시 여러 가지 질병의 원인이 되며, 간접흡연으로 인해 비흡연자가 느끼는 정서적 불쾌감도 크다는 것을 근거로 들고 있다.

【부논증 2】

P1. ⑥ 간접흡연 역시 흡연과 마찬가지로 폐암, 호흡기 질병, 심장질환 등 여러 가지 질병의 원인이 되기 때문이다.

P2. ⑦ 간접흡연으로 인해 비흡연자가 느끼는 정서적 불쾌감도 무시할 수 없다.

C. ⑤ 흡연자의 흡연으로 인한 비흡연자의 간접흡연 피해도 심각하다.

이 논증 역시 도식화하면 합류구조임을 알 수 있다.

⑥ ⑦
↘ ↙
⑤

단계별로 살펴보았던 논증구조를 종합하면 다음과 같다.

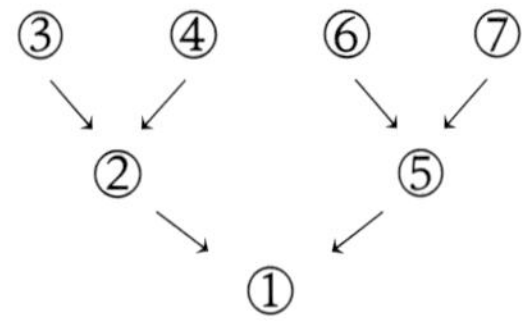

또 다른 논증을 살펴보자.

예시

최근 태평양전쟁 당시 일본군이 '조선인 위안부'를 집단학살한 장면이 담긴 영상이 처음으로 공개됐다. '일본군 위안부 동아시아콘퍼런스'에서 공개된 30초 분량의 흑백영상은 1944년 중국에서 패주하는 일본군으로부터 위안부들이 총살당한 뒤 버려진 충격적인 모습을 담고 있다. 이 영상은 당시 일본군과 전투를 벌인 연합군이 촬영했다고 전한다.

그동안 일본군이 '위안부'를 성적인 도구로 활용하다가 학살했다는 증언과 보고는 다수 있었지만 그와 관련된 물증은 충분히 확보되지 못했다. 하지만 ① 이번에 새롭게 발견된 영상은 일본군이 위안부를 성적인 도구로 활용하다가 학살했다는 사실을 보여 주는 명확한 물증이다. ② 연합군이 기록한 문서에 나오는 "1944년 9월 13일 밤 일본군이 조선인 위안부 30명을 학살했다"는 내용은 이 영상의 진실성을 뒷받침한다. ③ 확실한 물증이 발견되었다면 일본 정부는 반드시 위안부 문제와 관련하여 책임 있는 대답을 내어놓아야 한다. ④ 일본은 이 사건이 발생한 지 이미 오랜 시간이 흘렀고, 박정희 정권 시절 한국에 보상을 했다는 이유로 책임 있는 답변을 회피하고 있지만, 위안부 문제는 한일 간 외교 문제이기 이전에 인류의 보편적 인권 문제이며, 더욱이 전쟁범죄의 책임을 묻는 일은 소멸 시효를 적용할 수 없기에 국가 간의 정치적 타협으로 끝날 문제가 아니다. 따라서 ⑤ 일본 정부가 진솔하게 법적·도의적 책임을 인정하고 공식적인 사죄와 함께 피해자들에게 배상을 하는 것이 위안부 문제의 온전한 해결책이라고 할 수 있다.

이 논증도 단계별로 분석해 보자. 먼저, 주논증을 확인하고 다음 단계로 주논증의 전제를 보강하는 역할을 하는 부논증을 확인하다.

그러면 주논증을 확인하기 위해 먼저 최종결론을 찾아보자. 논증자가 이 글을 통해 우리에게 설득하고자 하는 것은 무엇일까? ⑤가 최종결론이라는 것을 어렵지 않게 찾을 수 있을 것이다. 논증자는 일본 정부는 위안부 문제를 온전하게 해결하기 위해 법적·도의적 책임을 인정하고 공식적인 사죄와 함께 피해자들에게 배상을 해 주어야 한다고 주장하고 있다. 그렇다면 이제 최종결론을 지지하는 전제를 찾아야 한다. 논증자는 어떤 근거에서 '일본 정부가 진솔하게 법적·도의적 책임을 인정하고 공식적인 사죄와 함께 피해자들에게 배상을 하는 것이 위안부 문제의 온전한 해결책이다'고 주장하는 것일까? 논증을 살펴보면, 논증자는 먼저 '명확한 증거가 발견되었다'는 사실과 '명확한 증거가 발견된 경우 반드시 책임 있는 대답을 내어놓아야 한다'는 점을 그 근거로 제시하고 있다. 다음으로 위안부 문제는 외교 문제 이전에 인류의 보편적 문제이기 때문에 정치적 타협으로 끝날 수 있는 문제가 아니라는 점을 그 근거로 제시하고 있다. 따라서 위 논증의 주논증은 다음과 같다.

【주논증】

P1. ① 이번에 새롭게 발견된 영상은 일본군이 위안부를 성적인 도구로 활용하다가 학살했다는 사실을 보여 주는 명확한 물증이다.

P2. ③ 확실한 물증이 발견되었다면 일본 정부는 반드시 위안부 문제와 관련하여 책임 있는 대답을 내어놓아야 한다.

P3. ④ 일본은 이 사건이 발생한 지 이미 오랜 시간이 흘렀고, 박정희 정권 시절 한국에 보상을 했다는 이유로 책임 있는 답변을 회피하고 있지만, 위안부 문제는 한일 간 외교 문제이기 이전에 인류의 보편적 인권 문제이며, 더욱이 전쟁범죄의 책임을 묻는 일은 소멸 시효를 적용할 수 없기에 국가 간의 정치적 타협으로 끝날 문제가 아니다.

C. ⑤ 일본 정부가 진솔하게 법적·도의적 책임을 인정하고 공식적인 사죄와 함께 피해자들에게 배상을 하는 것이 위안부 문제의 온전한 해결책이라고 할 수 있다.

이 논증의 경우 P1과 P2는 결합하여 결론을 지지하고 있으며, P3는 독립적으로 결론을 지지하고 있음을 확인할 수 있다.

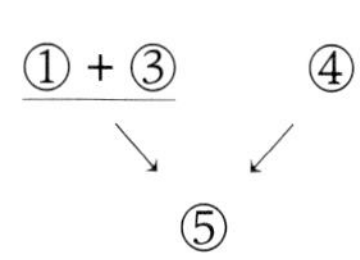

다음 단계로 주논증의 하위논증인 부논증을 확인해 보자. 먼저 주논증의 전제들 가운데 별도의 근거를 가지고 있는 것을 찾아보자. P2와 P3의 경우 별도의 근거를 가지지 않는 반면, P1의 경우 별도의 근거를 가지고 있다는 것을 확인할 수 있다. 그렇다면 논증자는 어떤 근거에서 '이번에 공개된 영상을 명확한 물증'이라고 주장하는 것일까? ②를 그 근거로 볼 수 있다. 논증자는 연합군 기록 문서에 들어 있는 내용이 이 영상의 진실성을 뒷받침한다고 주장한다.

【부논증】

P1. ② 연합군 기록 문서에 나오는 "1944년 9월 13일 밤 일본군이 조선인 위안부 30명을 학살했다"는 내용은 이 영상의 진실성을 뒷받침한다.

C. ① 이번에 새롭게 발견된 영상은 일본군이 위안부를 성적인 도구로 활용하다가 학살했다는 사실을 보여 주는 명확한 물증이다.

이제 단계별로 살펴보았던 논증구조를 종합해 보자.

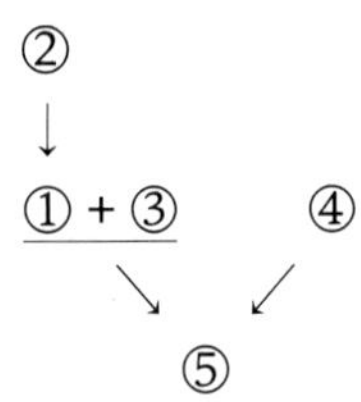

연습문제

※ 다음 논증을 분석하시오.

1. ① 비가 오면 파전에 막걸리가 최고지. ② 마침 오늘 비가 오네. ③ 철수야 막걸리 마시러 가자. ④ 어제 뉴스에서 보았는데 막걸리는 효모가 살아 있어,

장 건강에 좋다는 연구결과도 있어.

2. ① 미국의 이라크 전쟁은 정당하지 않다. ② 만약 이라크가 대량 살상무기를 대거 보유하여 중동 지역의 질서를 어지럽히고자 했다면 미국의 이라크 전쟁은 정당성을 확보할 수 있었을지도 모르겠다. 하지만 ③ 전쟁 후 미국은 이라크에서 대량 살상무기를 발견하지 못했다. ④ 이러한 사실은 전쟁 후 대량 살상무기 확인 업무를 수행했던 CIA 국장의 양심선언과 유럽의 다수 언론기관을 통해 확인할 수 있다. 그리고 ⑤ 미국이라는 일개의 국가가 그러한 문제를 개별적으로 해결하기보다는 UN이라는 국제기구를 통해 문제를 해결하는 것이 바람직하다.

3. 논증의 재구성

우리가 일상적으로 만나는 논증적인 글은 논증의 구성 요소만으로 이루어져 있지 않다. 논증을 전개하기 위해서는 필요한 문장이지만 논증의 구성 요소로 기능하지 않는 것들이 많다. 가령 자신의 결론이 현재 사회에서 중요한 이슈와 관련된다는 것을 설명하는 문장이 있을 수도 있고, 자신이 다루고자 하는 논점이 무엇인지에 대해 주의를 환기시키는 문장이 있을 수도 있고, 결론을 이끌어 내기 위해 사용했던 방법을 소개하는 문장이 있을 수도 있다. 이와 같은 문장은 자신의 주장을 효과적으로 표현하는 데는 중요한 역할을 할지 모르지만, 논증의 요소가 아니기 때문에 논증을 분석하는 데는 직접적으로 관계되지 않는다. 그렇기 때문에 이와 같은 문장은 논증을 재구성할 때는 제외시켜야 한다.

그러나 정작 논증의 구성 요소로 기능함에도 불구하고 이러저러한 이유로 숨겨져 있는 것이 있을 수도 있다. 전제를 가정한 채 논증을 제기할 수도 있고, 결론을 생략한 채 논증을 펼칠 수도 있다. 이러한 경우 명시적으로 표현되지 않은 채 숨겨져 있는 것을 찾아 명시적으로 표현할 필요가 있다.

이렇듯이 제시된 글에서 논증의 구성 요소가 아닌 것을 추려 내고, 논증의 구성 요소인데 숨겨져 있는 것이 있다면 그것을 찾아 명시적으로 드러내는 작업을 논증의 재구성이라고 한다. 다음 논증을 재구성해 보자.

예시

① 학교 폭력을 근절하기 위해서 모든 학교에 반드시 안전 요원을 배치해야만 하는 것일까? 혹시 ② 교사들의 생활 지도만으로도 충분하지 않을까? ③ 교사 외의 안전 요원 배치는 교사와 역할이 중복될 뿐만 아니라 교사의 권위 또한 훼손될 수 있다는 우려가 있다. ④ 실제 교사들에게 설문조사를 통해 의견을 수렴해 보았다. ⑤ 많은 교사들이 수업 준비와 행정 업무로 인해 학생들의 생활 지도에 소홀할 수밖에 없다고 지적했다. 그리고 ⑥ 교사들의 75%가 학교 폭력을 근절하기 위해서는 안전 요원의 배치가 반드시 필요하다는 데 인식을 같이했다. 그러므로 ⑦ 모든 학교에 안전 요원을 배치해야 한다.

우선 최종결론을 찾아야 한다. 이 글은 학교의 안전 요원 배치와 관련되는 주장을 담고 있는 논증으로 볼 수 있을 것이다. 그렇다면 여기서 논증자가 우리에게 설득하고자 하는 내용은 무엇일까? 논증자는 ⑦ '모든 학교에 안전 요원을 배치해야 한다'라는 주장을 펼치고 있다. 최종결론을 찾았다면, 이제 전제를 찾아보자. 논증자는 무엇 때문에 '모든 학교에 안전 요원을 배치해야 한다'고 주장하는 것일까? 논증자는 ⑤ '많은 교사들이 수업 준비와 행정 업무로 인해 학생들의 생활 지도에 소홀할 수밖에 없다고 지적했다'라는 사실과 ⑥ '교사들의 75%가 학교 폭력을 근절하기 위해서는 안전 요원의 배치가 반드시 필요하다는 데 인식을 같이했다'라는 사실을 근거로 제시하고 있다.

그렇다면 나머지 문장은 무엇일까? ①과 ②, 즉 '학교 폭력을 근절하기 위해서 모든 학교에 반드시 안전 요원을 배치해야만 하는 것일까? 혹시 교사들의 생활 지도만으로도 충분하지 않을까?'라는 것은 논점을 묻는 문제 제기이다. ③ '교사 외의 안전 요원 배치는 교사와 역할이 중복될 뿐만 아니라 교사의 권위 또한 훼손될 수 있다는 우려가 있다'라는 문장은 내용상 '모든 학교에 안전 요원을 배치해야 할 것이다'라는 결론과 충돌하고 있다. 그렇다면 ③은 논증자가 자신이 설득하고자 하는 주장과 상반되는 주장을 배경적으로 보여 주는 역할을 하는 것으로 볼 수 있다. 그리고 ④는 ③의 주장과는 다른 자신의 주장을 도출하기 위한 방법을 알려 주는 역할을 한다. 이러한 이유에서 ①과 ②, 그리고 ③과 ④는 논증의 구성 요소로 볼 수 없다.

이상의 분석을 토대로 위 논증을 재구성하면 다음과 같다.

P1. ⑤ 많은 교사들이 수업 준비와 행정 업무로 인해 학생들의 생활 지도에 소홀할 수밖에 없다고 지적했다.

P2. ⑥ 교사들의 75%가 학교 폭력을 근절하기 위해서는 안전 요원의 배치가 반드시 필요하다는 데 인식을 같이했다.

C. ⑦ 모든 학교에 안전 요원을 배치해야 할 것이다.

재구성한 논증을 살펴볼 때, 전제들이 각각 독자적으로 결론을 정당화하고 있음을 확인할 수 있다. 그러므로 위 논증은 합류구조로 이루어져 있다.

⑤ ⑥
↘ ↙
⑦

다음 논증을 재구성한 후 그 구조를 분석해 보자.

예시

① 프랑스 배우 브리지트 바르도는 한국 언론과의 인터뷰에서 한국인의 보신탕 문화에 대해 강하게 비판했다. ② 그녀는 보신탕을 먹는 행위는 동물학대인데, 동물을 학대하는 것은 곧 야만인들이나 하는 짓이라고 말했다. 이런 이유에서 ③ 그녀는 보신탕을 먹는 한국인들을 야만인이라고 주장했다. ④ 푸아그라의 재료를 생산하기 위해 거위를 좁은 게이지 안에 넣은 채 강제로 음식물을 먹이는 학대 행위는 야만적일지 몰라도 한국인의 보신탕 문화를 동물학대로 보는 것은 적절하지 않다. 왜냐하면 ⑤ 동물학대는 자기방어나 생존을 위한 목적이 아님에도 동물에게 고통을 가하는 행위인데, 보신탕을 만들기 위해서 개에게 특별히 고통을 가하지 않기 때문이다. 더욱이 ⑥ 한국인들이 보신탕을 먹는 것은 한국의 고유한 음식문화이기도 하다.

이 글을 쓴 사람이 하고자 하는 말은 무엇일까? 논증자는 '한국인의 보신탕 문화를 동물학대로 보는 것은 적절하지 않다'는 것을 말하고자 했을 것이다. 그러므로 이 논증의 결론은 ④라고 할 수 있다. 다음으로 논증자는 어떤 근거에서 '한국인의 보신탕 문화를 동물학대로 보는 것은 적절하지 않다'라고 하는 것일까? ⑤와 ⑥을 통해서 결론 ④를 정당화하고 있다는 것을 확인할 수 있다. 그렇다면 ①, ②, ③은 무엇일까? ①은 논증자가 이와 같은 주장을 펼치게 된 계기에 대해 설명하는 것이고, ②와 ③은 자신과 견해를 달리하는 브리지트 바르도의 논증을 소개하는 글이다. 그러므로 ①, ②, ③은 본 논증의 구성 요소가 아니다.

이상의 분석을 토대로 위 논증을 재구성하면 다음과 같다.

P1. ⑤ 동물학대는 자기방어나 생존을 위한 목적이 아님에도 동물에게 고통을 가하는 행위인데, 보신탕을 만들기 위해서 개에게 특별히 고통을 가하지 않기 때문이다.
P2. ⑥ 한국인들이 보신탕을 먹는 것은 한국의 고유한 음식문화이기도 하다.
C. ④ 한국인의 보신탕 문화를 동물학대로 보는 것은 적절하지 않다.

그런데 P1과 C 사이에는 논리적 간격이 보이지 않지만, P2와 C 사이에는 논리적 간격이 보인다. 따라서 논리적 간격을 메우기 위해 P2와 C 사이의 숨은 전제를 찾는 작업이 필요하다. 논증자는 P2와 '동물학대와 음식문화로서 보신탕 문화는 별개의 문제이다'라는 가정된 전제를 결합하여 결론을 정당화하고 있다. 따라서 숨은 전제를 보충하여 논증을 재구성하면 다음과 같다.

P1. ⑤ 동물학대는 자기방어나 생존을 위한 목적이 아님에도 동물에게 고통을 가하는 행위인데, 보신탕을 만들기 위해서 개에게 특별히 고통을 가하지 않기 때문이다.
P2. ⑥ 한국인들이 보신탕을 먹는 것은 한국의 고유한 음식문화이기도 하다.
P3. ⓐ (동물학대와 음식문화로서 보신탕 문화는 별개의 문제이다.)
C. ④ 한국인의 보신탕 문화를 동물학대로 보는 것은 적절하지 않다.

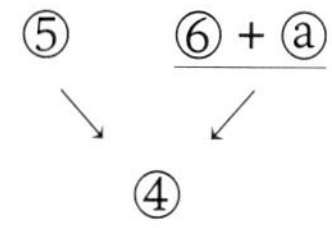

연습문제

※ 다음 논증을 재구성해 보시오.

1. ① 정부는 청년 일자리 창출을 강조하면서 또 다시 추경(추가경정예산)을 검토하고 있다. 하지만 ② 지난해 시행된 '일자리 추경'의 성과를 분석해 보면 추경으로 인해 새롭게 만들어진 일자리의 절반가량은 60세 이상 노년층의 일자리였고, 정작 청년들을 위한 일자리 창출은 극히 미미한 것으로 나타났다. 더욱이 ③ 민간 기업 부문의 청년 일자리 창출은 너무나도 부진한 나머지 정부가 이를 위해 준비한 예산 중 절반도 사용하지 못한 것으로 드러났다. ④ 정부에서 추진한 정책이 이처럼 부실한 결과를 초래했는데도 불구하고, 정부는 여전히 습관처럼 청년 일자리 창출을 위한 추경 정책을 반복하려고 하고 있다. 이러한 사실을 고려할 때, ⑤ 추경을 통한 청년 일자리 창출 정책은 재고되어야 할 것이다.

2. ① 우리나라의 사법부 신뢰도는 이미 경제협력개발기구(OECD) 가운데 최하위권으로 추락한 상태이다. ② 이런 상황에서 오성전자 이재삼 부회장의 뇌물공여 혐의 사건의 상고심에서 민주성 전 대법관이 이 부회장 변호 선임계를 제출해 사회적으로 논란이 일고 있다. ③ 앞서 2심에서 법리적 원칙과 국민적 상식을 벗어난 징역 2년 집행유예 3년이라는 판결이 나 '유전무죄'라는 비난이 거셌음에도 이 부회장이 대법관 출신 변호사를 선임해 '전관예우' 시비를 낳고 있는 상황이다. ④ 이 부회장의 이와 같은 변호사 선임은 대한변호사협회가 비판 성명까지 낸 것에서도 알 수 있듯이 매우 부적절한 처사이

다. ⑤ 현재 재임 중인 열세 명의 대법관 가운데 이호성 대법관을 비롯한 여섯 명의 대법관이 민주성 변호사와 함께 대법관으로 근무했던 이력이 있다. ⑥ 더욱이 이재삼 사건이 배당된 대법원 제2부의 대법관 다섯 명 가운데 네 명이 그와 함께 근무했거나 로스쿨 동문으로 각별한 인연을 갖고 있는 것으로 밝혀졌다. ⑦ 이와 같이 변호사 선임이 부적절하게 이루어진다면 대법원에서 어떤 결론이 나더라도 국민들의 신뢰를 얻기 힘들 것이다. ⑧ 더구나 민주성 변호사는 2016년 3월에 퇴임한 후, 대한변호사협회에서 전관예우와 관련된 문제로 변호사 등록을 거부하자, 공익 관련 업무에만 전념하겠다며 공익법인 이사장을 맡기도 하였다. ⑨ 그래 놓고 스스로 그 약속을 깬 셈이다. ⑩ 사법부의 공정성과 신뢰성을 확보하기 위해서라도 민주성 변호사의 변호사 선임은 즉각 철회되어야 한다.

종합문제

※ **다음 논증의 구조를 분석하고 그것을 도식화하시오.**(1~5)

1 ① 윤리적 존재라는 말은 자유로운 존재라는 것을 의미한다. ② 그런데 인간은 자연법칙의 지배로부터 일정 부분 벗어났다는 점에서 자유로운 존재로 볼 수 있다. ③ 그러므로 우리는 인간을 윤리적 존재로 볼 수 있다.

2 ① 빗속에서 과속운전을 하는 것은 매우 위험하다. ② 비가 내리면 도로에 수막이 형성되는데, 이러한 수막은 자동차의 제동거리를 길어지게 한다. ③ 뿐만 아니라 수막층이 형성된 도로에서는 자동차 바퀴의 제어 자체가 매우 힘이 든다.

3 ① 철수는 얼마 전에 치유가 불가능한 병에 걸렸다. ② 철수는 평소 자신이 치유 불가능한 병에 걸린다면 무의미한 치료를 받기보다는 존엄하게 죽기로 서약했다고 한다. ③ 새롭게 시행되는 연명의료결정법에 따르면, 환자의 자의적 결정이 있고, 병이 치유 불가능한 것이며, 환자가 죽음의 과정에 들어선 경우라면 연명의료행위를 중단할 수 있다고 한다. ④ 현재 철수는 죽음의 과정에 돌입했다고 한다. ⑤ 이제 철수의 바람대로 무의미한 생명 연장 장치라고 할 수 있는 인공호흡기를 뗄 수 있다.

4 ① 지금과 같은 경기불황 속에서 최저임금이 상승한다면, 상당수의 노동자가 일자리를 잃을 것이다. ② 일자리를 얻지 못한 실업자가 늘어난다면, 경기불황이 더 심각해질 것이다. ③ 정부는 경기불황이 가속화되는 것을 막아야 한다. ④ 그러므로 정부는 현재 한국의 경제상황을 고려하여 최저임금 상승 정책을 철회하여야 한다.

5 ① 어떤 생명체에 자연선택이 일어나지 않는다면 진화는 적용되지 않을 것이다. ② 그런데 우리는 자연선택이 더 이상 인간에게 적용되지 않는다는 사실을 발견했다. ③ 자연선택이 이루어지기 위해서는 강한 개체들보다 훨씬 많은 수의 약한 개체들이 번식하기 전에 죽어야 한다. ④ 하지만 인간의 경우 현대의학의 발달로 약한 자들도 강한 자들 못지않게 오래 살고 또한 번식도 할 수 있다. ⑤ 그러므로 더 이상 인간에게는 진화론이 적용되지 않는다.

6 다음 논증의 구조를 가장 잘 표현한 것은?

> ㉠ 자연은 스스로 진화하는 것이거나, 아니면 기계와 같은 것으로 볼 수 있다. ㉡ 기계는 본질적으로 완성된 작품 또는 닫힌 체계라고 할 수 있다. ㉢ 반면에 자연은 완성된 것으로 볼 수 없다. ㉣ 왜냐하면 자연은 아직 이루어지지 않은 어떤 것이 되기 위해 끊임없이 작용하는 것이기 때문이다. ㉤ 아직 이루어지지 않은 어떤 것이 되기 위해 작용하는 것은 미완성된 것이다. ㉥ 따라서 자연은 기계가 아니다. ㉦ 결국 자연은 스스로 진화하는 어떤 것으로 보아야 한다.

① ㉣ + ㉤ → ㉡ + ㉢ → ㉠ + ㉥ → ㉦

② ㉡ + ㉢ → ㉣ + ㉤ + ㉥ → ㉦ → ㉠

③ ㉡ + ㉢ → ㉣ + ㉤ → ㉠ + ㉥ → ㉦

④ ㉣ + ㉤ → ㉡ + ㉢ → ㉠ + ㉥ → ㉦

⑤ ㉠ → ㉡ + ㉢ → ㉣ + ㉤ + ㉥ → ㉦

7 다음 논증에 대한 분석으로 옳은 것은?

> ㉠ 사형은 국가가 인간의 생명권을 박탈하는 행위를 법으로 정당화한 제도적 살인이다. ㉡ 하지만 사형제도를 옹호하는 사람들은 사형제도가 흉악범죄를 예방하는 데 매우 효과적이기 때문에 유지되어야 한다고 주장한다. ㉢ 또한 이들은 가해자의 생명권보다는 피해자의 생명권이 더 존중되어야 하기 때문에 살인범을 사형에 처하지 않는 것은 형평성의 원리와 사회 정의에 어긋난다고 주장한다. ㉣ 그러나 우리의 생각은 조금 다르다. ㉤ 사형제도의 범죄 억제 효과가 무기징역의 효과보다 더 크다는 사실을 입증하기에는 근거가 매우 부족하다. ㉥ 뿐만 아니라 사형제도는 법관의 오판으로 인한 잘못을 되돌릴 수 없게 만든다. ㉦ 더욱이 인간의 생명권을 다른 사람의 결정에 의해 박탈할 수 있게 하는 사형제도는 인간의 존엄성을 보장하고 있는 헌법에도 위배된다. ㉧ 그러므로 저지른 죄의 대가를 묻는 것이 아무리 마땅하다고 하더라도 인간의 생명권을 박탈하는 행위는 형벌로서 정당화될 수 없다.

① ㉤, ㉥, ㉦은 서로 결합해서 ㉧을 지지한다.

② ㉢은 주장 ㉠을 정당화하는 역할을 한다.

③ 주장 ㉡이 거짓으로 드러난다면 글쓴이의 주장은 설득력을 잃을 것이다.

④ 주장 ㉤이 거짓으로 밝혀지더라도 글쓴이의 주장이 갖는 설득력에는 변함이 없을 것이다.

⑤ 이 글을 쓴 사람이 최종적으로 주장하고자 하는 것은 사형제도는 폐지되어야 한다는 것이다.

8 다음 논증 가운데 논증구조가 유사한 것끼리 묶인 것은?

> ㉠ 올해 청산대학교 총학생회장선거에 학생회장 후보로 철수와 민수가 출마했다. 그런데 민수는 낙선했다고 말했다. 그렇다면 올해는 철수가 학생회장으로 당선되었을 것이다.
>
> ㉡ 한국은행에 따르면 지속적인 금리하락은 부동산 가격의 상승을 유발한다. 그런데 올해 하반기 대한민국의 주택시장을 살펴보면 전체적으로 부동산 가격이 하락했다는 것을 확인할 수 있다. 한국은행은 지속적인 금리인하 정책 노선을 포기했음에 틀림없다.
>
> ㉢ 너, 형과 함께 시골에서 전원생활을 하다가 지난해 서울로 이사를 갔었지? 그게 바로 네가 형보다 불안하게 사는 이유야. 연구결과에 따르면, 서울과 같은 대도시에서 살아가는 사람은 시골 마을에서 전원생활을 하는 사람보다 스트레스가 심하다고 하잖아.
>
> ㉣ 케이블 TV는 지상파 TV보다 훨씬 더 많은 채널을 시청자들에게 제공할 수 있다. 이러한 이유 때문에 케이블 TV 가입자 수는 아마 지속적으로 증가할 것이다. 청산대학교 미디어학과 김수민 교수는 케이블 TV의 시청 편의성도 많은 시청자들의 욕구를 충족해 준다고 주장했다.

㉤ 인간은 태어나면서부터 이익을 좋아하게 되어 있다. 이러한 본성을 따르기 때문에 다툼이 생기고 양보하거나 배려하는 마음이 없어진다. 악한 본성을 지닌 인간은 덕으로 다스리기보다는 예나 법을 통해 다스리는 것이 더 적절하다.

① ㉠, ㉡, ㉢ ② ㉠, ㉡, ㉣ ③ ㉡, ㉢, ㉣ ④ ㉢, ㉣, ㉤ ⑤ ㉣, ㉤

9 다음 중 아래의 논증과 가장 유사한 구조를 지닌 논증은?

우리나라는 출산율이 급격하게 떨어지고 있다. 이러한 사실은 사람들이 이전보다 오래 산다고 하더라도 결국에는 인구가 감소할 수밖에 없다는 것을 의미하는데, 인구의 감소는 결국 노인인구를 부양할 생산 연령 인구 부족이라는 결과를 낳는다. 그러므로 정부는 은퇴 연령을 높이거나 생산 연령의 생산성 향상을 가져올 수 있는 정책을 추진해야 한다.

① 한동시의 경우 공공장소에서 흡연을 금지하는 조례안이 별다른 저항 없이 통과 될 것으로 보인다. 한동시보다 흡연율이 높은 양명시의 경우에도 시 조례안이 별다른 저항 없이 통과되었기 때문이다. 더욱이 공공장소에서 흡연을 금지하는 조치는 세계적 추세이기도 하다.

② 약이 인간에게 안전한지 확인하기 위해 일반적으로 동물실험을 하는데, 동물실험을 한다고 해서 우리가 필요로 하는 정보를 얻을 수 있는 것은 아니다. 필요한 정보를 얻기 위해서는 동물과 인간이 생리적으로 유사하다는 것이 확인되어야 한다. 하지만 인간에게 무해한 아스피린과 페니실린이 고양이에게는 독이 된다는 사례에서도 알 수 있듯이 동물과 인간은 너무나도 다르다고 할 수 있다.

③ 사형제도는 반드시 폐지되어야 한다. 왜냐하면 판사도 유한한 인간이라는 점에서 오판 가능성을 배제할 수 없기 때문이다. 그리고 항간에 흉악 범죄율을 감소시킨다는 이유로 사형제도 존치를 주장하는 사람들이 있는데, 사실 사형제도가 그러한 효과를 나타내지 못한다는 연구결과도 있다. 무엇보다도 사형제도 폐지는 세계적 추세이기도 하다.

④ 중고차는 대체로 매연검사를 통과할 확률이 떨어진다. 현재 시중에 있는 중고차들은 매연 방지에 대한 인식이 부족할 때 생산된 것들이 대부분이다. 게다가 자동차는 생산연도가 오래될수록 매연 배출량이 증가한다.

⑤ 미세먼지는 심각한 폐질환을 유발한다. 왜냐하면 미세먼지는 질산염, 황산염, 암모늄과 같은 이온 성분과 탄소 화합물, 금속 화합물로 이루어져 있는데, 이러한 물질이 폐질환 유발의 직접적인 원인이기 때문이다. 따라서 정부는 국민들의 건강을 위해 미세먼지 경감 관련 정책을 하루빨리 추진해야 한다.

10 다음 논증을 분석하여 도식화한 것으로 가장 적절한 것은?

> 공공도서관을 활성화하기 위한 효과적인 방안은 무엇일까? 어떻게 하면 많은 시민들이 공공도서관을 이용하도록 만들 수 있을까? ㉠ 현재 우리나라의 지자체에서 운영 중인 공공도서관의 수는 지역주민이 충분히 이용하기에 부족하기 때문에 그 숫자를 현재보다 더 늘려야 한다. ㉡ 우리나라의 지자체에서 운영하는 공공도서관의 수는 유럽 선진국들과 비교해 보면 그 수가 터무니없이 부족하다. ㉢ 또한 정보화시대를 맞이하여 정보에 대한 시민들의 수요가 늘어나면서 정보의 공급처 기능을 수행하는 공공도서관에 대한 시민들의 요구도 증가하고 있다. ㉣ 예컨대, 전국 주요 도시에 거주하는 20세 이상의 시민들을 대상으로 한 설문조사에서 80% 이상이 공공도서관의 필요성에 대해 공감하고 있는 것으로 나타났다. ㉤ 한편 공공도서관의 수를 늘리는 것이 곧바로 공공도서관의 이용률을 높이는 것으로 이어지지 않는다는 점을 근거로 공공도서관의 접근성에 대해 고려해야 한다고 주장한다. ㉥ 한국대 정수민 교수의 연구결과, 시민들의 도서관 이용률을 높이는 데 결정적인 역할을 하는 것은 도서관의 수보다는 오히려 도서관 접근성에 있다는 것이 드러났다. ㉦ 또한 도서관으로 가는 데 이용 가능한 대중교통수단의 수가 많을 경우 이용률이 올라가는 것으로 나타났다. ㉧ 이러한 점을 고려할 때 공공도서관 이용을 활성화하려면 도서관의 보급률과 접근성을 모두 높여야 할 것이다.

①
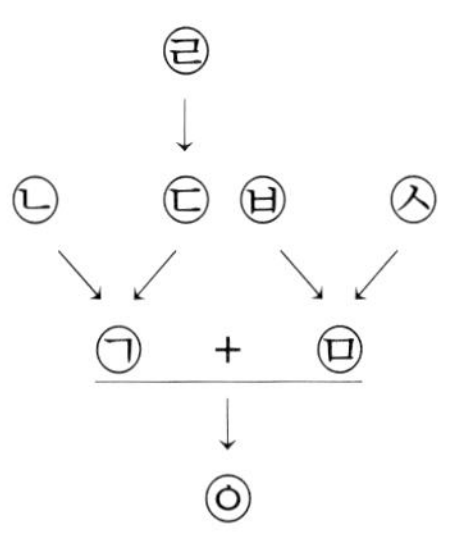

②
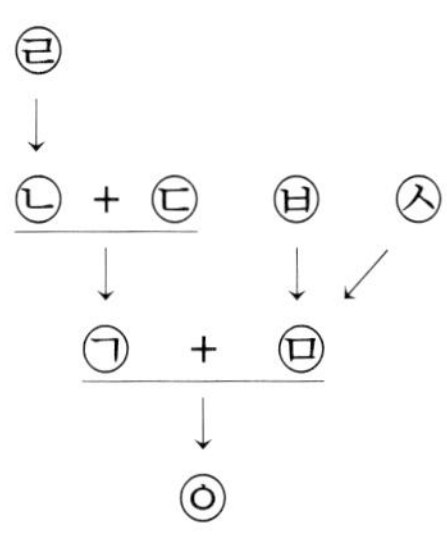

③
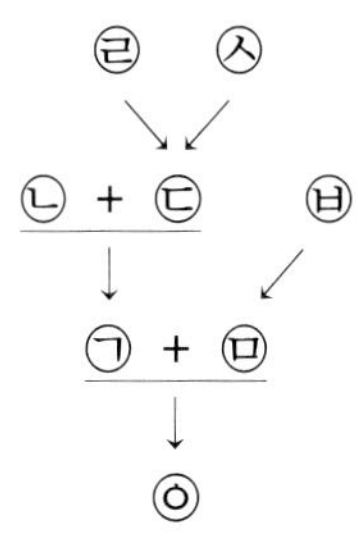

④
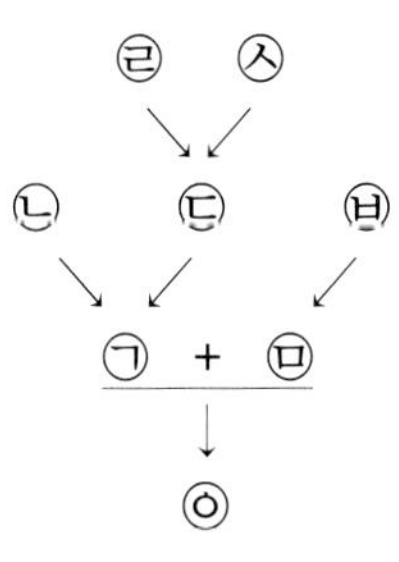

⑤
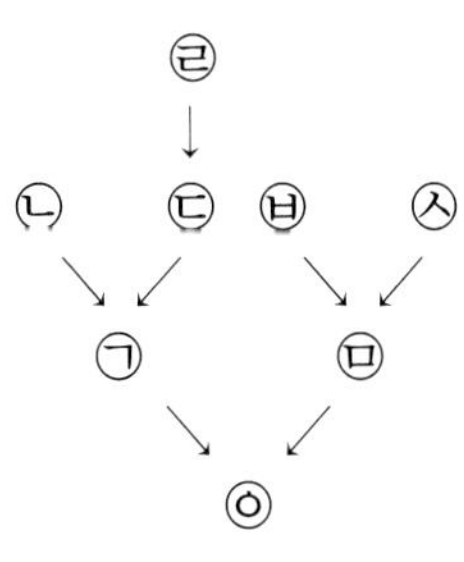

제6장

논증의 수용가능성 평가

1. 논증 평가의 세 가지 기준과 오류

논증의 구성 요소와 구조를 분석한 다음에는 그 논증을 평가해야 한다. 논증을 평가하는 것은 간단하게 말해서 어떤 논증이 좋은 논증인지 나쁜 논증인지 일정한 기준에 따라 합리적으로 판단하는 것이다. '좋은 논증'이란 그 기준을 충족시킴으로써 결론을 받아들일 수 있는 논증이고, '나쁜 논증'이란 그 기준을 충족시키지 못함으로써 결론을 받아들일 수 없는 논증이다.

다음 두 개의 논증 가운데 어느 것이 좋은 논증이고 어느 것이 나쁜 논증인지 구별해 보자.

예시

(가) 존경하는 재판장님! 피고는 작은 월세방에서 병든 노모를 모시고 두 명의 자녀를 키우고 있습니다. 게다가 피고는 막노동으로 겨우 생계를 꾸려 나가고 있습니다. 피고와 그 가족들의 불쌍한 처지를 참작하시어 피고를 집행유예로 선처하시는 것이 마땅하다고 생각합니다.

(나) 존경하는 재판장님! 피고는 작은 월세방에서 병든 노모를 모시고 두 명의 자녀를 키우고 있습니다. 게다가 피고는 막노동으로 겨우 생계를 꾸려 나가고 있습니다. 피고와 그 가족들의 불쌍한 처지를 참작하시어 피고를 무죄로 석방하시는 것이 마땅하다고 생각합니다.

논증을 평가하기 위해 논증 (가)와 (나)를 표준화하면 다음과 같다.

(가) P1. 피고는 작은 월세방에서 병든 노모를 모시고 두 명의 자녀를 키우고 있다.
P2. 피고는 막노동으로 겨우 생계를 꾸려 나가고 있다.
C. 피고를 집행유예로 선처해야 한다.

(나) P1. 피고는 작은 월세방에서 병든 노모를 모시고 두 명의 자녀를 키우고 있다.
P2. 피고는 막노동으로 겨우 생계를 꾸려 나가고 있다.

C. 피고를 무죄로 석방해야 한다.

논증 (가)와 (나)는 완전히 동일한 두 전제로부터 각각 상이한 결론을 도출하고 있다. 누구든지 '집행유예'와 '무죄 석방'이라는 말의 뜻을 알고 있기만 해도 (가)는 좋은 논증이고 (나)는 나쁜 논증이라는 것을 직감적으로 알 수 있다. (가)의 결론은 받아들일 수 있고 (나)의 결론은 받아들일 수 없기 때문이다. 구체적으로 설명하자면, '피고와 그 가족들의 불쌍한 처지를 참작하는 것'은 '집행을 유예하는 것'과 관련이 있지만 '무죄로 석방하는 것'과는 관련이 없다. 집행유예의 성립 여부는 피고의 처지에 의거할 수 있지만, 죄의 성립 여부는 피고의 처지가 아니라 객관적인 사실에만 의거하기 때문이다.

바로 이와 같이 논증을 평가하는 경우에는 논리적 직감을 넘어 그 무언가 특정한 기준이 요구된다. 평가의 기준은 너무 엄격하거나 너무 관대하지 않아야 하고 또 다루기 쉬워야 한다. 그리고 어느 누가 그 기준을 사용하더라도 동일한 결과가 나와야 한다. 이에 따라 가장 널리 활용되고 있는 논증 평가의 기준 세 가지를 제시하면 다음과 같다.

① 수용가능성(Acceptability): 전제는 수용될 수 있어야 한다.
② 관련성(Relevance): 전제는 결론과 관련이 있어야 한다.
③ 충분성(Sufficiency): 전제는 결론을 충분히 지지해야 한다.

이 세 가지 기준은 약어로 ARS라고 불린다. ARS 이론은 카헤인(Howard Kahane)이 제일 먼저 제시했고, 존슨(Ralph A. Johnson)과 블레어(J. Anthony Blair)가 체계적으로 정립했다. 이러한 세 가지 기준을 모두 충족시킨 논증은 좋은 논증이고, 어느 하나라도 충족시키지 못한 논증은 나쁜 논증이다.

다음은 각각 논증 평가의 어느 기준을 위반하고 있을까?

예시

(가) 동물은 인간과 생리적으로 매우 다르다. 따라서 어떤 약이 인간에게 안전한지 알아보기 위해 동물실험을 하는 것은 거의 무익하다.

(나) 다수결의 원리는 현실적으로 민주주의를 실현할 수 있는 최선의 방법이다. 따라서 우리의 결혼도 지나가는 사람들에게 물어보고 결정해야 한다.

(다) 지난 선거에서 보수당 후보에게 투표했던 나의 아내, 나의 친구, 나의 지인 들은 대부분 다음 선거에서 진보당에 투표하기로 마음먹었다고 한다. 따라서 다음 선거에서는 진보당이 승리할 것이다.

(가), (나), (다)는 모두 전제가 하나뿐인 비교적 간단한 논증들이다. 먼저 논증 (가)에서는 동물과 인간이 생리적으로 매우 다르다는 전제를 수용하기가 쉽지 않다. 쥐, 돼지, 원숭이 등의 동물들은 인간과 생리적으로 유사한 면이 많기 때문에 다양한 임상실험에 활용되고 있는 것이다. 결국 논증 (가)는 논증 평가의 세 가지 기준 가운데 수용가능성을 위반하고 있다. 논증 (나)에서는 전제가 수용될 수 있지만, 그것이 결론과 관련이 없는 듯하다. 다수결의 원리가 민주주의의 실현 방법이라고 해도 결코 그것이 사적인 영역에 속하는 결혼 문제를 결정하기 위한 방법은 아니기 때문이다. 논증 (나)는 논증 평가의 세 가지 기준 가운데 관련성을 위반하고 있다. 마지막으로 논증 (다)에서는 전제가 수용될 수 있고 전제가 결론과 관련이 있지만, 전제가 결론을 충분히 지지하지 못하는 듯하다. 사적인 관계를 맺고 있는 다수 사람들의 의견 표명이 아니라 객관적인 여론조사 결과가 전제에 제시되어야 그 전제가 결론을 충분히 뒷받침할 수 있을 것이다. 논증 (다)는 논증 평가의 세 가지 기준 가운데 충분성을 위반하고 있다.

그렇다면 이상의 세 가지 기준을 적용하는 순서는 어떠할까? 차례대로 수용가능성을 먼저 따져 본 뒤에 관련성을 따져 보고 마지막으로 충분성을 따져 보아야 할까, 아니면 다른 순서도 가능할까? 결론부터 말하자면, ① '수용가능성 → 관련성 → 충분성'의 순서도 가능하고 ② '관련성 → 수용가능성 → 충분성'의 순서도 가능하다. ①은 이론적 측면에서 적합하다고 볼 수 있고, ②는 수용가능성보다 관련성을 평가하는 것이 더 용이하다는 가정하에 효율성의 측면에서 적합하다고 볼 수 있다. ②의 경우, 전제들이 수용가능하다는 것을 힘들게 평가했는데 그 전제들이 결론과 무관하다고 판명된다면 효율성의 측면에서 그다지 바람직하지 않기 때문에 관련성을 첫 번째로 평가하는 것이다. ①의 경우, 좋은 논증이라는 것이 먼저 좋은 전제를 가지고 바로 그 전제로부터 결론이 추론되는 논증인 이상, 이론적 순서를 고려하여 전제의 수용가능성을 첫 번째로 평가하는 것이다. 여기서는 이론적 측면을 고려하여 ①의 순서를 따르기로 한다.

논증 분석 → 수용가능성 평가 → 관련성 평가 → 충분성 평가

논증 평가의 세 가지 기준을 적용할 수 있는 논증은 귀납논증에만 한정되지 않고 연역논증에까지 확대될 수도 있다. 다시 말해, 연역논증을 평가하는 데도 ARS라는 기준을 적용할 수 있다는 것이다. 다음 논증들을 평가해 보자.

예시

(가) 내가 속한 탁구 동아리 회원은 모두 여덟 명이다. 그렇다면 그 동아리 회원들 가운데 같은 요일에 태어난 사람은 두 명 이상이다.
(나) 모든 여자가 꿈꾸는 것은 성공적인 직장인이 되는 것이다. 성공적인 직장인이 되는 것은 인간으로서 최대한 행복해지는 것이다. 그러므로 모든 여자가 꿈꾸는 것은 인간으로서 최대한 행복해지는 것이다.
(다) 모든 사람은 날개를 가지고 있다. 소설가 이상은 날개를 가지고 있다. 따라서 소설가 이상은 사람이다.

논증 (가)는 전제로부터 결론이 필연적으로 도출되기에 타당하고 또 전제가 수용될 수 있기에 건전하다. ARS를 적용해 본다면, 먼저 수용가능성이라는 기준은 잘 충족시키고 있다. 그리고 타당한 연역논증에서 결론은 이미 전제에 함축되어 있기 때문에 사소한 의미에서 전제는 결론과 관련되어 있으며 또 전제는 결론을 충분히 지지하고 있다. 결국 (가)는 건전한 연역논증으로서 세 가지 기준을 모두 충족시키는 좋은 논증이다. 논증 (나)는 '$p \rightarrow q$, $q \rightarrow r$, $p \rightarrow r$'의 구조에 따라 타당한 연역논증이지만 건전하지는 않다. 상식적으로 모든 여자가 예외 없이 성공적인 직장인이 되기를 꿈꾸지는 않기 때문이다. 따라서 (나)는 타당한 연역

논증으로서 관련성과 충분성을 충족시키지만 수용가능성을 충족시키지 못하는 나쁜 논증이다. (다)는 수용가능성을 충족시키지 못할뿐더러 연역적으로 타당하지도 않은 논증이다. 따라서 (다)는 세 가지 기준을 모두 충족시키지 못하는 나쁜 논증이다.

한편, 논증 평가의 세 가지 기준은 좋은 논증에 초점을 맞추면서 좋은 논증의 긍정적인 요소를 찾아내는 평가 방법이다. 이와 달리 나쁜 논증에 초점을 맞추면서 나쁜 논증의 부정적인 요소를 찾아내는 평가 방법도 있는데, 그것은 바로 오류를 통한 평가이다. 긍정적인 방법과 부정적인 방법은 마치 동전의 양면과 같이 논증 평가에 적극 활용된다.

일상적으로 '오류'라는 말은 틀리거나 어긋나는 경우에 사용되면서 틀림, 잘못, 실수 등을 의미한다. 논증에서 오류는 바르지 못한 논리적 과정이나 그 결과로부터 생기기 때문에 오류란 잘못된 논증 혹은 바르지 못한 논증을 뜻한다. 논증 평가의 세 가지 기준에 비추어 말하자면, 오류란 논증 평가의 세 가지 기준을 하나 이상 충족시키지 못한 나쁜 논증을 가리킨다. 오류의 유형은 논증 평가의 세 가지 기준에 따라 세 가지 유형으로 나뉠 수 있다.

수용불가능성의 오류	논증에서 전제가 수용될 수 없는 경우에 발생하는 오류
무관련성의 오류	논증에서 전제가 결론과 관련이 없는 경우에 발생하는 오류
불충분성의 오류	논증에서 전제가 결론을 충분히 지지하지 못하는 경우에 발생하는 오류

그렇다면 구체적인 명칭을 가지는 오류는 과연 얼마나 많을까? 전통적으로 논리학의 창시자라고 할 수 있는 아리스토텔레스는 13개의 오류를 제시했고 현재의 논리학자들은 200여 개의 오류를 제시한다. 앞으로 오류의 종류는 더 많아질 수 있다. 더욱이 이렇게 무수한 오류를 분류하는 방법도 매우 다양하다. 오류를 객관적으로 분류할 수 있는 단 하나의 방법은 존재하지 않기 때문에 새로운 분류법마저 언제든지 가능하다.

사실 오류의 구체적인 명칭(유형)을 모른 채 논증 평가의 어떤 기준을 어겼는지 제대로 파악하기만 해도 논리적 사고를 잘한 것이라고 볼 수 있다. 200여 개의 오류 명칭을 거의 다 모르더라도 논증 평가를 잘할 수 있다는 말이다. 그럼에도 오류의 구체적인 명칭을 알고 그 내용을 이해하는 것은 논증을 이해하는 데 크게 도움이 된다. 명칭 자체가 대개 오류의 원인을 지시하는 이상, 명칭을 통해 특정한 논증을 오류로 만드는 것이 무엇인지 아주 정확하게 알 수 있기 때문이다. 요컨대 오류의 구체적인 명칭을 알아야 하는 이유는 그 명칭을 통해 특정 논증의 오류가 보다 선명하게 드러남으로써 오류의 피해를 입지 않을 수 있다는 데 있다.

연습문제

※ 다음 논증이 논증 평가의 세 가지 기준 가운데 어느 것을 위반하고 있는지 밝혀 보시오.

1. 이수빈 씨는 대학교에서 모든 과목에 걸쳐 A학점을 받았고 이번 입사시험에서도 최상위의 성적을 받았다고 한다. 그녀는 우리 부서에 배치되었다. 우리 부서의 사람들은 그녀가 직장생활도 아주 탁월하게 잘할 것이라고 크게 기대하고 있다.

2. 역사는 민주주의 사회에서만 인간 정신이 개화한다는 것을 보여 준다. 그 이유는 분명하다. 비민주적 사회에서는 대부분의 시민들이 정치공동체의 공적인 삶에 참여할 기회를 갖지 못하며, 그러한 참여가 없다면 인간 정신은 시들어 말라 죽을 것이기 때문이다.

3. 진보 정당들은 복지국가 건설을 위한 정책들이 실업을 줄이고, 경제에 활력을 불어넣으며, 가난한 사람들의 생활수준을 개선할 것이라고 약속한다. 하

지만 그 정책들은 현실을 도외시한 몽상에 불과하다. 왜냐하면 그들은 자유무역을 확장하고, 세금을 줄이며, 국가부채를 줄여 나갈 필요성을 조금도 제시하지 않았기 때문이다.

2. 수용가능성 평가하기

좋은 논증이 되기 위한 첫 번째 기준은 전제가 수용될 수 있어야 한다는 '수용가능성'이다. 전제가 참이어야 한다고 말하지 않고 수용될 수 있어야 한다고 말하는 이유는 참이어야 한다는 조건이 너무 엄격하기 때문이다. 따라서 수용가능성이라는 기준은 전제가 반드시 참이거나 참일 가능성이 높은 진술이어야 한다는 것을 가리킨다.

다음 논증을 수용가능성이라는 기준에 따라 평가해 보자.

예시

(가) 여성의 뇌는 남성보다 평균적으로 크기가 더 작다. 그러므로 여성은 남성보다 지능이 떨어질 것이다.

(나) 사람들을 재판 없이 옥에 가두는 것은 억압이다. 사람들로 하여금 정부를 두려워하게 만드는 것은 억압이다. 사람들에게 세금을 부과하는 것은 억압이다. 부모들로 하여금 아이들을 돌보게 하는 것은 억압이다. 모든 인간 사회는 이러한 관행에 기초해 있다. 따라서 모든 인간 사회는 억압에 기초해 있다.

논증 (가)에는 중요한 숨은 전제 하나가 가정되어 있다. 그것을 찾아 논증을 재구성하면 다음과 같다.

P1. 여성의 뇌는 남성보다 평균적으로 크기가 더 작다.
P2. (뇌 크기와 지능은 비례한다.)
C. 여성은 남성보다 지능이 떨어질 것이다.

결합구조의 형태인 이 논증에서 P1은 수용될 수 있다. 왜냐하면 대개 남성의 뇌가 여성의 뇌보다 약 10% 더 크다고 알려져 있기 때문이다. 그런데 P2의 경우는 수용되기가 어렵다. 실제로 지능은 뇌 크기에 비례하지 않고 뇌의 신경다발의 구조가 얼마나 조밀하고 발달했느냐에 달려 있다고 한다. 결합구조에서는 전제가 하나만 수용될 수 없어도 좋은 논증의 조건을 갖추지 못한다.

논증 (나)는 여러 개의 전제들로 이루어져 있는데, 숨은 전제를 찾아 논증을 재구성하면 다음과 같다.

P1. 사람들을 재판 없이 옥에 가두는 것은 억압이다.

P2. 사람들로 하여금 정부를 두려워하게 만드는 것은 억압이다.

P3. 사람들에게 세금을 부과하는 것은 억압이다.

P4. 부모들로 하여금 아이들을 돌보게 하는 것은 억압이다.

C1(=P5). (이러한 관행들은 모두 억압이다.)

P6. 모든 인간 사회는 이러한 관행에 기초해 있다.

C2. 모든 인간 사회는 억압에 기초해 있다.

이 논증에서 P1, P2, P3, P4는 합류구조의 형태로 C1(=P5)을 지지하고, 또 다시 P5, P6는 결합구조의 형태로 C2를 지지한다. 그런데 합류구조의 형태인 논증에서 P1과 P2는 수용될 수 있지만 P3와 P4는 수용될 수 있는 여지가 적다. 국민으로서 세금을 납부하는 것은 억압이 아니라 의무이고, 또 부모들이 아이를 돌보는 것은 억압이 아니라 사랑이기 때문이다. 합류구조에서는 전제들 각각의 수용가능성을 평가해야 하는데, 이 논증에서는 네 개의 전제들 가운데 두 개가 수용될 수 없으므로 C1은 상당히 약화된다.

그렇다면 논증의 전제가 수용될 수 있는지 수용될 수 없는지를 어떻게 판단할 수 있을까? 즉 수용가능성을 판단하기 위한 구체적인 방법은 무엇일까? 적어도 다음과 같은 경우들이라면 수용가능성을 충족한다고 판단할 수 있을 것이다.

① 어떤 전제가 일반적으로 인정할 수 있는 상식일 경우
② 어떤 전제가 직접적인 경험이거나 관찰일 경우
③ 어떤 전제가 청문회나 조사에서 충분히 방어되거나 옹호될 수 있을 경우
④ 어떤 전제가 다른 좋은 논증의 결론일 경우
⑤ 어떤 전제가 목격자의 명백한 증언일 경우
⑥ 어떤 전제가 해당 분야 전문가나 전문기관의 명시적인 의견일 경우
⑦ 어떤 전제가 경험으로 확인하기 이전에 또는 경험과는 무관하게 항상 참인 진술일 경우
⑧ 어떤 전제가 합리적인 의문을 제기하지 못하거나 논증의 맥락에서 합리적인 가정인 것처럼 보이는 진술일 경우

다음은 전제의 수용가능성을 판단해 보기 위한 몇 가지 논증들이다. 각 논증이 앞서 제시한 여덟 개의 경우들 가운데 어느 것에 속하는지 확인해 보자.

예시

(가) 한 변을 공유하고 있는 두 삼각형의 내각을 합하면 얼마가 될까? 삼각형의 내각의 합은 180도야. 따라서 그 두 삼각형의 내각의 합은 360도가 되겠지.

(나) 현석이가 학교에 나오지 않는 것은 아마도 알바를 여러 개 하고 있기 때문일 거야. 민우는 현석이가 학교 앞 주유소에서 알바를 하는 걸 보았고, 여준이는 현석이가 학교 앞 식당에서 설거지 알바를 하는 걸 보았다고 했거든.

(다) 어제 나는 가벼운 마음으로 팔공산 갓바위에 올라가 보기로 했어. 그런데 갓바위로 가는 계단이 너무 많아 거의 고행길이 되고 말았어. 갓바위를 관광지로 만들기 위해서는 케이블카를 설치해야 하지 않을까?

(라) 미국은 정치적·경제적·군사적·문화적 영역에서 유일무이한 초강대국이야. 우리나라에 어떤 정부가 들어서든 미국과 우호적인 관계를 지속하기 위한 외교 정책을 최우선시해야 한다고 생각할 수밖에 없어.

(마) 2005년 미국 국립과학원에서 발표한 방사선의 건강위험도에 따르면, 방사선 노출에는 안전한 수준이라는 게 없으며 모든 수준의 방사선은 건강에 해롭다고 해. 그런 만큼 병원의 진단방사선이 암을 유발할 수 있다고 봐.

다섯 개의 논증 가운데 (라)는 ①에 해당된다. 미국이 여러 영역에서 유일무이한 초강대국이라는 것은 대체로 받아들여질 만한 상식이다. 다만 상식이 시대와 장소에 따라 달라질 수 있다는 점과, 사람마다 상식의 수준이 다르다는 점을 항상 염두에 두어야 한다. (다)는 ②에 해당된다. 계단길을 걸어 팔공산 갓바위에 올라간 것은 개인의 직접적인 경험이다. (나)는 ⑤에 해당된다. 민우와 여

준이는 현석이가 알바를 하는 것을 직접 본 목격자이다. 그런데 이 경우에는 관찰이 정상적인 상황에서 이루어졌는지, 관찰자가 편견이 없고 신뢰할 만한 사람인지 추가적인 정보가 필요하다. (마)는 ⑥에 해당된다. 미국의 국립과학원에서 발표되는 정보는 대체로 믿을 만한 전문가의 명시적인 의견이기에 방사선의 위험도에 관한 발표도 방사선 전문가의 연구에 따른 것이라고 받아들일 수 있다. 다만 이 경우에 전문가의 의견은 그 전문가의 전문지식 영역과 관계된 것일 때만 권위를 가진다. 예컨대 연쇄살인범의 심리와 관계된 범죄심리학자의 의견은 권위를 가지지만 윤리학자의 의견은 그렇지 못하다. ⑤와 ⑥의 경우는 무엇보다도 증언의 신뢰도가 중요한 셈이다. 덧붙이자면 ⑤와 ⑥처럼 간접적인 지식인 경우는, 그 지식이 자신이 가지고 있는 기존의 지식과 충돌하지 않는지 반드시 점검해 보아야 한다. 마지막으로 (가)는 ⑦에 해당된다. 삼각형의 내각의 합이 180도라는 것은 경험과는 무관하게 항상 참이기에 더 이상의 근거를 요구하지 않는다.

사실 전제의 수용가능성을 판단하는 것은 현실적으로 매우 어려운 일이다. 일단 수용가능성에 대한 판단은 고도의 지적 능력을 요구함으로써 상당 부분 각각의 분과학문에 의존할 수밖에 없는데, 아무리 박학다식한 사람이라도 모든 분과학문의 지식을 다 섭렵하고 있지는 못하기 때문이다. 게다가 앞서 제시한 여덟 개의 경우처럼 꽤 일반적이고 포괄적인 조건들과 관련해서도 상식의 충돌, 권위의 충돌 등으로 인해 판단 과정에서 다양한 대립이 발생할 수 있기 때문이다.

다음 논증을 살펴보자.

예시

우리나라에서 빈부 격차가 심해지는 것은 드러내 놓고 친기업 위주의 정책을 펴는 정권뿐만 아니라 친노동을 기치로 내거는 정권마저 교묘하게 친기업적 정책을 펴기 때문이다. 결국 지극히 현실적인 관점에서 본다면 친노동 정권은 고사하고 노사중립적 정권이라도 등장해야 그나마 빈부 격차를 해소할 수 있는 실질적 정책을 구경할 수 있을 것이다.

이 논증에서 전제 역할을 하는 앞 문장은 과연 상식적인 것으로 수용될 수 있을까? 만약 어떤 전제가 상식적이라면 그 이상의 증명을 요구하지 않겠지만, 이 전제는 또 다른 증명을 요구하고 있기 때문에 즉각적으로 수용될 수는 없을 것이다. 누군가는 친노동 위주의 정권에서 실제로 친노동 위주의 정책을 폈다고 생각하면서, 친기업 위주의 정책을 폈다고 말하는 증거를 제시하라고 요구할 수 있다.

이와 같이 만약 어떤 전제가 상식의 충돌로 인해 상식적이지 않다면, 그 전제를 증명할 수 있는 추가적인 증거가 제시되어야만 한다. 그리고 그 증거가 개인적 경험, 공인된 권위, 과학적 증명, 일반적 진리나 기존 지식과의 정합성, 논증자의 해설 등 적절한 요건을 통해 정당화될 경우에만 그 증거를 통해 그 전제는 수용될 수 있는 것이 된다. 이 논증에서는 공인된 통계자료, 권위 있는 경제학자의 증언, 자본주의가 작동하는 방식에 대한 일반적 진리, 친기업 정책이나 친노동 정책에 대한 논증자의 해설 등을 증거로 삼아 전제의 수용가능성을 높일 수 있을 것이다.

연습문제

※ 다음 논증의 전제를 찾고 그 전제의 수용가능성 여부를 따진 뒤에 그 이유를 밝혀 보시오.

1. 우리는 사형수에 대한 사형 집행을 즉각 시행해야 한다. 잠재적 살인자들은 자신들이 체포되고 사형 선고를 받고 사형이 집행될 것이라는 사실을 인지하고 있다면, 결코 그렇게 쉽게 살인을 저지르지는 않을 것이다. 그리고 살인율을 줄일 수 있다면 우리는 가장 효과적인 방안을 마련해야 한다.

2. 세계보건기구의 발표에 따르면 지난 40년간 전 세계에서 천연두라는 질병이 보고된 사례는 전혀 없다. '위키피디아'를 찾아보니 천연두가 마지막에 발병

한 사례는 1977년이라고 나와 있다. 따라서 천연두는 지구상에서 인간에 의해 완전히 박멸된 질병이라고 볼 수 있다.

3. 종교가 도덕을 제시했다고 주장하는 것보다는 종교가 이미 존재하던 기존의 도덕을 반영했다고 주장하는 것이 더 합리적이다. 왜냐하면 세계적인 종교는 대체로 '살인을 하지 말라', '도둑질을 하지 말라', '거짓말을 하지 말라', '간음을 하지 말라' 등과 같은 도덕을 공유하고 있기 때문이다.

3. 수용불가능성의 오류

<table>
<tr><th>대분류</th><th>중분류</th><th>소분류</th></tr>
<tr><td rowspan="3">수용
불가능성의
오류</td><td>언어를 잘못
사용하는 오류</td><td>① 애매성의 오류와 은밀한 재정의의 오류
② 강조의 오류
③ 차이 없는 구별의 오류</td></tr>
<tr><td>의심스러운 가정을
사용하는 오류</td><td>④ 부적합한 권위의 오류
⑤ 결합의 오류와 분해의 오류
⑥ 사실과 당위를 혼동하는 오류
⑦ 흑백사고의 오류</td></tr>
<tr><td>결론을 전제로
사용하는 오류</td><td>⑧ 순환논증의 오류</td></tr>
</table>

(1) 언어를 잘못 사용하는 오류

전제에서 언어를 잘못 사용하는 경우에 그 전제는 수용할 만한 것이 되지 못하므로 수용불가능성의 오류에 빠지고 만다. 전제에서 단어, 어구, 문장을 명료하게 구사하지 않는 것은 명료한 언어의 사용을 요구하는 논리적 사고에서 받아들이기 힘들다. 언어를 잘못 사용하는 오류 또는 언어적 오류는 불분명한 언어, 혼동을 주는 언어, 속임수가 들어간 언어 등을 통해 발생한다.

① 애매성의 오류와 은밀한 재정의의 오류

[정의] 전제의 단어, 어구, 문장이 두 가지 이상의 상이한 의미를 가짐에도 마치 동일한 의미를 가지는 것처럼 사용하여 결론을 이끌어 내는 경우나, 언어의 애매성을 이용하여 단어의 의미를 자의적으로 은밀하게 변형시킨 채 정의하는 경우에 발생하는 오류

예시

(가) 과학은 법칙을 발견하려는 학문이야. 그런데 법칙이 있다는 것은 법칙을 만든 존재가 있다는 말이지. 결국 과학은 법칙을 만든 하느님을 가정하는 거지.

(나) 유진이가 연우의 숭배자라고 하던데, 그 말이 사실이니? 난 도저히 믿을 수가 없어. 난 두 사람이 동등한 관계인 것을 쭉 봐 왔거든.

(다) 내 남자친구는 나보다 야구를 더 좋아하는 듯해. 우리 관계가 앞으로도 지속될 수 있을지 의문이야. 끝이 보이는 것 같아.

(가)에서는 앞의 두 문장이 전제 역할을 한다. 두 문장에는 '법칙'이라는 단어가 등장하는데, 첫 번째 문장의 '법칙'은 자연의 법칙을 의미하고 두 번째 문장의 '법칙'은 특정한 권위로부터 제정된 행위의 규칙을 의미한다. (나)의 '연우의 숭배자'라는 어구에는 '연우를 숭배하는 자'라는 의미와 '연우가 숭배하는 자'라는 의미가 있다. (다)의 '내 남자친구는 나보다 야구를 더 좋아하는 듯해'라는 문장에는 '내 남자친구는 나와 야구 중에 야구를 더 좋아하는 듯해'라는 의미와 '내 남자친구는 내가 야구를 좋아하는 것보다 더 야구를 좋아하는 듯해'라는 의미가 있다. (가)는 '애매어의 오류', (나)는 '애매구의 오류', (다)는 '애매문의 오류'라고 각각 부를 수 있다.

- **애매**: 주어진 맥락에서 한 개념이 두 가지 이상의 서로 다른 의미를 가지는 것
  예) - 인간은 모두 죄인이다.
  - 그녀는 아이를 낳을 수 없다.
- **모호**: 주어진 맥락에서 한 개념의 의미가 적용되는 범위가 명료하지 않은 것
  예) - 우리 가족은 모두 뚱뚱한 편이다.
  - 비자연적인 섹스는 법률로 금지해야 한다.

애매성의 오류가 수용불가능성의 오류에 속하는 이유는 (가)를 표준화해 보면 알 수 있다.

P1. 과학은 법칙을 발견하려는 학문이다.

P2. 법칙이 있다는 것은 법칙을 만든 존재가 있다는 말이다.

C. 과학은 법칙을 만든 하느님을 가정한다.

이 논증에서 P1이 수용되려면 '법칙'은 자연의 법칙을 의미해야 한다. P2가 수용되려면 '법칙'은 특정한 권위로부터 제정된 행위의 규칙을 의미해야 한다. 만약 P1과 P2가 C와 논리적 관계를 맺지 않는다면, P1과 P2는 언어적인 결함을 낳지 않는다. 그런데 P1과 P2가 C와 논리적 관계를 맺으면서 P1의 '법칙'이라는 단어와 P2의 '법칙'이라는 단어는 동일한 의미를 가지는 것으로 가정되어 버린다. P1의 '법칙'이 P2로 유입되면서 C라는 결론이 도출되기 때문이다. 결국 전제에서 두 가지 상이한 의미를 가지는 하나의 단어를 동일한 의미로 가정했기에 애매성의 오류를 범한 것이다.

애매성의 오류와 유사한 것은 그 변형으로 간주될 수 있는 '은밀한 재정의의 오류'이다.

예시

(가) 미친 사람은 정신병원에 가두어야 해. 그런데 요즘 세상에 뇌물을 받는 사람이 있다니, 미치지 않고서야 어떻게 그럴 수 있겠어. 그 사람은 정신병원에 보내야 해.

(나) 약육강식이라는 것은 진화론이 등장한 이후로 누구나가 인정하는 진리야. 그러니 강자가 약자를 핍박하고 착취하는 것에 이의를 제기하면 안 되지. 그 사장이 직원에게 한 행동은 문제가 되지 않아.

(가)의 전제인 '미친 사람은 정신병원에 가두어야 해'에서 '미치다'라는 말은 대개 '정신에 이상이 생기다'라는 의미이다. 그런데 논증자는 또 다른 전제인 '미치지 않고서야 어떻게 그럴 수 있겠어'에서 그 말을 자의적으로 '판단력에 문제가 있다'라는 의미로 은밀하게 바꿔 쓴다. (나)에서 '약육강식'이라는 말은 '강한

동물이 약한 동물을 잡아먹는 생태계의 현상'을 의미한다. 그런데 논증자는 자의적으로 그 말을 '강자가 약자를 핍박하고 착취하는 인간 사회의 현상'이라는 의미로 은밀하게 바꿔 쓴다.

② 강조의 오류

[정의] 논증자가 주어진 말의 특정한 부분을 고의로 지나치게 강조하여 원래의 의도와는 다르게 해석함으로써 부당한 결론에 이르는 경우에 발생하는 오류

예시

(가) "여러분, 복도에서 쿵쿵 소리 내면서 뛰면 안 됩니다. 알겠지요?" "선생님, 그러면 다다닥 소리 내면서 뛰는 건 괜찮겠지요."

(나) 모든 종교에서는 이웃의 물건을 훔치는 것을 강력하게 금지한다. 여기에는 생판 모르는 사람의 물건을 훔쳐도 된다는 시고방식이 깔려 있다.

(다) 우리 엄마는 내가 친구들과 외박하는 것은 절대 안 된다고 늘 말씀하시곤 한다. 그렇다면 내 애인 민수와 외박하는 것은 반대하시지 않을 것이다.

(가)는 이 오류를 쉽게 이해할 수 있게 해 주는 예시이다. 선생님은 '복도에서는 뛰면 안 된다'는 뜻으로 말을 했는데, 논증자인 학생은 주어진 말에서 '쿵쿵'이라는 부분을 고의로 강조하여 '쿵쿵 소리만 내지 않으면 복도에서 뛰어도 된다'는 뜻으로 다르게 해석한다. (나)에서 모든 종교가 의도하는 바는 '그 누구의 물건도 훔쳐서는 안 된다'는 것이다. 그런데 논증자는 주어진 말에서 '이웃의'라는 부분을 고의로 강조하여 '이웃의 물건만 아니면 생판 모르는 사람의 물건은 훔쳐도 된다'는 뜻으로 다르게 해석한다. 이와 유사한 (다)를 표준화해 보자.

P1. 우리 엄마는 내가 친구들과 외박하는 것은 절대 안 된다고 말씀하신다.

P2. (우리 엄마는 내가 '친구들이 아닌 다른 사람'과 외박하는 것은 허용하신 셈이다.)

C. 우리 엄마는 내가 내 애인 민수와 외박하는 것은 반대하시지 않을 것이다.

(다)에서 엄마가 의도하는 바는 P1에서 보듯이 '외박하는 것은 절대 안 된다'는 것이다. 그런데 논증자인 딸은 주어진 엄마의 말에서 '친구들과'라는 부분을 고의로 강조하여 엄마의 의도와는 다르게 P2에서 보듯이 '친구들만 아니면 다른 사람과는 외박해도 된다'는 뜻으로 다르게 해석한다. 따라서 결론 C는 부당하다.

강조의 오류는 어떤 경우이든지 주어진 말의 특정한 부분만을 강조함으로써 발생하기에 전제의 수용가능성을 충족시키지 못한다. (나)는 전제의 종교 교리 가운데 한 부분만을 의도적으로 강조함으로써, (다)는 전제의 엄마 말씀 가운데 엉뚱한 부분을 의도적으로 강조함으로써 각각 전제의 본래 의도를 다르게 해석했기 때문에 수용가능성을 위반한 것이 된다.

③ 차이 없는 구별의 오류

[정의] 의미를 구별하고자 다른 말을 사용하지만 실제로 그 의미에 차이가 없는 경우에 발생하는 오류

예시

(가) 저는 그 볼펜을 훔친 게 아닙니다. 죽을 때까지 빌린 것일 뿐입니다.

(나) 내가 서약을 지키지 않았다고 해서 일방적으로 비난하는 것을 제발 멈춰 주었으면 한다. 물론 내가 그 서약서에 서명했다는 것을 부정하지는 않는다. 하지만 그 서약을 잘 지키겠다는 의도로 서명한 것은 아니다.

(다) 누나는 내가 방 안에서 오디오 소리를 크게 높이고 음악을 들으면 자주 시끄럽다고 말한다. 난 누나가 그런 불평을 좀 하지 않았으면 한다. 왜냐하면 그 음악 소리가 누나의 귀에는 크게 들릴지 모르겠지만 내 귀에는 그저 적당하게 들릴 뿐이기 때문이다.

(가)는 이 오류를 쉽게 이해할 수 있게 해 주는 예시이다. (가)에서 화자는 두 문장이 그 의미에서 차이가 없는데도 마치 차이가 있는 듯이 두 문장을 구별하고자 한다. 볼펜을 훔친 것을 들키자 그 난처한 상황을 벗어나기 위해 다른 변명의 말을 꺼내지만 훔쳤다는 사실이 결코 달라지지는 않는다. (나)에서는 서약서에 서명했다는 것을 다른 변명조의 말로써 구별하고자 하지만, 그렇게 변명한다고 해서 비난이 줄어들거나 사라지지는 않는다. (다)에서도 음악 소리가 컸다는 것을 다른 변명조의 말로써 구별하고자 하지만, 그것은 단지 차이 없는 구

별일 뿐이다.

차이 없는 구별은 '전설은 아니고 레전드급'이라는 표현과 같이 일상적인 언어 사용에서 잘 나타난다. 논증에서는 구별하기 위해 대체된 말이 의미의 차이를 가지지 않기 때문에 '차이 없는 구별의 오류'라고 불린다. 이 오류가 수용불가능성의 오류에 속하는 이유는 (나)를 표준화해 보면 알 수 있다.

P1. 나는 그 서약서에 서명했다.

P2. 그 서약을 잘 지키겠다는 의도로 서명한 것은 아니다

C. 서약을 지키지 않은 나는 비난받지 않아야 한다.

이 논증은 '나는 그 서약서에 서명했다. 그러므로 서약을 지키지 않은 나는 비난받아야 한다'라는 입장이 유지될 수 없다는 것을 알고서 그 난처함을 벗어나기 위한 시도이다. 그래서 P1과는 구별되는 P2를 통해 변명하지만 P2는 P1과 본질적으로 동일한 의미에 지나지 않는다. P1과 P2 사이에 의미의 차이가 없다면 P1으로부터 도출되는 결론은 '비난받지 않아야 한다'가 아니라 '비난받아야 한다'이다. 결국 P1과 P2 사이에서 언어적 속임수를 썼기 때문에 전제의 수용가능성을 위반한 셈이다.

(2) 의심스러운 가정을 사용하는 오류

논증을 평가할 때는 명시적으로 드러난 전제뿐만 아니라 숨겨져 있는 가정도 철저하게 평가해야 한다. 숨겨져 있는 가정은 논증을 재구성할 때 드러나면서 그 수용 여부가 의심스러운 경우가 매우 많다. 논증에서 어떤 가정이 수용불가능함에도 결론을 도출하는 데 결정적인 역할을 하는 경우에 그 논증은 '의심스러운 가정을 사용하는 오류'를 범한다고 간주된다. '의심스러운 가정'이라는 말은 '수용하기 어려운 숨은 전제'를 뜻한다고 이해하면 된다.

④ 부적합한 권위의 오류

[정의] 논증의 결론을 뒷받침하는 데 적합하지 않은 권위가 적합한 듯이 가정됨으로써 발생하는 오류

예시

(가) 저명한 생명공학자인 이생명 박사는 과학자들의 업적이 타인들에 의해 어떻게 이용되든 간에 과학자들이 그에 대해 책임을 질 필요는 없다고 주장한다. 그러므로 우리는 생명공학과 관계되는 기술이 오용되거나 남용되는 것에 대해 과학자들에게 책임을 물을 수 없다.

(나) 알베르트 아인슈타인은 '인간은 평생 자기 뇌의 10%만 쓰고 죽는다'라고 말한 적이 있다. 이로부터 뇌의 잠재력은 참으로 무한에 가깝다고 생각할 수 있다.

(가)에서 이생명 박사는 생명공학의 권위자이므로 생명공학의 문제에 관해서라면 그가 한 말에 의존하면서 좋은 논증을 펼칠 수 있다. 그런데 (가)의 결론은 생명공학과 관계되는 기술의 정치적·사회적·윤리적 오남용에 관한 것이기에 이생명 박사의 말은 적합한 권위라고 승인되기 힘들다. 이생명 박사가 그러한 오남용에 대해 말할 수는 있지만 그 말이 권위를 가지기는 힘들다는 것이다. (가)를 다음과 같이 정형화해 보면, 의심스러운 가정이 포함된 오류라는 것을 확인할 수 있다.

P1. A는 X라고 주장한다.
P2. (A는 X에 관해 적합한 권위자이다.)
C. X는 참이다.

의심스러운 가정은 P2이다. (가)의 경우에 이생명 박사가 생명공학 이외의 분야에 대해서도 적합한 권위를 가진다는 것이 의심스럽기 때문에 해당 전제를 쉽게 수용할 수는 없다. (나)의 경우도 마찬가지이다. 아인슈타인이 뇌과학이라는 분야에 대해서까지 적합한 권위자라는 것은 수용하기 힘들다. (가)와 (나) 모두 수용될 수 없는 P2를 은밀하게 가정한 채로 추론한 셈이다.

부적합한 권위의 오류는 수용불가능성의 오류로 분류되지만 무관련성의 오류로 분류될 수도 있다. 합리적인 근거가 아니라 부적합한 권위에 호소한다는 측면에서 전제는 결론과 관련이 없기 때문이다. 또한 'A는 X에 관해 적합한 권위자이다'라는 가정에서 A가 권위자이되 그 권위가 충분히 인정되지 않는 경우는 불충분성의 오류로 분류될 수 있다. 예컨대 (가)에서 생명공학자 이생명 박사가 아니라 윤리학자 최도덕 교수가 그 권위로 인용되더라도 최 교수가 생명공학 기술의 오남용에 관해 충분한 권위를 가지고 있지 못한 경우이다.

⑤ 결합의 오류와 분해의 오류

[정의] 부분들에서만 존재하는 특성이 그 결합(합성)인 전체에서도 존재한다고 가정하거나 그 역으로 전체에서만 존재하는 특성이 그 분해(분할)인 부분들에서도 존재한다고 가정하는 경우에 발생하는 오류

예시

(가) 성형을 좋아하는 그녀는 우리나라 최고의 미인이 될 것이다. 왜냐하면 그녀는 우리나라에서 눈, 코, 입이 각각 가장 아름다운 세 명의 여자 연예인들과 완전히 똑같은 눈, 코, 입이 되도록 수술받았기 때문이다.

(나) 이번 학기에 우리 학과에서는 안 교수님과 홍 교수님이 〈명저 읽기와 토론〉이라는 과목을 매 시간 합동으로 강의하신다. 두 교수님은 강의를 잘하시기로 유명하다. 〈명저 읽기와 토론〉 과목에서도 명강의를 들을 수 있을 것이다.

(다) 내 외국인 친구 중에 브라질 국적인 친구가 한 명 있다. 브라질은 축구 강국이니만큼 그 친구도 축구를 엄청나게 잘할 것이다.

(라) 한국대학교는 수년간 여러 기관에서 실시한 대학평가에서 상위를 차지했다. 따라서 한국대학교 교수들의 강의는 질적 수준이 상위일 것임에 틀림없다.

(가)와 (나)는 전제에서 결론으로 나아가는 과정에 결합 또는 합성이 존재하고, (다)와 (라)는 전제에서 결론으로 나아가는 과정에 분해 또는 분할이 존재한다. 먼저 (가)와 (나)는 부분들에서 참인 것을 그 결합(합성)인 전체에서도 참이라고 은밀하게 가정한다. (가)를 표준화하면 다음과 같다.

P1. 그녀는 우리나라에서 눈, 코, 입이 각각 가장 아름다운 세 명의 여자 연예

인들과 완전히 똑같은 눈, 코, 입이 되도록 수술받았다.

P2. (부분들에서 존재하는 특성은 그 결합인 전체에서도 존재한다.)

C. 그녀는 우리나라 최고의 미인이 될 것이다.

하지만 각각 가장 아름다운 눈, 코, 입을 결합한다고 해서 균형미와 조화미를 갖춘 최고의 미인이 될 것이라는 결론이 도출되지는 않는다. 마찬가지로 (나)에서 두 교수가 각각 강의를 잘한다고 해서 두 교수의 합동 강의도 명강의일 것이라는 결론이 도출되지는 않는다. 그다음으로 (다)와 (라)는 전체에서 참인 것을 그 분해(분할)인 부분들에서도 참이라고 은밀하게 가정한다. (다)를 표준화하면 다음과 같다.

P1. 브라질은 축구 강국이다.

P2. (전체에서 존재하는 특성은 그 분해인 부분들에서도 존재한다.)

C. 브라질 국적인 내 친구도 축구를 엄청나게 잘할 것이다.

하지만 브라질이 축구 강국이라고 해서 그 국민인 브라질 친구도 축구를 잘할 것이라는 결론이 도출되지는 않는다. 마찬가지로 (라)에서 한국대학교가 대학평가에서 상위를 차지했다고 해서 대학평가 요소의 한 부분일 뿐인 강의의 질도 상위일 것이라는 결론이 도출되지는 않는다.

물론 부분들에서 참인 것이 전체에서도 참인 경우가 있고 전체에서 참인 것이 부분들에서도 참인 경우가 있다. 예를 들어 오염된 물을 합성하면 합성된 것도 오염된 물이 된다. 그런데 상당수의 경우에 부분의 참이 전체의 참으로 나아가지 않고 전체의 참이 부분의 참으로 나아가지 않으므로 항상 그렇게 나아간다고 일반화된 가정으로 사용하는 것은 오류를 유발한다. (가), (나), (다), (라)는 바로 그와 같이 수용해서는 안 되는 의심스러운 가정을 사용하고 있는 오류이다. (가)와 (나)는 결합의 오류 또는 합성의 오류이고, (다)와 (라)는 분해의 오류 또는 분할의 오류이다.

⑥ 사실과 당위를 혼동하는 오류

[정의] 어떤 현상이 현재까지 사실로 존재하므로 앞으로도 당위로 존재해야 한다고 가정하는 경우에 발생하는 오류

예시

(가) 아직까지 자동차의 뒷좌석에 앉는 사람들은 안전벨트를 잘 착용하지 않는 편이다. 그러므로 뒷좌석에 앉는 사람들에게까지 안전벨트 착용을 강제하는 것은 바람직하지 않다.

(나) 역사의 기록을 들추어 보면 동서고금을 막론하고 가족 단위에는 틀림없이 가장이 존재했다. 그리고 가장은 대부분 아버지였다. 그렇다면 최근 남녀평등을 당연한 가치로 여기면서 어머니나 할머니가 가장이 될 수도 있다고 주장하는 사람들은 도무지 이치에 맞지 않는 소리를 하고 있을 뿐이다. 장구한 역사의 지혜를 무시한 채 자신들의 제한된 관점만을 강요하는 것은 결코 바람직하지 않다.

(가)와 (나)는 모두 어떤 현상이 현재까지 사실로서 존재하므로 그 현상이 앞으로도 계속 존재해야만 한다고 주장한다. 이를 정형화하면 다음과 같다.

P1. X는 Y이다.
P2. (X가 Y인 것이 사실이라면 X가 Y인 것은 당위이다.)
C. X는 Y이어야 한다.

(가)와 (나)는 모두 어떤 것이 사실이라면 그것이 곧 당위라고 가정한다. 특정한 현상이 현재 유지되고 있다고 해서 그 현상이 옹호될 수 있다는 것을 뜻하지 않음에도 옹호될 수 있다고 가정하는 것이다.

(가)는 뒷좌석에서 안전벨트를 잘 착용하지 않는 현상이 현재 유지되고 있기에 그것이 옹호될 수 있다고 가정한다. (나)는 아버지가 가장인 현상이 과거로부터 현재까지 유지되어 왔기에 그것이 옹호될 수 있다고 가정한다. 어떤 것이 '~이다'라는 사실로 존재한다면 그것이 곧 당위라는 가정하에 '~이어야 한다'라고 결론을 이끌어 낸다. 그런데 그 가정은 어떤 경우에는 수용될 수 있지만 어떤 경우에는 수용될 수 없다. (가)와 (나)에는 수용될 수 없는 의심스러운 가정이 있고 그 가정은 사실과 당위를 혼동하는 것과 관계한다. 사실과 당위를 혼동하는

오류는 '~이다와 ~이어야 한다를 혼동하는 오류' 또는 '존재에서 당위를 유도하는 오류' 또는 '자연주의의 오류'라고도 불린다.

⑦ 흑백사고의 오류

[정의] 두 개념이 반대관계에 있음에도 모순관계에 있는 것으로 가정하는 경우에 발생하는 오류

예시

(가) 최근에 알게 된 한 친구는 자신이 진보 정당을 지지하지 않는다고 종종 말하곤 한다. 그는 보수 정당을 지지하는 사람이다. 나는 진보주의자로서 그와 친분을 계속 유지해야 할지 고민한 적이 많다.

(나) 우리 부서의 김 과장님은 이번 분기에 회사 전체에서 판매 실적이 가장 뛰어났다. 회사 일에 충실한 사람 치고 집안일에 충실한 사람은 없다. 그러므로 김 과장님은 가정적이지 않을 것임에 분명하다.

반대관계란 동시에 참일 수는 없으나 동시에 거짓일 수는 있는 관계를 일컫고, 모순관계란 동시에 참일 수도 없고 동시에 거짓일 수도 없는 관계를 일컫는다. (가)에서 '진보 정당을 지지하는 것'과 '보수 정당을 지지하는 것', (나)에서 '회사 일에 충실한 것'과 '집안일에 충실한 것'은 논리적으로 동시에 거짓일 수 있는 관계이므로 반대관계일 뿐 모순관계가 아니다. '진보 정당을 지지하는 것'과 모순관계에 있는 개념은 '진보 정당을 지지하지 않는 것'이고, '회사 일에 충실한 것'과 모순관계에 있는 개념은 '회사 일에 충실하지 않은 것'이다.

(가)와 (나)는 반대관계인 개념들을 모순관계인 개념들이라고 가정한 채 추론했기에 수용불가능한 의심스러운 가정을 사용한 셈이다. 이는 (가)만 표준화해 보아도 금세 확인된다.

P1. 최근에 알게 된 한 친구는 진보 정당을 지지하지 않는다.

P2. (진보 정당을 지지하는 것과 보수 정당을 지지하는 것은 모순관계이다.)

C. 그는 보수 정당을 지지하는 사람이다.

(가)와 (나)의 경우는 '흑이 아닌 것은 백이다'라는 사고방식을 보여 주므로 '흑백사고의 오류'라고 불린다. 흑과 백은 반대관계이기 때문에, 어떤 것이 검은 색이 아니라고 해서 흰색이라고 추론하는 것은 오류에 지나지 않는다.

(3) 결론을 전제로 사용하는 오류

어떤 논증은 얼핏 전제가 결론을 지지하는 구조인 듯이 보이지만 엄밀하게 분석하는 경우에 결론이 결론을 지지하는 구조라고 밝혀진다. 이러한 논증은 대개 결론이 참이라는 것을 증명하려고 하지 않고 결론을 교묘하게 가져와서 전제로 사용하기 때문에 '결론을 전제로 사용하는 오류'라고 부를 수 있다. 이는 결론을 전제로 둔갑시키거나 위장시킨 채 겉으로 결론이 전제에 의해 증명된 것처럼 보여 주기 때문에 전제의 수용가능성을 위반하는 오류의 유형이다.

⑧ 순환논증의 오류

[정의] 결론을 이미 입증된 것으로 간주하면서 그것을 다시 전제로 사용하는 경우에 발생하는 오류

예시

(가) 언론의 자유를 모든 국민에게 무제한적으로 허용하면 대체로 국가에 유리할 수밖에 없다. 왜냐하면 개별 구성원들이 자신의 생각과 감정을 표현하는 데 완전한 자유를 누리는 것은 그 공동체의 이익에 큰 도움이 되리라고 충분히 예상되기 때문이다.

(나) 〈기타〉의 말씀은 모두 신의 말씀이기 때문에 진리이다. 끄리슈나가 〈기타〉는 신의 말씀이라고 분명하게 말했다. 끄리슈나가 말한 것을 어떻게 신뢰할 수 있느냐고 물어서는 안 된다. 그가 신의 화신이라는 사실을 우리 힌두교도는 잘 알고 있지 않는가. 〈기타〉에서는 분명 끄리슈나가 신의 화신이라고 말하고, 끄리슈나의 말씀은 모두 진리이기 때문이다.

(가)에서는 앞의 문장이 결론이고 뒤의 문장이 전제인데, 두 문장은 내용상 거의 차이가 없다. (가)는 'A는 참이다. 왜냐하면 A이기 때문이다'라는 형태의 논증인 것이다. (나)는 좀 더 복합한 형태의 논증이지만 다음과 같이 정리해 볼 수 있다.

〈기타〉의 말씀은 모두 진리이다(C). 그것을 어떻게 아는가? 〈기타〉는 신의 말씀이기 때문이다. 그것을 어떻게 아는가? 끄리슈나가 〈기타〉는 신의 말씀이라고 말했기 때문이다. 그것을 어떻게 믿는가? 그는 신의 화신이기 때문이다. 그것을 어떻게 아는가? 〈기타〉에서 그가 신의 화신이라고 말하기 때문이다. 그것을 어떻게 믿는가? 〈기타〉의 말씀은 모두 진리이기 때문이다(P).

(나)는 'A는 참이다. 왜냐하면 B가 참이기 때문이다. B는 참이다. 왜냐하면 C가 참이기 때문이다. C는 참이다. 왜냐하면 D가 참이기 때문이다. D는 참이다. 왜냐하면 E가 참이기 때문이다. E는 참이다. 왜냐하면 A가 참이기 때문이다.'라는 형태이다. 결국 (나)도 'A는 참이다. 왜냐하면 A이기 때문이다'라는 논증이 확장된 것에 불과하다. 'A는 참이다. 왜냐하면 A이기 때문이다'에서 전제와 결론은 서로 끊임없이 순환하면서 지지를 요구하기 때문에 (가)와 (나)는 '순환논증의 오류'라고 불린다.

'A는 참이다. 왜냐하면 A이기 때문이다'라는 형태의 논증은 'A는 참이다'라며 미리 결론이 참이라는 것을 가정한 채 그 A를 전제로 사용하기 때문에 A는 수용할 수 없는 전제가 된다. 결론이 증명되지 않은 이상 그것이 전제로 둔갑하더라도 증명되지 않았다는 점은 조금도 달라지지 않는다.

연습문제

※ 다음 논증이 어떤 오류를 범하고 있는지 밝혀 보시오.

1. 나는 부정행위를 하지 않았단 말이다. 나는 그저 책상 위에 재미 삼아 적어 놓은 것들이 무엇인지 알고 싶어서 잠시 그것을 들여다보았을 뿐이다. 내가 부정행위를 했다고 누가 나를 처벌한다는 말인가.

2. 북한을 찬양한 상당수의 사람들이 처벌받아 왔다. 만약 그들에게 아무런 잘못도 없었다면 그들이 처벌받았을 리가 없다. 그러니 북한을 찬양한 자들을 처벌하는 것에 이의를 제기해서는 안 된다.

3. 코페르니쿠스의 지동설보다는 프톨레마이오스의 천동설을 받아들이는 것이 더 합리적이다. 코페르니쿠스는 지구가 삼중의 운동을 한다고 주장하는데, 철학자들에 따르면 지구는 단순한 대상이고 단순한 대상은 단일한 운동만을 할 수 있기 때문이다.

4. 우리의 미래세대인 아이들이 부모에게 무례하고 험악한 말을 쓰고 있는 시(詩)를 배우는 것이 과연 올바르다는 말인가. 전통적인 효(孝) 문화를 훼손할 수 있는 불경스러운 그 시가 들어가 있는 교과서를 초등학교에서 쓰는 것은 분명 비도덕적이다.

종합문제

1 다음 글이 논증 평가의 세 가지 기준 가운데 어느 것을 충족시키고 있는지 모두 밝히시오.

> 오늘 〈결혼과 가족제도〉라는 교양과목에서 여섯 명씩 조를 편성했는데 수강생의 반 정도가 여성임에도 내가 속한 조에서 여성은 나 하나뿐이다. 우리나라 여성들은 아직도 승진, 결혼, 육아 등과 같은 몇몇 영역에서 불평등한 대우를 받고 있다. 그러니 우리 조에서는 남녀 사이에 차별을 두지 말고 균등하게 역할을 분배해야 할 것이다.

2 다음 논증이 수용가능성이라는 기준을 충족시키고 있는 이유를 찾아보시오.

> 독립적인 군사력 평가 기관인 미국의 GFP(Global Fire Power)에 따르면, 2018년 4월 기준으로 한국의 군사력 순위는 세계 7위이고 일본은 세계 8위이다. 물론 이 평가는 핵전력과 무기의 질적 수준을 제외한 채 양적 기준을 중심으로 한 것이라고 한다. 그럼에도 우리나라의 군사력이 일본을 앞섰다는 평가가 나온 것은 우리의 국방부와 전군이 노력한 결과임에 틀림없다.

3 다음 두 논증에 사용된 전제는 동일한 이유에서 수용될 수 있다. 그 이유는 무엇인가?

> ㄱ. 남녀 사이의 사랑이란 원과 같다. 원이란 한 점에서 같은 거리에 놓인 점들의 집합이다. 사랑도 늘 자신과 상대 사이의 정서적 거리를 일정하게 유지함으로써 지속될 수 있다.
> ㄴ. 우리가 체육대회를 하는 날의 아침에는 비가 오거나 오지 않을 것이다. 비가 온다면 체육대회는 취소되고, 비가 오지 않는다면 우산이 필요 없다. 따라서 굳이 우산을 사지 않아도 될 듯하다.

4 다음 논증은 어떤 오류를 범하고 있는가?

> 모든 원자의 위치나 운동은 불변적인 자연법칙에 따라 결정될 수 있다. 인간의 육체는 원자로 이루어져 있으므로 인간의 행위도 결정되어 있다고 보아야 한다. 이렇듯 인간에게 자유의지라는 것은 존재하지 않는다.

5 다음 논증에 포함되어 있는 오류는 무엇인가?

한 친구가 "어젯밤 민수의 방에 있던 여자 친구의 사진을 봤어"라고 말한다. 그러자 옆에 있던 다른 친구가 응대한다. "뭐? 민수의 방에 있던 여자 친구의 사진을 봤다고? 민수는 남자 기숙사에 살고 있잖아. 그 기숙사는 여자를 들이는 남학생을 퇴출시키기로 유명한데, 어떻게 민수 방에 여자가 있었지? 민수는 곧 기숙사에서 쫓겨날지도 몰라."

6 다음 글은 무엇이 가정되어 있는 오류인가?

우리 회사 동료인 김 대리는 평소 과소비에 대해 귀에 못이 박히도록 강하게 비난하곤 했다. 그런데 어제 그의 집을 방문해 보니 그는 결코 검소하게 살고 있지 않았다. 앞으로 김 대리가 과소비를 비난한다면 그냥 한 귀로 듣고 한 귀로 흘릴 것이다.

7 다음 두 논증이 공통적으로 범하고 있는 오류는 무엇인가?

ㄱ. 금발머리 여성들은 모두 다이아몬드 반지를 좋아한다. 그러므로 사파이어 반지는 싫어할 것이다.

ㄴ. 선생님: 요즘 청소년 흡연 문제가 사회적으로 심각한 지경이야. 대책을 신속하게 세울 필요가 있어. 청소년들은 절대 흡연을 해서는 안 돼.

학 생: 어른이 된 뒤에는 흡연을 해도 괜찮다는 말인가요? 그리고 어른이 된 뒤에 흡연하는 것은 사회적 문제가 되지 않는다는 말인가요?

8 다음 중 수용할 수 없는 전제가 포함된 논증을 모두 고른 것은?

ㄱ. 우리 민주주의 제도에서 정부는 모든 시민의 동의에 기초해야 한다고 가정된다. 그런데 나는 시민 중 한 사람이며, 확실히 부가가치세를 현행 10%에서 15%로 인상하는 데 동의하지 않았다. 따라서 정부는 이렇게 소득 격차를 늘리는 간접세 인상을 나와 다른 시민들에게 강제할 어떤 권리도 갖고 있지 않다.

ㄴ. 진화론에 따르면, 자연계에서 자연선택이 없다면 진화는 멈출 것이다. 그런데 자연선택은 이제 인간에게는 더 이상 적용되지 않는다. 따라서 인간은 더 이상 진화하지 않는다.

ㄷ. 어, 토마토가 벌써 시장에 나왔네. 그런데 저 토마토 정말 빨갛군. 그렇다면 저 토마토는 잘 익었겠네.

ㄹ. 어떤 모양이 원이면서 동시에 네모일 수는 없어. 따라서 동그란 네모가 존재한다는 것은 말 자체가 안 되지.

ㅁ. 대부분의 사람들은 거창하고 국가적인 문제보다는 재산세, 쓰레기 처리, 자녀 교육, 그리고 주차금지구역과 같은 사소한 일상적인 문제에 더 많은 관심을 갖는다. 이것은 역대 대통령이나 국회의원 선거보다 지방자치 단체장이나 지방의회 선거의 투표율이 훨씬 더 높았다는 사실을 통해 확인된다.

① ㄱ, ㄴ, ㄷ　② ㄱ, ㄴ, ㅁ　③ ㄴ, ㄷ, ㄹ　④ ㄴ, ㄹ, ㅁ　⑤ ㄷ, ㄹ, ㅁ

9 다음 중 전제의 수용가능성이라는 기준을 충족시키고 있는 논증은?

① 한 국가의 수반이 국민에게 해가 되는 정책을 추진할 리는 없다. 그러니 대통령이 추진하고 있는 탈원전 정책도 좀 더 지켜볼 필요가 있다.

② 몇몇 폐암 환자들은 석면이 인간의 건강에 아무런 해를 미치지 않는다고 말한다. 따라서 이번 여름방학 때 시행되는 도서관 석면 제거 공사는 괜한 예산 낭비일 뿐이다.

③ 최근 식약처는 궐련형 전자담배에도 벤조피렌과 벤젠 등 인체발암물질이 포함돼 일반담배와 마찬가지로 암 등 각종 질병을 일으킬 수 있다고 발표했다. 그러므로 궐련형 전자담배가 일반담배보다 덜 유해하다는 주장은 근거가 약하다.

④ 김영희는 우연히 어느 인터넷 사이트 게시판에 데이비드 흄의 '인과관계의 필연성에 대한 비판'에 관해 질문을 올렸다. 얼마 지나지 않아 답글이 달렸는데, 자신을 흄의 인생에 관해 잘 알고 있는 사람이라고 소개한 누군가가 흄은 인과관계의 필연성에 대해 비판하지 않았다고 말했다. 그래서 영희는 흄이 인과관계의 필연성에 대해 비판했다는 〈철학의 이해〉 담당교수의 말을 신뢰할 수 없었다.

⑤ TV 대담프로그램에 출연한 한 변호사는 대마초는 우리의 신체적 질환을 치료하는 데 아무런 효과가 없으므로 의료용으로 사용해서는 안 된다고 말한다. 그의 말에 따르면, 대마초를 사용하고자 하는 사람들은 단지 몰입하고자 하는 것이지 의료 문제를 해결하고자 하는 것이 아니다. 그가 변호사로서 30년간 외길을 걸어 온 것으로 봐서, 나는 그의 말에 충분히 공감한다. 그러므

로 우리는 대마초를 허용해야 된다고 생각하는 사람들을 결코 신뢰해서는 안 된다.

10 다음 제시문에 대한 평가로 가장 적절하지 않은 것은?

> 세계에서 생산되는 식량은 연간 약 1990조 원이다. 이 중 1위가 우유인데, 무려 221조 원이나 된다. 전 세계적으로 우유의 생산량과 소비량은 엄청나다. 안전하지 않으면 소비량도 그렇게 많지 않을 것이므로, 이런 이유 때문에 우유는 안전한 식품이라 할 것이다.
> 우선, 우유가 안전한 식품인지 알아보자. 그러기 위해 먼저, 구제역 바이러스를 살펴보자. 구제역 바이러스는 발굽이 두 개로 갈라진 동물에게 발병하는 바이러스이다. 그러나 구제역 바이러스는 기본적으로 50℃ 이상에서 30분 이상 가열하면 박멸된다. 모든 우유를 생산할 때 기본적으로 살균 처리를 하게 되어 있다. 그중 가장 낮은 살균 온도가 63℃이다. 따라서 설사 구제역 바이러스가 있더라도 살균 처리 과정에서 모두 사라진다. 또한 구제역은 동물과 사람이 함께 걸리는 인수 공통 바이러스가 아니다. 동물만 걸린다. 구제역은 호흡기로 전파가 되는 것이다. 따라서 소 젖을 짤 때 유선에 잔류할 확률은 0%이다. 따라서 구제역으로부터 완전히 안전하다.
> 다음으로, 항생제 성분에 대해 말해 보자. 안전한 우유에는 항생제 성분이 100% 들어갈 수 없다. 우유를 담을 때 유가공업체의 탱크로리가 목장을 방문한다. 검사를 통해 항생제가 발견된 탱크로리의 우유는 목장 수와 관계없이 전량 폐기된다. 항생제를 쓰면 목장에 큰 손해가 미칠 것이고 구조상 항생제를 쓸 수가 없다. 요즘 소비자에 맞춰 모든 유가공 업체에서 견본 검사가 아주 엄격하게 이뤄지고 있다. 가장 결정적인 이유는 우유로 유제품을 만들 때 젖산균이 발효되어야 하는데 항생제가 들어 있으면 젖산균이 자랄 수 없다. 젖산균 없이는 유제품이 만들어지지 않는다. 따라서 유통 과정 및 제조 과정에서 항생제를 완전히 원천봉쇄를 한다.
> 마지막으로, 성장호르몬에 대해서도 걱정할 필요가 없다. 우유가 모자랐던 과거에는 많은 양의 우유를 생산하기 위해 일부 목장에서 성장호르몬제를 쓴 적이 있었다. 요즘은 우유 생산량이 많아 적정량만 생산하라고 제한을 하고 있는 마당에, 굳이 비싼 성장호르몬제를 사용할 필요가 없다. 또한 요즘 유가공 업체에서도 성장호르몬 검사를 철저히 하고 있다. 따라서 성장호르몬으로부터 완전히 안전하다.

① 논증자는 소비량이 많으면 안전하다고 주장하는데, 이것은 수용할 수 없다. 왜냐하면 각종 주류나 담배는 엄청난 소비량을 보이지만 결코 안전하지 않기 때문이다.

② '구제역은 호흡기로 전파가 되는 것이다. 따라서 소 젖을 짤 때 유선에 잔류할 확률은 0%이다'라는 주장은 구체적인 검증 자료가 제시된다면 더욱 강한 설득력을 갖게 될 것이다.

③ '구제역은 동물과 사람이 함께 걸리는 인수 공통 바이러스가 아니다. 동물만 걸린다'라는 표현의 의미를 명료하게 하기 위해 '동물'을 '짐승'이나 '우제류'와 같은 하위 개념으로 변경할 필요가 있다.

④ '검사를 통해 항생제가 발견된 탱크로리의 우유는 목장 수와 관계없이 전량 폐기된다. 항생제를 쓰면 목장에 큰 손해가 미칠 것이고 구조상 항생제를 쓸 수가 없다'라는 전제는 부정부패가 만연한 현실에서 구체적인 횟수, 방법, 감사자료 등이 제시되지 않으면 수용하기 어렵다.

⑤ '설사 구제역 바이러스가 있더라도 살균 처리 과정에서 모두 사라진다'라는 주장과 '젖산균 없이는 유제품이 만들어지지 않는다. 따라서 유통 과정 및 제조 과정에서 항생제를 완전히 원천봉쇄를 한다'라는 주장은 완제품에서 균의 존재를 긍정하면서 동시에 부정하기 때문에 모순이다. 따라서 두 전제 중 하나는 폐기되어야 한다.

11 다음 중 언어를 잘못 사용하는 오류인 것은?

① 선은 점들로 이루어진 집합인데, 점은 길이가 없다. 따라서 선도 길이가 없을 것이다.

② 인간의 영혼은 불멸한다고 받아들여야 한다. 왜냐하면 인간의 사후에도 영혼은 계속해서 존재하기 때문이다.

③ 불을 끄는 데는 물이 최고이다. 그런데 물은 수소와 산소로 이루어졌으니 불을 끄는 데는 수소와 산소가 큰 도움이 될 것이다.

④ 지식이 힘이라고 사람들은 말하곤 한다. 그런데 역사를 두고 볼 때 힘이라는 것은 대부분 부패하는 방향으로 흘러갔다. 그래서 지식이라는 힘을 가진 지식인도 쉽게 부패하는 것이다.

⑤ 지금까지 우리 학과에서는 축제 때마다 1학년생들이 주막을 설치하고 운영해 왔다. 세상이 바뀐 만큼 선후배가 공평하게 주막 일을 할 수는 있다. 그렇지만 1학년생들만 주막 일을 하는 데는 다 이유가 있지 않을까? 계속 그렇게 하는 것이 좋겠다.

12 다음에 제시된 글과 동일한 유형의 오류를 범한 것은?

> 사람들은 친일파들이 우리나라를 일본의 식민지로 만드는 데 적극적으로 기여했고 일본 정부의 대내외 정책에 순응하고 협력했다는 이유로 비난한다. 하지만 그들은 당대의 국제 정세를 정확하게 이해해 우리나라가 일본의 지배 아래 놓이는 것이 우리 민족의 생존을 위한 길이라고 스스로 믿었을 뿐이다. 따라서 친일파를 무조건 민족 반역자들로 규정하지 말고 민족을 위한 그들의 합리적인 전망을 재평가할 필요가 있다.

① 정부가 갈팡질팡하는 교육정책을 내놓는다면 도대체 누가 정부를 신뢰할 것인가. 정부의 임시방편적 교육정책은 아무도 신뢰하지 않을 것이다.

② 나라는 무거운 화장을 자주 한다. 그래서 그녀는 교실 의자에 앉기를 자주 주저한다. 왜냐하면 교실 의자는 무거운 사람을 지탱할 만큼 튼튼하지 않기 때문이다.

③ 군대만큼 비능률적인 조직은 이 세상에 없을 것이다. 어떤 결과가 나오든지 그냥 하라는 대로 하는 것이 군대이다. 그렇다면 군인도 비능률적인 존재일 수밖에 없다.

④ 동물의 암컷이 그러하듯이 여성도 육아에 최적화된 존재이다. 세계 어느 문화권에서든 육아는 오직 여성의 몫이었으므로 육아의 책임은 여성에게 있어야 하지 않을까?

⑤ 우리 어린이집 선생님이 네 살짜리의 따귀를 때렸다고 하는데, 오히려 그녀는 선생님으로서 그 역할에 충실했을 뿐이다. 그녀는 단지 교육적 차원에서 아이를 잠깐 혼냈던 것이기 때문이다.

13 다음 중 오류의 내용과 명칭이 일치하지 않는 것은?

① 지구의 역사를 수십억 년으로 간주하는 진화론은 결코 진실일 수가 없다. 성경에는 이 세상이 일주일 만에 창조되었다고 분명하게 쓰여 있기 때문이다.
— 부적합한 권위의 오류

② 여섯 사람은 한 사람이 일하는 것보다 여섯 배로 빨리 일할 수 있다. 한 사람이 하나의 말뚝을 박는 데 걸리는 시간은 60초이다. 따라서 여섯 사람이 하나

의 말뚝을 박는 데 걸리는 시간은 10초이다. — 분해의 오류

③ 아침 무렵 어머니가 아들에게 말한다. "용돈을 더 달라는 말이지? 그런데 너는 분명 돈이 행복으로 직결되지 않는다는 걸 잘 알고 있어. 그렇다면 네 용돈을 올려 주면 너의 불행이 증가될 뿐이야. 난 네가 불행해지는 것을 원치 않아!" — 흑백사고의 오류

④ 동물의 세계에서 수컷과 암컷이 종족 번식을 위해 교미를 하는 것이 자연스럽듯이 인간 세계에서도 남자와 여자가 사랑을 나누는 것이 자연스럽다. 바로 이러한 점에 의거해서 우리는 동성애가 바람직하지 않다고 주장하는 것이다. — 사실과 당위를 혼동하는 오류

⑤ 세 명의 도둑이 왕의 몸값으로 받은 일곱 개의 보석을 나누려고 한다. 그들 중 한 명이 자기 오른편에 있는 도둑에게 두 개를 건네주고 또 왼편에 있는 도둑에게도 두 개를 건네준다. 그러면서 "나는 세 개를 가져야겠다."라고 말한다. 오른편에 있는 도둑이 묻는다. "너는 왜 세 개를 가지느냐?" 그러자 나눠 준 도둑이 말한다. "내가 두목이니까 더 많이 가져야지. 내가 왜 두목이냐고? 내가 더 많은 보석을 가지고 있으니까!" — 순환논증의 오류

제7장

논증의 관련성 평가

1. 관련성 평가하기

좋은 논증이 되기 위한 두 번째 기준은 전제가 결론과 관련이 있어야 한다는 '관련성'이다. 관련성은 종종 논증 평가의 기준에서 제외되면서 충분성에 포함되기도 한다. 하지만 '백조 한 마리는 하얗다. 따라서 모든 백조는 하얗다'의 경우처럼 관련성은 충족시키면서 충분성은 충족시키지 못하는 논증이 존재하기 때문에 관련성과 충분성을 구분하는 것이 더 바람직하다.

다음 논증을 관련성이라는 기준에 따라 평가해 보자.

예시

(가) 〈대한신문〉 논설위원들은 항상 대기업이 불공정하게 거래한다고 비난한다. 하지만 정작 그들이 근무하고 있는 언론사는 다른 어떤 기업보다도 더 불공정하게 영업하고 있지 않는가!

(나) 영화 〈닥터 지바고〉를 감상한 내 지인들은 모두 지루하다고 평가한다. 그 영화는 단지 러시아 혁명을 배경으로 삼은 한 편의 멜로드라마에 지나지 않는다. 잘 알다시피 영화는 보리스 빠스쩨르나끄의 동명 소설을 영상으로 옮긴 것이다. 소설도 영화만큼 매우 지루할 것임에 틀림없다.

논증 (가)에는 특정 전제와 결론이 생략되어 있는데, 그것들을 찾아 논증을 재구성하면 다음과 같다.

P1. 〈대한신문〉 논설위원들은 항상 대기업이 불공정하게 거래한다고 비난한다.
P2. 그들이 근무하고 있는 〈대한신문〉은 다른 어떤 기업보다도 더 불공정하게 영업하고 있다.
P3. (불공정하게 영업하는 기업에 근무하는 사람은 다른 기업을 비난할 수 없다.)
C. (〈대한신문〉 논설위원들은 대기업이 불공정하게 거래한다고 비난해서는 안 된다.)

P1, P2, P3가 결합하여 C를 지지하는 이 논증에서 P1과 P2는 수용할 만한 전

제이고 P3는 수용 여부를 판단하기 힘든 전제이다. 그런데 전제들의 수용 여부와는 별개로 그 전제들이 결론과 관련이 있다고 파악되지는 않는다. 왜냐하면 언론사의 영업 관행과 그 언론사에 소속된 논설위원들의 논설 사이에는 직접적인 관련이 없기 때문이다. 언론사가 불공정하게 영업하든 그렇지 않든 그와 별개로 대기업의 불공정 거래가 잘못이라는 점은 달라지지 않고 언론인은 그 잘못을 지적할 수 있는 것이다. 따라서 이 논증은 논증 평가의 기준인 관련성을 충족시키지 못한 나쁜 논증이다.

그다음으로 논증 (나)를 표준화하면 다음과 같다.

P1. 영화 〈닥터 지바고〉는 단지 러시아 혁명을 배경으로 삼은 한 편의 멜로드라마에 지나지 않는다.

C1(=P2). 영화 〈닥터 지바고〉를 감상한 내 지인들은 모두 지루하다고 평가한다.

P3. 영화 〈닥터 지바고〉는 동명 소설을 영상으로 옮긴 것이다.

C2. 소설도 영화만큼 매우 지루할 것이다.

이 논증에서는 P1이 C1(=P2)을 지지하고, P2와 P3가 결합하여 C2를 지지한다. P1은 수용가능성을 충족시키기 위해 정당화가 더 필요한 반면, P2와 P3는 사실적인 정보이므로 수용가능성을 충족시킨다. 그런데 관련성의 측면에서는 영화의 지루함이 소설의 지루함과 관련된다고 말하기 어렵다. 빛의 예술인 영화가 지루하든 지루하지 않든 그와 별개로 언어의 예술인 소설은 그 자체가 독립적으로 평가되어야 하는 것이다.

그렇다면 이와 같이 논증에서 전제가 결론과 관련이 있는지 또는 관련이 없는지 확인할 수 있는 구체적인 방법은 없을까? 결론부터 말하자면, 수용가능성을 평가하는 구체적인 방법이 있는 것과 달리 관련성을 평가하는 구체적인 방법은 없다. 심지어 관련성이라는 것이 무엇을 의미하는지 정의하기조차 힘들다. 그럼에도 관련성을 확인하기 위한 다소 포괄적인 방법이 하나 있기는 한데, 그것은 전제의 참이 결론의 참을 지지하느냐 지지하지 않느냐 하는 것이다. 전제의 참이 결론의 참을 지지하느냐 지지하지 않느냐는 사실상 전제가 실질적으로 결론에 대해 증거 역할을 하느냐 하지 않느냐를 따지는 것이다. 따라서 관련성이란 포괄적으로 결론에 대한 전제의 증거 역할이라고 규정할 수 있다. 이에 따라 관련성을 확인하기 위해서는 '전제는 결론에 대해 증거 역할을 하는가?'라고 묻는 수밖에 없다. '예'라는 대답이 나오면 관련성이 있는 것이고, '아니오'라는 대답이 나오면 관련성이 없는 것이다.

- **관련성을 평가하기 위한 질문**
  전제의 참이 결론의 참을 지지하는가?
  = 전제는 결론에 대해 증거 역할을 하는가?

다음 논증을 분석한 다음 '전제는 결론에 대해 증거 역할을 하는가?'라는 질문을 던짐으로써 전제와 결론 사이에 관련성이 있는지 없는지 확인해 보자.

예시

(가) 이번 국회의원 선거에서 나는 이민국 후보에게 투표할 것이다. 왜냐하면 그는 정직한 사람이고 여러 정치적 사안에 대해 해박하기 때문이다.

(나) 이번 국회의원 선거에서 나는 이민국 후보에게 투표할 것이다. 왜냐하면 그는 우리 동네에서 자랐고 우리 아버지의 고등학교 동문이기 때문이다.

논증 (가)와 (나)는 결론이 동일하지만 전제가 상이하다. 국회의원 선거에서 내가 이 후보에게 투표한다는 결론을 지지하는 위해 각각 다른 전제가 제시된 셈이다. 그렇다면 두 전제 가운데 어느 것이 내가 이 후보에게 투표한다는 결론에 대해 증거 역할을 할까? (가)에서 내세운 이 후보의 도덕성과 능력은 분명 증거 역할을 하므로 (가)는 관련성을 충족시킨 논증이다. 선거에서 투표를 하는 것이 정치적 가치를 실현하기 위한 행위인 이상, 이 후보의 도덕성과 능력은 나의 정치적 가치를 실현하는 데 간접적으로 기여할 수 있다. 달리 말해, 전제의 참이 결론의 참을 지지하고 있는 것이다. 반면에 (나)에서 내세운 두 가지 증거는 나의 정치적 가치를 실현하는 데 어떤 식으로든 기여할 수 없다. 전제는 결론에 대해 증거 역할을 하지 못하므로 (나)는 관련성을 충족시키지 못한 논증이다.

관련성을 평가할 때 한 가지 주의해야 할 점은 보다 폭넓은 맥락 속에서 논증 상황을 파악하고자 해야 한다는 것이다. 전제나 결론이 제시되고 있는 맥락을 제대로 고려하지 않으면 자칫 관련성을 잘못 판단할 수도 있다는 말이다. 다음 몇 가지 예시를 살펴보자.

예시

(가) 혼자 살고 있는 강동호 씨는 콜레스테롤이 높은 음식인 삼겹살을 자주 먹는다. 그러므로 강동호 씨가 심장 발작을 일으킬 확률은 매우 높을 것이다.

(나) 김시민 시장은 가난에도 굴하지 않고 온갖 고난을 헤쳐 나가면서 자수성가한 사람이다. 따라서 그는 우리처럼 평범한 소시민들에게 큰 관심을 가지고 있을 것이다.

(다) 희진아, 어제 내가 어떤 블로그에서 봤는데 생강차가 다이어트에 그렇게 좋다네. 우리 이제부터 다이어트를 위해 커피 대신에 생강차를 마시는 게 어떨까?

논증 (가)에서는 전제가 결론에 대해 증거 역할을 하는지 분명하게 판단할 수가 없다. 전제에서 강동호 씨에 대한 정보가 한정되어 있기에 그의 나이, 전반적인 건강 상태, 심장병 여부 등 추가적인 정보가 더 요구된다. 논증 (나)에서도 관련성을 분명하게 판단하기가 힘들다. (나)에서는 결론에서 시장이 소시민들에게 큰 관심을 가진다는 말의 뜻이 선명하지 않다. 소시민들이 어떻게 사는지 시장이 단지 알고 있다는 뜻이라면 관련성이 있고, 소시민들의 삶을 개선하기 위해 시장이 적극적인 정책을 편다는 뜻이라면 관련성이 있는지 없는지 판단하기가 매우 어렵다. 반면에 논증 (다)에서는 전제가 결론에 대해 확실하게 증거 역할을 하고 있다. 다이어트를 하고 있는 두 여성의 관점에서는 블로그의 다이어트 정보가 수용될 수 있고 그 정보는 결론에 대해 증거 역할을 하는 것이다.

물론 (다)에서 제시하는 블로그의 다이어트 정보는 영양학자들이 최신 연구를 논의하는 학술대회에서 거의 증거 역할을 하지 못한다. 전문적인 학술대회에서는 블로그의 가벼운 다이어트 정보가 수용가능성이라는 기준조차 충족시키지 못하는 것이다. 블로그의 정보가 참일 가능성이 있다고 하더라도 부적합한 권위라는 측면에서 수용하지 않는 것이 합리적이기 때문이다. 요컨대 블로그의 다이어트 정보라는 동일한 정보가 일상적인 대화에서는 증거로 수용되면서 결론과 관련되는 반면, 전문적인 대화에서는 증거로 수용되지도 못하고 결론과 관련되지도 못한다. 이처럼 (가), (나), (다)에서 알 수 있듯이 관련성 평가는 상당히 맥락 의존적이다. 이는 논증의 관련성 평가가 그만큼 어려운 작업이라는 것을 시사해 준다.

연습문제

※ 다음 논증에서 전제가 결론에 대해 증거 역할을 하는지 밝혀 보시오.

1. 나는 시민건강연대에서 시민의 건강권을 지키기 위해 제안하여 발의된 금연법에 강력하게 반대한다. 이번 회기에 표결이 이루어진다면 반대표를 던질 것이다. 금연법은 다국적 담배회사가 역내에서 가장 큰 기업 중 하나인 우리 도시에서는 부적절하다.

2. 핵에너지 안전성 문제에 관하여 핵 설비 업체의 충고를 들어서는 안 된다. 원자력발전소를 건설하고 운영하는 사람들은 결코 큰 재난은 없을 것이라고 우리를 설득해 왔다. 하지만 원자로 제조업자나 운영자는 토스터, 드라이어, 세탁기, 텔레비전 같은 가정용 기기도 만든다. 이러한 단순한 기기를 완전히 신뢰할 수는 없다. 따라서 복잡한 원자로를 완전히 신뢰할 수 있다고 믿을 이유는 더더욱 없다. 우리는 자칫 잘못했다가는 원자력발전소가 수백만의 무고한 생명을 앗아 가고 천문학적 손해를 입힐 수 있다는 사실을 결코 잊어서는 안 된다.

2. 무관련성의 오류

대분류	중분류	소분류
무관련성의 오류	심리적인 것에 호소하는 오류	① 사람에 호소하는 오류 - 인신공격의 오류 - 정황에 호소하는 오류 - 피장파장의 오류 ② 감정에 호소하는 오류 - 동정심에 호소하는 오류 - 위력에 호소하는 오류 - 대중에 호소하는 오류
	반박을 잘못 사용하는 오류	③ 허수아비 공격의 오류 ④ 원천봉쇄의 오류

(1) 심리적인 것에 호소하는 오류

무관련성의 오류 가운데 상당수는 결론을 지지하기 위해 합리적인 근거를 제시하는 대신에 증거 역할을 하지 못하는 심리적인 어떤 것에 호소하기 때문에 발생한다. 어떤 사람의 주장을 합리적인 근거를 통해 반론하지 않고 그 사람과 관련된 것들에 호소하여 반론하는 경우나, 자신의 주장에 합리적인 근거를 대지 않고 감정적인 것에 호소하는 경우이다. 이러한 오류들은 통째로 '심리적인 것에 호소하는 오류'라고 묶을 수 있을 것이다.

① 사람에 호소하는 오류

[정의] 상대방의 주장에 대해 합리적인 근거를 들어 반론하지 않고 사람이나 집단 자체에 대한 평을 통해 그 주장을 거부하는 경우에 발생하는 오류

예시

(가) 어제 작가 신조각은 '고뇌가 예술품을 만든다'라는 강의에서 예술가가 창작 과정에서 겪는 고뇌가 훌륭한 예술작품을 낳는다고 주장했다. 나는 그 작가를 개인적으로 조금 알고 있는데, 그는 자신이나 주변 사람들의 고통에 매우 무감각한 사람이다. 고뇌가 예술품을 만든다는 그의 말에 지나가던 소가 웃겠다.

(나) 우리 동아리는 남성 회원이 상당히 부족하기 때문에 신규 회원으로 남학생을 적극 모집할 계획이다. 그런데 몇몇 남학생들이 동아리의 특성상 여성 회원이 많은 것은 당연하다

면서 모집에 남녀차별을 두지 말자고 주장하는 것은 전혀 신뢰가 가지 않는다. 그들은 남자로서 이성인 여성 회원이 많은 상황을 항상 바라고 있기 때문이다.

(다) 최근 집권당인 우리가 정부의 입법안을 단독으로 강행 처리한 것에 대하여 야당이 독단적 국정 운영이라며 강력하게 반발하면서 끝없이 우리를 공격하고 있다. 그러나 우리 여당은 그들에게 반문하지 않을 수 없다. 그들도 지난 정권에서 집권당이었을 때 수없이 독단적으로 국정을 운영하지 않았는가. 그 결과 국정을 파탄 내는 지경에 이르지 않았는가. 야당은 이 점을 절대 망각하지 말아야 할 것이다.

(가)는 신조각 작가가 고통에 대해 무감각한 사람이기 때문에 고뇌가 훌륭한 예술작품을 낳는다는 그의 주장은 거짓이라고 결론 내린다. (가)를 정형화하면 다음과 같다.

P1. A는 X라고 주장한다.
P2. A는 이러저러한 결함이 있는 사람이다.
C. X는 거짓이다(X는 지지될 수 없다).

이 경우에 A가 결함이 있는 사람이라는 것은 A가 주장하는 X의 거짓을 증명하는 전제로 작용하지 않는다. (가)는 어떤 사람이 가지는 결함을 통해 그 사람의 주장을 거부하는 것이므로 특별히 '인신공격의 오류'라고 불린다.

(나)는 남성 회원들이 남성으로서 여성이 많은 상황을 항상 바라기 때문에 그들이 회원 모집에 남녀차별을 두지 말자고 주장하는 것은 거짓이라고 결론 내린다. (나)를 정형화하면 다음과 같다.

P1. A는 X라고 주장한다.
P2. A는 그/그녀의 특수한 환경이나 사정으로 인해 X라고 주장한다.
C. X는 거짓이다.

이 경우에 A가 남성이라는 특수한 환경에 놓여 있다는 것은 A가 주장하는 X의 거짓을 증명하는 전제로 작용하지 않는다. (나)는 어떤 사람이 처한 특수한 환경 등을 통해 그 사람의 주장을 거부하고 있으므로 특별히 '정황에 호소하는 오류'라고 불린다.

(다)는 최근 야당이 여당에 대해 독단적으로 국정을 운영한다고 주장하지만 야당도 여당이었던 시절에 독단적으로 국정을 운영했기 때문에 야당의 그러한 주장은 거짓이라고 결론 내린다. (다)를 정형화하면 다음과 같다.

P1. A는 B에 대해 X라고 주장(비난)한다.

P2. A도 X에 해당된다.

C. X는 거짓이다.

이 경우에 A도 X에 해당된다는 것은 A가 주장하는 X의 거짓을 증명하는 전제로 작용하지 않는다. (다)는 어떤 사람(집단)이 스스로 주장하는 바와 동일한 잘못을 저질렀다는 것을 들어 그 사람(집단)의 주장을 거부하고 있으므로 특별히 '피장파장의 오류'라고 불린다.

② 감정에 호소하는 오류

[정의] 자신의 주장을 받아들이도록 논리적인 근거를 제시하기보다 동정심이나 위력(힘)에 의한 두려움이나 대중의 심리에 호소하는 경우에 발생하는 오류

예시

(가) 교수님, 이번 학기에 〈논리와 비판적 사고〉 과목에서 좋은 성적을 얻지 못하고 등록금 관련 장학금 때문에 이런 메일을 드리게 되어 대단히 죄송합니다. 그런데 제가 이 과목에서 최소 A^- 학점을 받지 못하면 다음 학기에 장학금을 받을 수 없습니다. 가정 형편 때문에 알바로 생활비를 벌고 있는 제 처지를 꼭 참작하시고 성적을 A^-로 상향 조정해 주시면 고맙겠습니다.

(나) 당신이 계약직으로 연구원에 근무하고 있다는 걸 굳이 강조하고 싶진 않습니다. 그런데 당신은 현 시장님의 정책을 강하게 비판하는 이번 논문을 꼭 발표해야만 하나요? 설마 시장님이 당신의 재계약에 아무런 영향을 못 미치리라고 여기는 건 아니겠지요? 가족들을 생각한다면 어떻게 처신해야 할지 당신 스스로 잘 판단해 보길 바랍니다.

(다) 여기 계신 여러분은 한 분도 빠짐없이 우리 지역사회를 선도하는 핵심인사입니다. 여러분이 한 번이라도 지역민의 여론을 경청해 보셨다면, 우리 지역에 교도소를 설립하는 일을 결코 반대하지 않을 것이라고 확신합니다. 어제 여론조사에 따르면 지역민 세 명 중 두 명이 교도소 설립에 찬성하고 있습니다. 부디 우리 지역 발전에 큰 추동력이 될 교도소 설립을 여러분이 앞장서서 지지해 주시길 바랍니다.

먼저 (가)를 재구성해서 표준화하면 다음과 같다.

P1. 나는 〈논리와 비판적 사고〉 과목에서 최소 A^- 학점을 받지 못하면 다음 학기에 장학금을 받을 수 없다.
P2. (나의 〈논리와 비판적 사고〉 성적은 B^+ 이하이다.)
P3. 나는 가정 형편 때문에 알바로 생활비를 벌고 있다.
P4. (장학금을 받지 못하면 알바로 생활비에다 등록금까지 벌어야 한다.)
C. 교수님은 〈논리와 비판적 사고〉 성적을 A^-로 상향 조정해 주셔야 한다.

(가)에서 글쓴이는 논리적인 근거를 제시하기보다 P3와 P4를 통해 동정심에 호소하고 있을 뿐이다. 성적이 객관적인 평가로 산출되는 것인 이상, 가정 형편과 같은 동정적인 요소는 성적 상향과 아무런 관련이 없다. (가)는 특별히 '동정심에 호소하는 오류'라고 불린다.

(나)의 결론은 시장의 정책을 비판하는 논문을 발표하지 말라는 것인데, 그 전제로 논리적인 근거를 제시하기보다 위력(힘)을 통해 상대방을 위협하고 있을 뿐이다. 상대방을 위협하는 것은 두려움이라는 감정에 호소하여 자기주장을 관철시키는 것으로서, 결론과 무관하다. (나)는 특별히 '위력(힘)에 호소하는 오류'라고 불린다.

(다)의 결론은 교도소 설립을 지지해 달라는 것인데, 그 전제로 논리적인 근거를 제시하기보다 대중의 선호나 인기에 호소하고 있을 뿐이다. 다소 감정적인 대중의 심리에 부합해서 자신의 주장을 정당화하려는 경우에는 전제가 결론의 증거 역할을 제대로 하지 못한다. (다)는 특별히 '대중에 호소하는 오류'라고 불린다.

(2) 반박을 잘못 사용하는 오류

무관련성의 오류 가운데 어떤 것들은 상대방의 반박과 관계되기 때문에 '반박을 잘못 사용하는 오류'라고 부를 수 있다. 상대방의 논증을 거짓으로 반박해

놓고 실제로 반박한 것처럼 간주하는 경우나, 상대방의 반박 자체를 원천적으로 봉쇄하는 경우는 전제가 증거 역할을 하지 못하기 때문에 전제와 결론 사이에 관련성이 있을 수 없다.

③ 허수아비 공격의 오류

[정의] 상대방의 본래 논증을 반박하기 쉽도록 왜곡하여 허수아비처럼 만들어 놓고 그것을 공격함으로써 그 본래 논증이 좋지 않다고 주장하는 경우에 발생하는 오류

예시

(가) 무분별한 개발로 자연환경이 크게 파괴되었으므로 기술 개발의 속도를 늦추자고 주장하는 사람들이 있다. 그런데 나는 그들이 과연 전기가 없는 곳에서 살 수 있을지 의문스럽다. 그들은 전기가 없으면 현재 누리고 있는 모든 문명의 혜택을 포기해야 한다는 사실을 모르고 있는 모양이다.

(나) '입시지옥'이라는 표현을 쓰면서 우리나라 고등학교의 교육열을 부정적으로 평가하는 것은 현실을 모르는 소리이다. 미국만 해도 고등학생의 학력을 높이려고 연방정부에서 다양한 방안을 강구한다. 예를 들어 공립학교가 정부 기준의 성적에 미치지 못하면 단계적으로 불이익을 준다고 한다. 고등학생의 전반적인 학력 신장이 자국의 미래 경쟁력과도 직결된다는 점을 염두에 둔다면 우리나라의 교육열을 평가절하하는 것은 더 이상 유효하지 않다.

(가)에서는 일부 사람들의 논증이 '기술 개발의 속도를 늦추자는 결론'으로 나아갈 뿐인데 논증자는 그것을 '기술의 혜택을 완전히 거부하고 살자는 결론'으로 왜곡한 채, 그 극단적으로 왜곡된 결론을 공격한다. (가)를 표준화하면 다음과 같다.

P1. 어떤 사람들은 무분별한 개발로 자연환경이 크게 파괴되었으므로 기술 개발의 속도를 늦추자고 주장한다.

P2. 기술 개발의 속도를 늦추자는 주장은 전기가 없는 곳에서 살자는 것이다.

P3. 전기가 없으면 현재 누리고 있는 모든 문명의 혜택을 포기해야 한다.

C. (그들의 주장은 거짓이다.)

(나)에서는 일부 사람들의 논증이 입시 중심의 교육열이 가진 문제점을 지적할 뿐인데 논증자는 그것을 학력 신장을 부정하는 논증으로 왜곡한 채, 그 극단적으로 왜곡된 논증을 공격한다. 그렇게 하면서 (가)와 (나)의 논증자는 마치 일부 사람들의 본래 논증을 온전하게 반박한 듯한 태도를 보인다.

이처럼 (가)와 (나)는 본래 논증을 공격하지 않고 왜곡한 허수아비 논증을 공격하기 때문에 '허수아비 공격의 오류'라고 불린다. 이 오류는 'A는 X라고 주장한다(P1). B가 A의 X를 왜곡하여 Y로 바꾼다(P2). B가 Y를 공격한다(P3). 따라서 A가 주장하는 X는 거짓이다(C)'라는 과정을 따른다. 'A가 주장하는 X는 거짓이다'라는 결론을 이끌어 내기 위해 전제 X를 Y로 왜곡했기 때문에 왜곡된 전제(Y)의 부당성은 결론(X가 거짓임)과 무관하다. 그런데 (가)의 경우처럼 전제들의 참이 결론의 참을 표면적으로 지지하는 것처럼 보이기 때문에 얼핏 관련성이 있다고 착각할 수도 있다. 하지만 전제의 참은 실질적으로 결론의 참을 지지하지 않는다. 우선 (가)와 (나)는 어쨌거나 허수아비 논증을 성공적으로 공격하기 때문에 표면적으로는 당연히 관련성을 충족시키는 것처럼 보인다. 논증자 B의 표면적 논증은 X가 거짓임을 X의 부당성으로부터 이끌어 내기에 관련성을 충족시키는 듯하다. 그러나 논증자 B의 실질적 논증은 X가 거짓임을 Y의 부당성으로부터 이끌어 낼 뿐이다. 결국 (가)와 (나)에서 왜곡된 전제(Y)의 부당성은 실질적으로 결론(X가 거짓임)을 지지하지 못하므로 두 논증은 관련성을 충족시키지 못한다. 아무래도 왜곡된 전제의 부당성은 반박의 형태인 결론에 대해 증거 역할을 하지 못할 것이다.

④ 원천봉쇄의 오류

[정의] 자신의 주장에 대해 제기될 수 있는 반박의 여지를 부당하게 차단함으로써 반박 자체를 원천적으로 봉쇄하는 경우에 발생하는 오류

예시

(가) 하나님의 대리인인 내 말을 믿지 않는 사람이 여기에 있다면 한번 손들어 보십시오. 그런 사람은 사탄의 꼬임에 빠진 사람입니다.

(나) 대형마트의 영업시간을 제한하고 의무휴무제를 강제하는 것이 진정 공정거래에 위반되는 일일까? 위반된다고 주장하는 사람은 영세상인이 처한 현실을 조금이라도 알고 있기나 할까? 대형마트를 규제하는 것은 지역의 영세상인을 보호하기 위한 최소한의 수단이다. 누군가가 이 말에 이의를 제기한다면, 그것은 영세상인을 죽이고 재벌의 배를 불려 주는 사회적 부정의에 동조하는 짓일 뿐이다.

(가)에서는 논증자(목사)의 말을 믿지 않는 사람이라면 그 누구든 사탄의 꼬임에 빠졌다고 지탄받게 될 것이므로 아무도 반박을 하지 못한다. (가)를 반박의 측면에서 표준화하면 다음과 같다.

P1. 하나님의 대리인인 내 말을 믿지 않는 사람은 사탄의 꼬임에 빠진 사람이다.
P2. (사탄의 꼬임에 빠진 사람의 말은 들을 가치가 없다.)
C. (그 누구의 반박이든 거짓이다.)

이 경우에 반박하는 모든 사람은 사탄의 꼬임에 빠진 사람으로서 들을 가치가 없는 말을 하기 때문에 '모든 반박은 거짓이다'라는 결론이 도출된다. (나)에서는 대형마트 규제를 반대하는 사람이라면 그 누구든 사회적 부정의에 동조한다고 비난받게 될 것이므로 아무도 반박을 하지 못한다. (나)의 경우에도 반박하는 모든 사람은 사회적 부정의에 동조하는 사람으로서 들을 가치가 없는 말을 하기 때문에 '모든 반박은 거짓이다'라는 결론이 도출된다. 그런데 (가)와 (나)의 결론은 결코 전제들에 의해 정당화되지 않는다. (가)와 (나)에서 '특정한 상황에 처해 있거나 특정한 입장을 가진 사람의 말은 전혀 들을 가치가 없다'는 전제는 '모든 반박이 거짓'이라는 논증자(화자)의 결론에 대해 증거 역할을 하지 못하기 때문이다. 반박의 내용을 들어 보지도 않은 채 모든 반박이 거짓이라고 주장할 수는 없는 노릇이다. 결국 반박의 가능성을 모조리 차단하는 결론을 위해 그 결론과 무관한 전제를 부당하게 사용한 셈이다.

(가)와 (나) 모두 상대방의 반박 가능성을 원천적으로 봉쇄하고 있기 때문에

'원천봉쇄의 오류'라고 불린다. 이 오류는 '우물에 독 풀기'라고도 불리는데, 이는 중세 유럽에서 흑사병의 책임을 유대인에게 돌리기 위해 유대인들이 우물에 독을 풀어 병을 퍼뜨렸다고 소문을 낸 것에 기원을 둔다. 특히 이 오류는 논증자가 상대방으로 하여금 반박 자체를 못하게 하면서 자신의 주장을 옹호하고자 하므로 독단주의에 지나지 않는다.

연습문제

※ 다음 논증의 전제가 어떤 의미에서 결론과 무관한지 알아보시오.

1. 〈기러기신문〉이 이번 특별사면의 필요성에 관해 보도한 것은 참으로 어처구니가 없다. 이번 사면에는 부정부패로 실형을 살고 있는 언론인들도 상당히 많이 포함되어 있다고 한다. 늘 정부에 비판적이던 〈기러기신문〉이 이번 사면에 호의적인 기사를 내보낸 것도 그 신문의 사장이 명단에 올라 있기 때문이다.

2. 아이들이 도로에서 노는 것을 위험하다고 여기는 사람들이 있는데, 그 사람들은 올바른 교육방법을 모르고 있음에 틀림없다. 아이들은 집 밖에서 마음껏 뛰어놀아야 사회성을 기르면서 건강하게 잘 자랄 수 있다. 아이들의 미래를 생각한다면 절대 아이들을 집 안에 가둬 놓고 키워서는 안 된다.

3. 기업가 출신 정치인인 김몽수 씨는 정부가 제안하는 여러 경제 정책에 사사건건 시비를 건다. 더 이상 좌시해서는 안 될 만큼 심각한 수준이다. 그가 대주주로 있는 기업에 국세청 특별 세무조사가 실시될 수 있다는 정보를 넌지시 흘림으로써 계속되는 그의 트집이 정권의 심기를 건드리고 있다는 사실을 알려 줄 필요가 있다.

종합문제

1 다음 글이 관련성을 충족시키면 ○, 충족시키지 못하면 ×를 표시하시오.

ㄱ. 유리는 아직 나이가 어린 여고생에 지나지 않는다. 그러니 특목고 폐지를 찬성하는 그녀의 견해는 옳지 않다. (　　)

ㄴ. 요즘 청소년들은 예전의 청소년들과 달리 생활양식이 매우 불건전하다. 건전하지 못한 생활양식의 대표적인 원인은 음주나 흡연이라고 볼 수 있다. 왜냐하면 불량학생으로 지적된 학생들을 조사해 보니 대다수가 음주나 흡연을 한 경험이 있었기 때문이다. (　　)

2 다음 두 글은 공통적으로 어떤 오류를 범하고 있는가?

ㄱ. 러시아 출신 사업가 세르게이는 한국 관료조직의 부정부패에 대해 열변을 토한다. 그러나 그의 주장은 어처구니없다. 왜냐하면 러시아 관료조직은 더 부정부패가 심하기 때문이다.

ㄴ. 보험설계사는 여러분에게 보험사가 보험금을 지불하지 않아도 되는 경우들에 관하여 결코 이야기해 주지 않습니다. 여러분은 실제로 보험금을 청구하면서 그러한 경우들을 알게 될 겁니다. 그런데도 사고나 도난을 당한 사람들이 실제 피해액보다 더 많은 보험금을 청구한다고 해서 보험사가 어찌 그 사람들을 비난할 수 있단 말입니까!

3 다음 글에는 어떤 오류가 포함되어 있는가?

혹자들은 논리가 삶에서 그다지 중요하지 않다고 주장하곤 한다. 이건 도대체 말이 안 되는 소리이다. 어떻게 합리성이 아닌 비합리성을 인간의 본질로 간주할 수 있다는 말인가. 인간이 장구한 역사에서 합리성을 통해 이루어 낸 성과를 어떻게 부정할 수 있다는 말인가.

4 다음 중 논증 평가의 기준인 관련성을 위반한 논증이 아닌 것은?

① 이 책은 지난 한 달간 비소설 부문에서 베스트셀러에 올랐다. 바로 이것이 이 책을 읽지 않으면 안 되는 명백한 이유이다.

② 춘향전 해석에서 자네가 나와 다른 관점을 계속 고집한다면 자네가 졸업을 할 수 있을지 모르겠네. 논문 심사에서 지도교수가 어떤 역할을 하는지 자네도 잘 알지 않는가.

③ 배아줄기세포 연구가 필요하다고 주장하는 사람들을 도무지 이해할 수 없다. 연구 과정에서 그 불쌍한 생명들이 무자비하게 파괴되는 걸 인간으로서 어찌 감당할 수 있다는 말인가.

④ 외제차를 몰았던 나는 이번에 고급 국산차를 구입했다. 그런데 외제차를 몰 때는 전혀 그렇지 않았는데 이 국산차는 새로 산 지 두 달밖에 안 되었음에도 벌써 세 번이나 같은 곳이 고장 났다. 국산차가 외제차를 따라가기에는 아직 한참 멀었다.

⑤ 모청천 판사는 불공정하다. 그는 백수연 씨에게 유죄를 선고하지 않아야 했다. 그녀는 홀로 나이 어린 남매를 키울 뿐만 아니라 전 남편은 그녀에게 아이들 양육비조차 지급하지 않는다. 그리고 변호인으로서 판단컨대 그녀가 생활고에 시달리지 않았더라면 마트에서 수차례 분유를 훔치는 일도 없었을 것이다.

5 논증 평가 기준에서 볼 때, 아래의 논증과 동일한 잘못을 저지른 논증은?

> 몇 해 전 귀순 과정에서 부상을 입은 북한 군인의 수술 과정을 언론에 공개한 담당의사이 행농에 대해 사회적 논란이 빚어진 적이 있다. 의사가 환자의 개인적인 정보를 지켜 줘야 한다는 원칙 때문에 생긴 논란이다. 이를 통해 정보화 시대가 될수록 개인의 정보는 더욱 소중한 가치를 가진다는 사실을 알 수 있다.

① 북한 군인의 귀순 과정에서 북한 경비병들이 남한 측 경비구역에 총을 발사했다. 이것은 남북 간의 휴전상태를 파기하고 전쟁을 재개한 것이다. 우리도 북한의 도발에 대응해 즉각적인 응징을 해야 한다.

② 북한 군인의 귀순 과정에서 우리 군 지휘관이 지휘실을 비우고 현장에 직접 출동한 것으로 밝혀졌다. 전시에 지휘실을 비운 행위는 명백한 불법 행위이다. 그러므로 해당 지휘관에 대한 엄중한 처벌이 필요하다.

③ 귀순 과정에서 총상을 입은 북한 군인의 몸에서 많은 기생충이 발견되었다. 북한 주민들은 각종 기생충에 시달리고 있을 것이다. 북한 주민의 건강을 위하여 우리 정부는 북한에 기생충 예방약을 생산할 수 있는 공장을 하루속히

건설해야 한다.

④ 북한에서 엘리트 군인으로 알려진 판문점 경비 군인 한 명이 귀순을 했다. 북한 주민들의 대규모 탈북으로 인한 체제의 붕괴가 머지않았음을 알 수 있다. 북한에 대한 대화를 전면 중단하고 강경한 대북정책을 통해 북한 정권의 붕괴를 앞당겨야 한다.

⑤ 모든 의사는 환자의 사생활을 보호해야 한다. 귀순 과정에서 총상을 입은 북한 군인의 체내에서 기생충이 발견되었다는 발표는 북한 군인의 사생활을 침해한 것이다. 그러므로 그 군인의 수술을 집도한 의사는 북한 주민들의 실정을 비하하는 보수적 인물이다.

6 다음 중 오류의 유형이 다른 하나는 어느 것인가?

① 낙태 문제에 대해 남자들은 말할 자격이 없다. 남자들이 언제 원치 않는 임신을 해 본 적이 있더란 말인가.

② 내가 '인간은 타락했다'라고 말할 때 나에게 동의하지 않는 이들은 자신들이 이미 타락했다는 것을 스스로 증명하는 셈이다.

③ 우리 지역구의 진보당 국회의원 후보는 저소득층에 대한 사회보장을 더 강화해야 한다고 주장한다. 역사를 통해 이미 실패한 것으로 판명된 사회주의 제도를 그가 옹호하는 것은 참기 힘들다.

④ 오늘 아침에 어머니께 용돈을 올려 달라고 요청했다. 어머니께서는 부모의 삶이 얼마나 고단한지 설명하면서 내 요청을 거부했다. 그러면서 "네가 부모가 되어 봐야 부모 마음을 알지!"라며 혀를 차셨다.

⑤ 히딩크와 같은 실력 있는 유럽 출신 감독이 국가대표 축구팀을 이끄는 데 반대하는 사람들은 도대체 어떤 부류들일까? 우리나라 축구의 미래를 생각하거나 사리분별이 있는 사람은 분명 아니다. 축구협회에서 고용한 댓글 알바가 아니라 정상적인 사람이라면 결코 반대하지 않을 것이다.

7 다음 제시문의 논증을 보고 비판한 사람 중 〈보기〉와 같은 오류를 범하고 있는 사람은?

> 지금 우리 사회는 남자들에게 너무 많은 짐을 진 채 살게 하고 있습니다. 며칠 전 본 자료에는 우리나라 40~50대의 남자 사망률이 여자의 3배 이상이라 하더군요. 그리고 어제는, 돈을 못 벌어 온다고 아내와 자식이 집을 나가자 권총을 들고 새마을금고를 털려다 붙잡힌 사람을 뉴스에서 보았습니다. 과연 이 사회가 남성 위주의 사회일까요? 힘들어서 하루 정도 출근을 하지 않는 남자를 이해해 줄 직장과 가정이 얼마나 있을까요? 우리나라 남자들에게는 "불쌍한 자여, 그대 이름은 남자이니라!"라는 말이 어울릴 것 같습니다.

【보기】

> 박 교수가 아나키즘의 핵심이 평화라고 주장하는 건 잘 아시죠? 스스로 아나키스트라고 규정하기도 하지요. 그런데 그분이 아내에게 가끔 폭력을 휘두르신다더군요. 자신부터 평화를 잘 실천해야 할 텐데 말이죠.

① 가가: 이 글을 쓴 사람은 남자가 틀림없어. 남자니까 남자들 입장만 생각하는 거 아니겠니? 그러니 이 사람이 한 말은 다 틀렸어.

② 나나: 내가 이 글을 쓴 사람을 알고 있지. 저 사람은 자기 아내를 눈곱만치도 이해해 주지 않는 사람이야. 자기나 잘하라고 그래!

③ 다나: 내가 알기론 우리 엄마는 어제 하루 종일 일한 것도 모자라 밤새도록 제사 준비하느라 한숨도 못 주무셨어. 더 불쌍한 건 여자라고.

④ 라라: 이렇게 말한 사람이 누군지 알고 있는데, 그 사람은 글쎄 게으르기가 이를 데가 없어요. 그런 사람이 대충 쓴 글을 어떻게 믿을 수 있겠어.

⑤ 마마: 이 글을 쓴 사람은 여자를 부려 먹는 것이 당연하다고 생각하면서 여자는 어떤 불행한 일을 당해도 불쌍하다 생각하면 안 된다고 말하고 있어. 이런 파렴치한 주장에 동의할 수는 없어.

제8장

논증의 충분성 평가

1. 충분성 평가하기
2. 불충분성의 오류
3. 논증의 강화와 약화

1. 충분성 평가하기

좋은 논증이 되기 위한 세 번째 기준은 전제가 결론을 충분히 지지해야 한다는 '충분성'이다. 충분성이라는 기준은 반드시 어떤 논증이 수용가능성과 관련성을 충족시키고 있다는 것을 확인한 뒤에 따져 보아야 한다. 만약 어떤 논증이 수용가능성이나 관련성 가운데 어느 하나라도 충족시키지 못한다면, 그것은 두말할 필요도 없이 나쁜 논증 또는 오류이다. 만약 어떤 논증이 그 두 기준을 충족시키면서 충분성이라는 기준을 충족시키지 못한다면, 그것 역시 나쁜 논증 또는 오류이다. 결론적으로 충분성이라는 기준까지 충족시키는 논증이라야 좋은 논증이라고 평가될 수 있다.

다음 논증을 충분성이라는 기준에 따라 평가해 보자.

예시

(가) 나는 민수가 평소에 말을 하도 잘하기에 토론도 잘할 거라고 생각했어. 그런데 지난주 토론 수업에서 그는 너무 두서없이 말을 했지. 이제 나는 그가 뛰어난 토론자는 아니라고 생각해.

(나) 요즘 우리나라가 불경기라고 연일 매스컴에서 떠들고 있는 거 알지? 하지만 꼭 그렇지만은 않은 것 같아. 며칠 전 대구에 있는 서문시장에 가 보았는데, 사람이 엄청나게 많고 분위기도 활기차더라고. 서문시장이 영남지방에서 가장 크고 유명한 재래시장이라는 건 알고 있지?

먼저 논증 (가)를 표준화하면 다음과 같다.

P. 지난주 토론 수업에서 민수는 너무 두서없이 말을 했다.

C. 민수는 뛰어난 토론자가 아니다.

이 논증은 수용가능성이라는 기준을 충족시키고 있고, 두서없이 말하는 것과 뛰어난 토론자가 아니라는 것 사이에 관련이 있으므로 관련성이라는 기준도 충족시키고 있다. 그런데 전제가 결론을 충분히 지지하고 있느냐 하는 충분성의 기준을 충족시키지는 못한다. 민수가 뛰어난 토론자가 아니라는 결론을 도출하는 데 그가 단 한 차례 두서없이 말했다는 사실은 그 전제로 충분하지 않기 때문이다.

다음으로 논증 (나)를 표준화하면 다음과 같다.

P1. 서문시장은 사람이 엄청나게 많고 분위기도 활기차다.

P2. 서문시장은 영남지방에서 가장 크고 유명한 재래시장이다.

C. 요즘 우리나라가 불경기라는 것은 사실이 아니다.

이 논증도 수용가능성과 관련성을 충족시키고 있지만 충분성을 충족시키지는 못한다. 우리나라가 불경기가 아니라는 결론을 도출하기 위해서는 영남지방에서 가장 크고 유명한 서문시장뿐만 아니라 다른 재래시장도 가고 대형마트, 백화점 등과 같이 현대화된 시장도 가서 경기를 확인해야 충분한 근거를 확보할 수 있기 때문이다.

그런데 논증 (가)와 (나)에서 전제가 결론을 충분히 지지하지 못하는 이유는 서로 다르다. (가)에서는 민수가 단 한 차례 두서없이 말한 것이 충분하지 못하므로 사례의 수가 부족한 경우이다. (나)에서는 수많은 시장들 가운데 재래시장만, 수많은 재래시장들 가운데 서문시장만 간 것이 충분하지 못하므로 사례의 수뿐만이 아니라 사례의 다양성도 부족한 경우이다. 다시 말하면, (가)는 양적 충분성을 충족시키지 못한 경우이고, (나)는 양적 충분성과 질적 다양성을 모두 충족시키지 못한 경우이다. 이와 같이 충분성을 판단하는 데는 우선 '양적 충분성'과 '질적 다양성'이라는 두 가지 조건이 있는 셈이다. 이 두 가지는 대표적인 귀납논증인 귀납적 일반화에 한해서 적용될 수 있는 조건들이다.

- 양적 충분성: 사례의 수에서 전제는 결론을 충분히 지지해야 한다.
- 질적 다양성: 사례의 다양성에서 전제는 결론을 충분히 지지해야 한다.

다음 논증을 보고 양적 충분성과 질적 다양성을 충족시키고 있는지 판단해 보자.

예시

(가) 최근 무장 강도 혐의로 함께 체포된 피의자 두 사람의 공통점이 발견되었다. 경찰에 자백한 바에 따르면, 그들은 공통적으로 어린 시절에 장난감 총과 칼을 좋아했고 밥을 먹을 때나 잠을 잘 때도 그 장난감을 몸에서 떼지 않았다고 한다. 이처럼 아이들이 장난감 총칼을 지나치게 좋아하면 어른이 되었을 때 무장 강도가 되기 쉽다.

(나) 주택을 보유한 특별시와 광역시, 인구 백만 이상 대도시의 시민 1,500명을 대상으로 종합부동산세 인하에 관한 여론조사를 실시했다. 그중 약 69%가 인하에 찬성한다고 답변했다. 그렇다면 우리나라 국민의 2/3 이상은 종합부동산세 인하에 찬성하는 것으로 봐야 한다.

논증 (가)에서는 장난감 총칼을 지나치게 좋아하다가 어른이 되었을 때 무장 강도가 된 사례의 수가 둘이다. 이처럼 두 가지 사례로부터 결론을 도출하는 것은 분명 양적으로 충분하지 않다. 만약 유사한 사례를 추가로 더 많이 발견한다면 전제는 양적으로 충분할 것이고 전제가 결론을 지지하는 강도도 더 커질 것이다. 논증 (나)에서는 특별시, 광역시, 인구 백만 이상 대도시의 시민을 대상으로 하기 때문에 얼핏 사례가 다양해 보인다. 하지만 중소 도시나 농어촌 지역 사람들을 포함시키지 않은 채로 '우리나라 국민' 전체에 대한 결론을 도출하는 이상, 그 사례는 분명 질적으로 충분하지 않다. 만약 전제에서 전 국민을 대상으로 여론조사를 실시했다고 하거나, 결론에서 '대도시 주민'의 2/3 이상이 찬성하는 것으로 추론했다면, 이 논증은 양적 충분성을 충족시킬 것이다.

양적 충분성과 질적 다양성이라는 조건은 귀납적 일반화에만 적용될 뿐 귀납 논증의 모든 유형에 적용되지는 않는다. 통계적 삼단논법, 유비논증, 인과논증, 최선의 설명으로의 추론과 같은 유형의 귀납논증에 대해서는 충분성을 확인하기 위해 각 논증의 특성을 고려해야 한다. 각 유형의 논증마다 제각각의 조건이 적용된다는 말이다. 다음 논증을 충분성이라는 기준에 따라 각각 평가해 보자.

예시

(가) 통계적으로 한국인의 약 32%만이 쌍꺼풀을 가진 채 태어난다고 한다. 한국인의 쌍꺼풀 비율이 낮은 이유는 우리가 유전적으로 외꺼풀인 몽골족의 영향을 강하게 받았기 때문이다.

(나) 학교에서도 군대의 복종 문화가 요구된다. 군대든 학교든 단체생활을 하는 곳으로서 지도자를 통한 질서 유지는 필수적이다. 군대에서 하급자가 상급자에게 절대적으로 복종하듯이 학생은 선생에게 절대적으로 복종해야 한다.

(가)는 '한국인의 낮은 쌍꺼풀 비율'이라는 현상이 '외꺼풀 몽골족의 유전적 영향'이라는 가설을 원인으로 해서 발생했다고 추론하는 '최선의 설명으로의 추론'이다. 이 논증의 충분성을 확인하기 위해서는 그 설명이 상식적으로 받아들일 수 있는 주장으로 이루어져 있는지, 기존의 이론과 잘 들어맞는 주장으로 이루어져 있는지 등을 검토해야 한다. 만약 몽골족이 극한의 추위를 견디기 위해 눈동자를 덮는 몽고주름을 가지게 되었고 그것에 의해 쌍꺼풀이 풀어져 외꺼풀을 가지게 되었다고 논증자가 추가로 설명한다면, 이 논증은 충분성을 충족시키는 최선의 설명으로의 추론이라고 간주될 만할 것이다. (나)는 군대와 학교 사이의 유사성을 통해 군대의 복종 문화가 학교에도 적용되어야 한다고 결론 내리는 유비논증이다. 이 논증이 충분성을 충족시키려면 군대와 학교 사이의 유사한 성질들이 결론에서 추론하려고 하는 '절대적 복종'이라는 성질과 밀접하게 관련되어야 한다. 그런데 단체생활, 지도자, 질서와 같은 유사한 성질들이 군대와 학교에서 각각 다른 목적을 가짐으로써 절대적 복종과 관련된다고 보기 힘들기 때문에 이 논증은 충분성을 충족시키지 못한다. 이처럼 귀납논증의 충분성을 판단할 때는 각 논증 유형의 특성과 평가 방법에 따라 각각의 조건을 적용해 보아야 한다.

충분성을 판단할 수 있는 또 다른 조건으로 반박의 차단, 결론의 범위 등이 거론되기도 한다. 다음 두 논증을 살펴보자.

예시

(가) 이번에 〈강필름〉에서 제작하는 블록버스터 영화는 성공할 가능성이 매우 높다. 가장 인기 있는 웹툰을 시나리오로 개작했고, 출연하는 배우들이 지명도는 높지 않지만 연기 내공이 탄탄하다고 알려져 있으며, 블록버스터 영화로 천만 관객을 넘긴 적이 있는 김준배 감독이 모든 상황을 잘 관리하고 있기 때문이다. 현재로서는 대규모 제작비도 투자를 통해 거의 확보해 놓은 상태이다.

(나) 보통의 사람은 그 어떤 영역이든지 간에 만 시간 동안 무언가를 배우면 그에 관해 전문가 수준의 지식이나 능력을 얻게 된다고 한다. 우리 〈라틴어 공부 모임〉에는 몇 해 전부터 취미로 라틴어를 꾸준히 배운 사람이 열 명 정도 있고, 그들이 각각 공부한 시간은 대략 만 시간 정도일 것이다. 그렇다면 그들은 예외 없이 라틴어에 관해 전문가 수준의 지식이나 능력을 가지고 있을 것이다.

먼저 논증 (가)를 표준화하면 다음과 같다.

P1. 〈강필름〉에서 제작하는 블록버스터 영화는 가장 인기 있는 웹툰을 시나리오로 개작했다.

P2. 출연하는 배우들은 지명도가 높지 않지만 연기 내공이 탄탄하다.

P3. 블록버스터 영화로 천만 관객을 넘긴 적이 있는 김준배 감독이 모든 상황을 잘 관리하고 있다.

C. 영화가 성공할 가능성은 매우 높다.

합류 구조를 이루는 여러 전제들로부터 (가)는 얼핏 강한 논증처럼 보이지만 반박을 받을 가능성도 많다. 예를 들어 P1과 관계하여 인기 있는 웹툰이 영화화되었을 때 실패한 사례가 있다는 점, P2와 관계하여 블록버스터 영화에서는 배우의 연기도 중요하지만 명성도 중요하다는 점 등등이다. 이 경우에 논증 (가)를 더 강한 논증으로 만들기 위해서는 어떻게 해야 할까? 상대방의 반박을 예상하고 그 반박을 차단할 수 있도록 논증을 더 정밀하게 다듬어야 한다. 그래야만 전제가 결론을 충분히 지지함으로써 상대방을 더 잘 설득할 수 있는 강한 논증을 제시할 수 있을 것이다. 결국 반박의 차단을 통해 상대방을 더 잘 설득할 수 있는 강한 논증은 충분성을 충족시킨 좋은 논증인 셈이다. 이와 같은 반박의 차단은 특히 논쟁적인 주제와 관련하여 논증을 제시할 때 반드시 염두에 두어야 한다. 다만 반박을 차단하지 않고서도 많은 논증들이 좋은 논증일 수 있다는 것은 분명한 사실이다.

다음으로 논증 (나)를 표준화하면 다음과 같다.

P1. 보통의 사람은 그 어떤 영역이든지 간에 만 시간 동안 무언가를 배우면 그에 관해 전문가 수준의 지식이나 능력을 얻게 된다.

P2. 우리 〈라틴어 공부 모임〉의 열 명 정도가 각각 공부한 시간이 대략 만 시간 성노일 것이다.

C. 열 명 모두는 라틴어에 관해 전문가 수준의 지식이나 능력을 가지고 있을 것이다.

이 논증은 얼핏 전건긍정식의 형태인 연역논증처럼 보이지만 실상 통계적 삼단논법의 형태인 귀납논증이다. 이 논증을 좋은 논증이라고 말하기 힘든 이유는 결론에서 '모두는'이라는 표현이 그 범위의 측면에서 지나치게 넓기 때문이다. 만약 '열 명 모두는'이라는 표현을 '열 명 가운데 몇 명은'이라는 표현으로 바꾼다면, 이 논증은 충분성을 충족시킨다고 평가될 수 있을 것이다. 결국 결론의 범위를 좁힌 논증이 충분성을 충족시킨 좋은 논증이 되는 셈이다. 예를 들어 '우리 동네에서 내가 본 개미는 모두 까맣다'라는 전제로부터는 '우리나라의 모든 개미는 까맣다'라는 결론을 도출한 논증보다 '우리 동네의 모든 개미는 까맣다'라는 결론을 도출한 논증이 충분성을 더 충족시킨다. 다만 결론의 범위가 넓음에도 많은 논증들이 좋은 논증일 수 있다는 것은 분명한 사실이다.

마지막으로 관련성의 경우처럼 충분성을 따지는 경우에도 논증 상황의 맥락을 폭넓게 살펴보아야 한다. 다음 논증이 충분성을 충족시키는지 따져 보자.

예시

식품 제조업자들은 유통기한을 늘리기 위해 식품에 방부 처리를 한다. 최근 방부 처리된 A식품이 그것을 섭취하는 사람들에게 위험을 일으킬 수 있는지를 조사하기 위해 동물 임상 실험을 수십 차례 실시했다. 그 결과 사람들이 방부 처리된 A식품을 먹어도 안전하다는 결론이 내려졌다. 그러나 몇 달 후 외부의 한 과학자가 그 실험 방법에 심각한 오류가 있다는 것을 밝혀냈다. 결국 방부 처리된 A식품을 사람이 먹는 것은 그다지 안전하지 못하다고 할 수 있겠다.

이 논증에 따르면, 방부 처리된 A식품에 대해 안전성 검사 실험을 한 횟수는 수십 차례이고 그 실험 방법에 오류가 있다고 밝혀낸 사례의 수는 단 한 건이다. 그렇다면 이 경우에 수십 차례의 실험은 양적으로 충분하고 한 차례의 오류 발견은 양적으로 충분하지 않을까? 그렇지 않다. 동물 임상 실험을 수십 차례 실시한 것은, 만약 과학자들의 실험 방법에 오류가 없었다면, 양적 충분성을 충족시킬 수 있다. 당연하게도 실험 방법에서 오류가 발견된다면 그 사례의 수가 많다고 해서 충분성을 충족시키는 것은 아니다. 그리고 외부의 한 과학자가 한 차례 오류를 발견한 것도, 만약 수십 차례의 동물 임상 실험이 동일한 실험 방법을 따랐다면, 양적 충분성을 충족시킬 수 있다. 과학적 방법에 심각한 오류가 있다는 것은 단 한 번의 발견만으로도 사례의 수에서 충분하다고 인정될 수 있기 때문이다. 이처럼 충분성은 사례의 수가 많거나 다양하다고 해서 반드시 충족되는 것도 아니고 사례의 수가 적거나 다양하지 않다고 해서 반드시 충족되지 않는 것도 아니다. 다만 일반적으로는 사례의 수가 많거나 다양할수록 충분성을 충족시킨 논증 또는 강한 논증이 될 가능성이 크다.

연습문제

※ 다음 논증의 전제가 결론을 충분히 지지하는지 그렇지 않은지 확인하고 그 이유를 설명하시오.

1. 지난 금요일 나는 우리 학과 동기인 지영이를 경주행 기차에서 만났다. 그런데 금요일인 오늘 또다시 지영이를 경주행 기차에서 마주쳤다. 나는 지영이가 매주 금요일 경주행 기차를 탄다고 확신한다.

2. 제일백화점에서 성인 고객 1,000명을 대상으로 설문조사를 실시했다. 백화점에서 1주일에 한 번 이상 쇼핑하는 고객은 300명이었고, 2주일에 한 번 이상 쇼핑하는 고객은 500명이었다. 그리고 한 달에 한 번 이상 쇼핑하는 고객은 800명에 달했다. 따라서 우리나라 성인의 약 80%는 최소한 한 달에 한 번 이상 백화점에 들른다고 볼 수 있다.

3. 일부 가난한 저개발국의 부채가 탕감되어야 한다면, 다른 가난한 개발도상국 역시 자신들의 채무가 감면되기를 원할 것이다. 그리고 이러한 가난한 나라들의 국가 채무가 감면된다면, 그들은 미래에 자신들의 채무를 이행하지 않으려 할 것이다. 얼마 지나지 않아 부유한 나라들도 자신들의 빚을 청산하

지 않으려 할 것이고, 모든 여신금융기관의 재원은 고갈될 것이다. 그러므로 우리는 세계 경제를 불구로 만들지 않기 위해서 가난한 나라들의 부채를 탕감해서는 안 된다.

2. 불충분성의 오류

대분류	중분류	소분류
불충분성의 오류	귀납적인 충분성이 약한 오류	① 성급한 일반화의 오류 ② 편향된 통계의 오류 ③ 무지에 근거하는 오류 ④ 잘못된 유비의 오류
	인과관계가 약한 오류	⑤ 원인 오판의 오류 ⑥ 인과 혼동의 오류 ⑦ 공통 원인 무시의 오류 ⑧ 미끄러운 비탈길의 오류

(1) 귀납적인 충분성이 약한 오류

귀납논증 가운데 전제와 결론 사이에 관련성은 있지만 충분성이 약한 경우에 '귀납적인 충분성이 약한 오류'가 발생할 수 있다. 귀납적 일반화, 통계적 삼단논법, 유비논증 등에서 전제가 결론을 충분히 뒷받침하지 못하는 경우에 이 오류를 범하게 된다. 귀납논증의 개연성을 보증하지 못한 이 오류를 '불충분한 증거의 오류', '약한 귀납의 오류'라고 불러도 무방하다.

① 성급한 일반화의 오류

[정의] 양적으로 적은 사례나 작은 표본으로부터 성급하게 일반화해서 결론을 이끌어 내는 경우에 발생하는 오류

예시

(가) 내가 대학생활을 하면서 관찰한 서넛의 '과 커플'은 연애를 지속하지 못했고 헤어진 뒤에도 과 생활을 힘들어했다. 그런 만큼 과 커플은 실패한 연애와 실패한 대학생활로 가는 지름길이다.

(나) 지난 방학 동안 나는 친구가 운영하는 제주도의 게스트하우스에서 친구의 일을 도와주면서 잠시 휴식을 취한 적이 있었다. 친구의 게스트하우스에는 태국에서 온 젊은 여행객들이 가끔 묵곤 했는데, 그들은 대개 상당한 수준의 영어를 구사하는 편이었다. 나는 태국 청년들이 어떤 유형의 영어 교육을 받았기에 모두가 유창한 영어 회화를 구사하는지 우리가 면밀하게 검토하고 참고할 필요가 있다고 생각했다.

(가)에서는 자신이 알고 있는 소수의 과 커플 사례로부터 성급하게 일반화해서 모든 과 커플이 실패한 연애와 실패한 대학생활로 나아갈 것이라고 결론 내린다. (가)를 표준화하면 다음과 같다.

P. 내가 관찰한 서넛의 과 커플은 연애도 실패했고 과 생활도 실패했다.

C. 과 커플은 실패한 연애와 실패한 대학생활로 가는 지름길이다.

이 경우에는 결론을 지지하는 전제의 사례가 양적으로 많지 않기 때문에 일반화가 조금 성급하다. (나)에서는 자신이 만난 소수의 태국 청년들로부터 성급하게 일반화해서 모든 태국 청년들이 유창한 영어 회화를 구사한다고 결론 내린다. 이 경우에도 역시 표본이 작기 때문에 일반화가 조금 성급하다. (가)와 (나) 모두 전제가 결론을 뒷받침하는 데 양적으로 충분한 근거를 제공하지 못하므로 충분성이 약한 오류를 범했다고 볼 수 있다. 다만 질적 차이가 거의 없는 균질적인 대상(표본)에 관해서는 사례의 수가 적더라도 그 일반화가 성급하지 않을 수 있다. 예컨대, 'A강의 상류와 중류와 하류 각 한 곳의 수질을 측정했더니 모두 1급수였다. 따라서 A강은 그 전체가 1급수이다'와 같은 경우이다. 양적인 일반화에서 잘못을 저지르는 이 오류는 '성급한 일반화의 오류', '부당한 일반화의 오류', '작은 표본의 오류' 등으로 불린다.

② 편향된 통계의 오류

[정의] 질적으로 대표성이 약한 표본들에 치우친 채 모집단에 관한 통계적 결론을 이끌어 내는 경우에 발생하는 오류

예시

(가) 설문조사에 응한 60대 이상의 남자 가운데 68%가 동성동본의 경우 혼인을 금지하는 것이 바람직하다고 대답했다. 그러므로 우리나라 남자 가운데 2/3가량은 동성동본 혼인금지 조항을 다시 도입하는 것에 찬성할 가능성이 높다.

(나) 〈글쓰기〉 강좌의 제안서 과제를 수행하기 위해 우리 '특별하조'는 교내의 취업지원시스템 활성화 방안을 주제로 설문조사를 진행했다. 우선 인문대학, 사범대학, 예술대학, 공과대학의 4학년 학생 각 50명을 대상으로 교내의 취업지원시스템 이용도를 조사했더니 200명 가운데 52% 정도가 전혀 이용하지 않는다고 답변했다. 이에 우리 조는 우리 학교 4학년 학생의 절반 이상이 교내 취업지원시스템을 전혀 이용하지 않는다는 점을 실마리로 삼아 그 개선방안을 검토하기 시작했다.

(가)에서는 상대적으로 보수적인 60대 이상의 남자를 표본으로 삼아 모집단인 우리나라 남자 가운데 2/3가 동성동본 혼인을 금지하는 것에 찬성한다고 결론 내린다. (가)를 표준화하면 다음과 같다.

P. 설문조사에 응한 60대 이상의 남자 가운데 68%가 동성동본의 경우 혼인을 금지하는 것이 바람직하다고 대답했다

C. 우리나라 남자 가운데 2/3가량은 동성동본 혼인금지 조항을 다시 도입하는 것에 찬성할 가능성이 높다.

이 경우에는 전제가 결론을 지지하는 데 표본들의 대표성이 약하기 때문에 통계자료가 편향된 셈이다. (나)에서는 취업지원시스템을 이용할 가능성이 상대적으로 낮은 인문대학, 사범대학, 예술대학 4학년생을 표본의 3/4으로 삼아 모집단인 4학년생 전체의 절반 이상이 취업지원시스템을 전혀 이용하지 않는다고 결론 내린다. 역시 통계자료가 편향적이다. (가)와 (나) 모두 전제가 결론을 뒷받침하는 데 질적으로 충분한 근거를 제공하지 못하므로 충분성이 약한 오류를 범

했다고 볼 수 있다. 질적인 일반화에서 잘못을 저지르는 이 오류는 '편향된 자료의 오류', '편향된 통계자료의 오류', '근시안적 귀납의 오류' 등으로 불린다.

③ 무지에 근거하는 오류

[정의] 어떤 진술이 참이라고 증명되지 않았다는 것을 근거로 그 진술이 거짓이라고 주장하거나, 어떤 진술이 거짓이라고 증명되지 않았다는 것을 근거로 그 진술이 참이라고 주장하는 경우에 발생하는 오류

예시

(가) 텔레파시란 한 사람의 생각이 다른 사람에게 일반적인 의사전달의 통로 없이 직접적으로 전이되는 현상이다. 도대체 이것이 왜 불가능하겠는가! 이것이 왜 존재하지 않겠는가! 지금까지 텔레파시가 존재하지 않는다고 증명한 사람은 아무도 없다.

(나) 그렇습니다. 제가 운영하는 공장에는 외국인 노동자가 10여 명 있습니다만, 그들은 지금까지 임금에 대해 불평하거나 임금 인상을 요구한 적이 한 번도 없습니다. 그렇기 때문에 그들이 현재 임금에 불만을 가진다고는 전혀 생각할 수 없습니다. 그들의 임금에 대해 더 이상 왈가왈부하지 마시기 바랍니다.

(가)에서는 텔레파시가 존재하지 않는다는 사실이 증명되지 않았다는 것을 근거로 텔레파시가 존재한다고 결론 내린다. 다시 말해, 텔레파시의 존재가 거짓이라고 증명되지 않았다는 것을 근거로 텔레파시의 존재가 참이라고 결론 내린다. (가)를 정형화하면 다음과 같다.

P. X가 거짓이라고 증명되지 않았다.
C. X는 참이다.

(나)에서는 외국인 노동자들이 임금에 관해 아무런 언급도 하지 않았다는 것을 근거로 그들이 임금에 불만을 가지지 않는다고 결론 내린다. 다시 말해, 임금에 대한 불만이 참이라고 증명되지 않았다는 것을 근거로 임금에 대한 불만이 거짓이라고 결론 내린다. (나)를 정형화하면 다음과 같다.

P. X가 참이라고 증명되지 않았다.

C. X는 거짓이다.

(가)와 (나)는 모두 증명되지 않음, 알려지지 않음 등의 무지에 근거해서 결론을 뒷받침하고 있는데, 증명되지 않았다는 것을 증거로 삼는 것은 결코 충분한 증거가 되지 못하기에 전제가 결론을 약하게 지지하는 오류에 해당된다. 이 오류는 '무지에 근거하는 오류', '부정적 증명의 오류', '증명의 책임을 떠넘기는 오류' 등으로 불린다.

그런데 예외적으로 법정에서 펼쳐지는 다음과 같은 논증을 무지에 근거하는 오류라고 생각해서는 안 된다.

P. A가 유죄라는 것이 입증되지 않았다.

C. A는 무죄이다.

이는 'X가 참이라고 증명되지 않았다. 그러므로 X는 거짓이다'라는 형태이다. A가 유죄라는 아무런 증명도 없기 때문에 A는 유죄가 아니라 무죄라고 결론 내리는 이 논증은 얼핏 무지에 근거하는 오류로 보이기도 한다. 그렇지만 이 논증은 법정에서 취하는 '무죄 추정의 원칙'에 따라 오류가 아니다. 법정에서는 유죄임을 증명하기 전까지는 무죄라고 추정해야 한다는 것이 일종의 공리처럼 받아들여지기 때문이다.

④ 잘못된 유비의 오류

[정의] 비교되는 두 대상이 일정한 측면에서 유사하기 때문에 유사성이 없거나 약한 다른 측면에서도 유사할 것이라고 잘못 추론하는 경우에 발생하는 오류

예시

(가) 우주라는 것도 알고 보면 우리가 살고 있는 집과 크게 다르지 않다. 집이라는 구조물이 그 속에 거주하는 사람들을 품고 있듯이 우주도 그 속에 존재하는 모든 존재들을 품고 있다. 집이 복잡하고 정교하게 지어져 있듯이 우주도 복잡하고 정교하게 이루어져 있다. 그렇다면 집에 대하여 그것을 설계한 설계자가 있듯이 우주에 대하여 그것을 설계한 설계자를 어찌 상상하지 못하겠는가. 바로 그 설계자가 신이라는 이름으로 존재하는 것이다.

(나) 변호사가 복잡한 법률 조항을 확인하기 위해 책을 펼치는 것에 그 누가 반대하겠습니까? 의사가 희귀 질병의 사례를 찾아보기 위해 책을 펼치는 것에 그 누가 반대하겠습니까? 그렇다면 학생이 어려운 시험 문제를 풀기 위해 책을 펼치는 것에 그 누구도 반대해서는 안 됩니다.

(가)에서는 우주와 집을 서로 비교하면서 신의 존재를 증명하고 있다. (가)를 표준화하면 다음과 같다.

P1. 우주와 집은 그 속의 것들을 품고 있다는 것이 유사하다.

P2. 우주와 집은 복잡하고 정교하게 이루어져 있다는 것이 유사하다.

P3. 집에는 그것을 설계한 설계자가 있다.

C. 우주에도 그것을 설계한 설계자가 있고, 그것은 신이다.

이 경우에 집과 우주는 '그 속의 것들을 품고 있다는 것', '복잡하고 정교하게 이루어져 있다는 것'이 유사하다. 하지만 양자가 모두 설계자를 가진다는 것은 분명 유사하지 않다. 집의 설계자는 구체적이고 가시적으로 존재하지만 우주의 설계자는 그렇지 않기 때문이다. (가)는 잘못된 유비의 오류에 해당된다. (나)에서는 변호사와 의사가 책을 보는 것과 시험을 치는 학생이 책을 보는 것을 비교하고 있다. 변호사, 의사, 학생이 문제를 해결하기 위해 책을 보는 것은 유사하다. 하지만 변호사와 의사가 책을 보려는 목적은 학생이 시험에서 책을 보려는 목적과 분명 유사하지 않다. 그런데도 책을 보려는 목적이 유사하다고 추론하기 때문에 잘못된 유비의 오류를 범하고 있다.

(가)와 (나) 모두 비교되는 대상들 사이에 어느 정도 유사성이 있으므로 전제와 결론이 완전히 무관하지는 않다. 그렇지만 두 경우 모두 유사하지 않은 것마저 유사한 것인 양 추론하고 있으므로 전제와 결론의 충분성이 약하다. 이러한

점에서 '잘못된 유비의 오류'는 '미약한 유비의 오류'라고도 불린다.

잘못된 유비의 오류는 불충분성의 오류 중 '귀납적인 충분성이 약한 오류'가 아니라 수용불가능성의 오류 중 '의심스러운 가정을 사용하는 오류'로 분류될 수도 있다. 그 경우에 이 오류는 '비교되는 두 대상이 일정한 측면에서 유사하기 때문에 유사성이 없거나 약한 다른 측면에서도 유사할 것이라고 가정하는 경우에 발생하는 오류'로 정의될 수 있다. 그러한 가정이 수용하기 힘든 숨은 전제로 사용된다면 수용불가능성의 오류에 포함될 수밖에 없는 것이다. 결국 '일정한 측면에서 살펴지는 유사성'으로부터 '유사성이 없거나 약한 다른 측면의 유사성'을 도출하는 것이 전제(가정)상의 문제라면 수용불가능성의 오류이고, 추론 과정상의 문제라면 불충분성의 오류이다.

(2) 인과관계가 약한 오류

전제와 결론 사이의 충분성이 약한 논증들 중에서 인과관계를 그 내용으로 하는 것들을 특별히 묶는다면 '인과관계가 약한 오류'로 분류할 수 있다. 바꿔 말하자면, '인과관계가 약한 오류'란 충분성이 아예 없지는 않고 약한 논증들 중에서 잘못된 원인을 추론하거나 잘못된 인과관계를 적용하는 경우를 일컫는다.

⑤ 원인 오판의 오류

[정의] 두 사태가 선후관계 또는 상관관계를 이룰 뿐인데 하나를 다른 하나의 원인으로 잘못 판단하는 경우에 발생하는 오류

예시

(가) 폭염이 기승을 부린 지난밤 우리 동네에서 사망 사고가 발생해 아침에 경찰이 출동했다. 듣기로는, 한 중년 남성이 만취한 상태로 귀가한 뒤 창문을 닫은 채 선풍기를 틀어놓고 잠을 잤는데 아침에 멀쩡한 상태로 숨져 있었다고 한다. 내 생각에는 만취 상태에서 맞은 선풍기 바람이 사망의 원인인 듯하다.

(나) 데이트 폭력과 관련된 통계에 따르면, 피해 여성 열 명 가운데 네 명이 폭력을 행사한 상대 남성과 결혼한 것으로 조사되었다. 그리고 이러한 경우 데이트 폭력이 가정 폭력으로 이어지기 쉽다는 것도 확인되었다. 그렇다면 데이트 폭력이 가정 폭력의 원인이라고 간주하더라도 크게 무리는 없을 것이다.

(가)에서는 동네 사람의 사망 원인이 만취한 상태에서 맞은 선풍기 바람에 있다고 판단한다. (가)를 표준화하면 다음과 같다.

P. 한 남성이 만취한 상태로 창문을 닫은 채 선풍기를 틀어 놓고 잠을 자다가 아침에 숨진 채 발견되었다.
C. 그 남성의 사망 원인은 만취 상태에서 맞은 선풍기 바람이다.

하지만 만취한 상태에서 선풍기 바람을 맞은 사태와 사망한 사태는 시간적인 선후관계일 뿐 인과관계라고 보기 힘들다. (나)에서는 가정 폭력이라는 결과의 원인이 데이트 폭력에 있다고 판단하는데, 통계에 따라 데이트 폭력이라는 사태는 가정 폭력이라는 사태와 밀접한 상관관계를 가진다고 볼 수 있지만 인과관계를 가진다고 확정할 수는 없다.

이와 같이 (가)와 (나) 모두 원인이 아닌 것을 원인으로 잘못 판단하고 있는 '원인 오판의 오류'에 빠져 있다. 그리고 (가)와 (나) 모두 원인인 듯하지만 실제로는 원인이 아닌 것을 원인으로 추론하기 때문에 전제(결과)와 결론(원인) 사이에는 충분성이 약하다.

⑥ 인과 혼동의 오류

[정의] 인과관계를 이루는 두 사태에서 원인을 결과로, 결과를 원인으로 혼동하는 경우에 발생하는 오류

예시

(가) 여러분, 인구가 많은 지역에 가면 어디서든 고층 아파트가 많이 늘어서 있는 것을 볼 수 있지 않습니까? 그러니 인구 감소 문제를 심각하게 겪고 있는 우리 지역에서도 고층 아파트를 많이 지어 인구를 늘려야 합니다.

(나) 알다시피 인류가 지구에서 사용할 수 있는 자원은 극히 한정되어 있다. 그런데 일부 사람들이 생존을 위해 그 자원을 마구잡이로 사용한다고 가정해 보자. 그렇다면 그 행위는 다른 사람들이 그 자원을 사용하지 못하게 하려는 극히 이기적인 의도에서 나온 것일 수밖에 없다.

인구를 늘리기 위해 고층 아파트를 짓자고 주장하는 (가)는 '고층 아파트 건립'을 원인으로 간주하고 '인구 증가'를 결과로 간주한다. (가)를 표준화해 보자.

P. 인구가 많은 지역에는 고층 아파트가 많다.

C. 우리 지역에서도 고층 아파트를 많이 지어 인구를 늘려야 한다.

하지만 현실적으로는 '인구 증가'가 원인이 되어 '고층 아파트 건립'이라는 결과가 있을 뿐이다. (나)는 '다른 사람들이 한정된 자원을 사용하지 못하게 하는 것'이 원인이 되어 '일부 사람들이 한정된 자원을 마구잡이로 사용하는 것'이라는 결과가 나온다고 간주한다. 하지만 따지고 보면 '일부 사람들이 한정된 자원을 마구잡이로 사용하는 것'이 원인이 되어 '다른 사람들이 한정된 자원을 사용하지 못하게 하는 것'이라는 결과가 나올 뿐이다.

(가)와 (나) 모두 원인을 결과로 혼동하고 결과를 원인으로 혼동하는 '인과 혼동의 오류'에 빠져 있다. 그리고 (가)와 (나) 모두 원인과 결과를 뒤바꾼 채로 추론했기 때문에 전제(결과)와 결론(원인) 사이에는 충분성이 상당히 약하다. 또 다른 관점에서 본다면, (가)와 (나)에서 전제와 결론 사이에는 아예 관련성마저 없다고 할 수 있을 것이다.

⑦ 공통 원인 무시의 오류

[정의] 동일한 원인으로부터 발생한 두 사태에 대해 그 공통 원인을 무시한 채 양자의 인과관계만을 추론하는 경우에 발생하는 오류

예시

(가) 소나기가 쏟아지려고 하는 캠핑장에서 아이가 친구에게 이렇게 재잘거린다. "너, 천둥이 번개 때문에 생긴다는 거 알지? 좀 전에도 번개가 치고 나서 천둥이 쳤잖아. (잠시 뒤) 자, 봐! 방금도 번개가 치고 나서 천둥이 치지."

(나) 〈영상으로 보는 아프리카 문화〉라는 강의를 담당하는 길이만 교수는 학생들이 제출한 보고서를 검토하던 중에 김태수 학생과 이유미 학생의 보고서가 거의 똑같다는 것을 발견했다. 그는 두 학생을 불러 경위를 따져 물었으나 두 사람 다 한사코 상대방의 보고서를 보지 못했다고 항변했다. 그럼에도 길 교수는 한 학생이 다른 학생의 보고서를 베꼈다고 주장했다.

(가)에서는 번개가 천둥의 원인이라고 추론한다. (가)를 표준화해 보자.

P. 번개가 치고 나서 천둥이 친다.

C. 천둥의 원인은 번개이다.

하지만 번개와 천둥이라는 두 사태는 실상 하나의 공통 원인으로부터 발생한 두 가지 결과이다. 구름 속의 과도한 전하량이 공통 원인이 되어 번개와 천둥이라는 두 가지 결과를 발생시킨 것이다. (나)에서는 두 학생의 유사한 보고서 중 하나가 다른 하나를 원인으로 삼는다고 추론한다. 하지만 두 학생의 보고서 모두 실상 제3의 공통 원인으로부터 발생한 두 가지 결과일 수 있다. 즉 두 사람 다 다른 누군가의 보고서를 베낀 것일 수 있다.

이처럼 이 세계에는 'A→P, A→Q'의 형태와 같이 P와 Q가 A라는 공통 원인을 가지는 경우가 꽤 많다. 그런데 (가)와 (나)는 A라는 공통 원인을 무시한 채 'P→Q'와 같이 P와 Q를 인과관계로 추론하고 있기 때문에 '공통 원인 무시의 오류'를 범한 것이다. 그리고 (가)와 (나) 모두 공통 원인이 있을 수 있다는 가능성을 무시했기 때문에 전제(결과)와 결론(원인) 사이에는 충분성이 약하다.

⑧ 미끄러운 비탈길의 오류

[정의] 연쇄적으로 발생하는 사태들 각각의 인과관계를 따지지 않은 채 맨 마지막에 발생할 수 있는 부정적인 결과를 근거로 맨 처음의 원인이 발생하지 않도록 해야 한다고 주장하는 경우에 발생하는 오류

예시

(가) 복지 향상을 목표로 시위 중인 비정규직 청소원들의 요구를 들어주기 시작하면 어떤 결과가 나오는지 아십니까? 우선 그들에게 넓은 휴식 공간을 제공해야 합니다. 그러면 단과대학마다 일정한 공간을 뺏기게 됨으로써 교내에 공간으로 인한 다툼이 심각해집니다. 이 때문에 교내의 화합 분위기가 깨지는 등 학교가 완전히 분열되고 맙니다. 그러니 학교의 분열을 낳는 그들의 요구를 절대 들어주어서는 안 되지 않겠습니까!

(나) 만약 낙태를 합법화한다면 그 후유증을 반드시 각오해야 한다. 무엇보다도 낙태가 합법

> 법화되면 낙태를 당연시하는 풍조가 생겨난다. 그렇게 되면 현재 불가피하게 아이를 낳는 경우마저 사라지게 되기 때문에 출산율이 더 떨어질 것이다. 출산율이 계속 떨어지는 것은 망국의 지름길이다. 이처럼 나라가 망하는 것을 보고 싶지 않다면 낙태를 합법화해서는 안 된다.

(가)와 (나)는 모두 연쇄적 인과관계를 보여 준다. 이 가운데 (가)를 표준화하면 다음과 같다.

P1. 비정규직 청소원들의 요구를 들어주면, 그들에게 넓은 휴식 공간을 제공해야 한다.
P2. 그들에게 넓은 휴식 공간을 제공하면, 단과대학마다 일정한 공간을 뺏긴다.
P3. 단과대학마다 일정한 공간을 뺏기면, 교내에 공간으로 인한 다툼이 심각해진다.
P4. 교내에 공간으로 인한 다툼이 심각해지면, 학교가 완전히 분열되고 만다.
C. 비정규직 청소원들의 요구를 들어주면, 학교가 완전히 분열되고 만다.

(가)에서는 맨 처음의 원인이 '청소원들의 요구를 들어주는 것'이고 맨 마지막의 결과가 '학교의 완전한 분열'이다. 그리고 '학교의 완전한 분열'이라는 것이 부정적인 결과이기 때문에 '청소원들의 요구를 들어주는 것'도 부정되어야 한다고 추론한다. (나)에서는 맨 처음의 원인이 '낙태의 합법화'이고 맨 마지막의 결과가 '망국'이다. '망국'이라는 것이 부정적인 결과이기 때문에 '낙태의 합법화'도 부정되어야 한다고 추론한다.

(가)와 (나) 모두 'A→B, B→C, C→D, D→E…'와 같은 연쇄적 인과관계를 바탕으로 하여 맨 마지막에 발생할 수 있는 결과가 부정적이기 때문에 맨 처음의 원인이 발생하지 않아야 한다고 추론한다. 'A이면 Z이다. ~Z이다. 그러므로 ~A이다'라는 형태의 후건부정식이다. 그런데 바로 앞뒤로 놓인 원인과 결과는 어느 정도 인과관계를 가질지 몰라도 맨 처음의 원인과 맨 마지막의 결과는 너

무 멀어서 인과관계가 매우 약하다. 따라서 (가)와 (나) 모두 미끄러운 비탈길을 지나치게 멀리 미끄러져 내려갔기 때문에 맨 마지막에 발생할 수 있는 부정적인 결과는 결론을 지지하기에 약한 전제일 뿐이다. '미끄러운 비탈길의 오류'는 '위험한 비탈길의 오류', '연쇄반응의 오류', '도미노 오류' 등으로 다양하게 불린다.

연습문제

※ 다음 논증의 전제가 결론을 약하게 지지하는 이유를 설명하시오.

1. 지구는 그 자체로 자전하면서 태양 주위를 공전하고 태양으로부터 빛을 받는다. 이러한 점은 태양계의 다른 행성들에서도 동일하다. 그렇다면 지구에 생명체가 존재하듯이 태양계의 다른 행성들에도 생명체가 존재한다고 받아들여야 한다.

2. 우리가 대학에 다닐 때에는 나와 내 친구의 경우만 봐도 일주일에 이틀 정도는 막노동을 하면서 학비나 용돈을 벌곤 했다. 따라서 요즘 젊은 친구들이 대학에 다니기 위해 어떻게 돈을 구할 것인지 전혀 염려할 필요가 없다.

3. 성장기의 청소년에게서 몸무게와 키의 상관관계가 어떠한지 파악하기 위해 중학교 1~3학년 학생들을 대상으로 조사를 실시했다. 그 결과 몸무게가 많이 나가는 학생일수록 평균적으로 키도 더 큰 것으로 밝혀졌다. 그렇다면 키가 크고 싶은 학생은 당장이라도 몸무게를 늘리는 것이 현명한 선택일 것이다.

4. 우리나라 주요 도시의 범죄 발생 건수와 경찰관 수를 조사한 결과는 무척 흥미롭다. 왜냐하면 범죄 발생 건수가 많은 도시는 경찰관 수가 많았고 범죄 발생 건수가 적은 도시는 경찰관 수가 적었기 때문이다. 이로부터 우리가 알 수

있는 것은 경찰관 수가 많을수록 범죄 발생 건수가 늘어난다는 사실이다.

3. 논증의 강화와 약화

논증 평가의 마지막 기준인 충분성마저 충족시킨 논증은 전제가 결론을 지지하는 강도가 강한 논증이다. 그런데 반박 가능성이 전혀 없을 정도로 완벽한 논증은 현실적으로 불가능하기 때문에 전제를 부가하거나 삭제함으로써 논증의 지지 강도를 더 강하게 만들기도 하고 더 약하게 만들기도 한다. 우선 자신의 논증을 평가하는 경우나 상대방의 논증을 긍정적으로 평가하는 경우는 논증이 반박될 가능성을 최소화하기 위해 그 지지 강도를 더 높이려고 할 것이다. 반면에 상대방의 논증을 부정적으로 평가하는 경우는 논증을 반박하기 위해 그 지지 강도를 더 낮추려고 할 것이다. 이처럼 어떤 논증에서 전제를 부가하거나 삭제함으로써 지지 강도를 더 높이는 것이 논증의 강화이고 지지 강도를 더 낮추는 것이 논증의 약화이다. 당연한 말이지만, 논증의 강화나 약화를 위해 전제를 부가하거나 삭제하는 경우에도 반드시 부가하거나 삭제하는 그 전제에 대해 수용가능성, 관련성, 충분성이라는 세 가지 기준을 적용하고 검토해야만 한다.

현실의 논증에서는 전제를 부가함으로써 논증을 강화하거나 약화하는 경우가 대부분이다. 다음 논증을 살펴보자.

예시

30층 이상의 고층 아파트에 사는 사람은 실내 활동 반경이 좁다. 이 때문에 저층 일반주택에 사는 사람보다 건강하지 않을 가능성이 더 크다.

이 논증을 표준화하면 다음과 같다.

P. 30층 이상의 고층 아파트에 사는 사람은 저층 일반주택에 사는 사람보다 실내 활동 반경이 좁다.

C. 30층 이상의 고층 아파트에 사는 사람은 저층 일반주택에 사는 사람보다 건강하지 않을 가능성이 더 크다.

만약 누군가 이와 같이 다소 약한 논증을 펼친다면, 다른 사람들은 새로운 전제를 부가함으로써 이 논증을 강화하거나 약화할 수 있을 것이다. 논증을 강화하는 전제로는 예컨대 '고층 아파트에 사는 사람은 폐쇄적인 구조로 말미암아 무기력해지기 쉽다'라는 것을 들 수 있다. 이 전제는 기존의 전제 P를 보강하는 역할을 함으로써 결론을 강화한다. 논증을 약화하는 전제로는 예컨대 '고층 아파트에는 주민의 건강을 위한 운동기구들이 곳곳에 다양하게 구비되어 있다'라는 것을 들 수 있다. 이 전제는 기존의 전제 P를 교란하는 역할을 함으로써 결론을 약화한다.

그렇다면 어떤 전제가 부가되어 어떤 역할을 함으로써 논증을 강화하고 또 약화하는지 몇 가지 사례를 더 살펴보도록 하자.

예시

(가) 나는 A시 소방서에서 운영 중인 소방차 중 열 대를 B시 소방서로 이전하여 운영하는 것이 바람직하다고 본다. 현재 A시 소방서와 B시 소방서의 소방차 대수는 비슷한데, B시의 인구가 A시의 인구에 비해 거의 1.5배나 많기 때문이다.

(나) 새만금간척사업이 해양 생물에 어떤 영향을 끼치는지 광범위한 조사가 진행되었다. 이 조사에서 간척사업 이전과 이후를 비교한 결과, 해양 생물의 군집에는 차이가 없다는 것을 확인할 수 있었다. 따라서 새만금간척사업은 해양 생태계에 악영향을 끼치지 않는다.

논증 (가)를 표준화하면 다음과 같다.

P1. 현재 A시 소방서와 B시 소방서의 소방차 대수는 비슷하다.

P2. B시의 인구는 A시의 인구에 비해 거의 1.5배나 많다.

C. A시 소방서에서 운영 중인 소방차 중 열 대를 B시 소방서로 이전하여 운영하는 것이 바람직하다.

이 논증을 강화하는 전제로는 예컨대 '화재 발생 건수는 인구수에 비례하는 편이다'라는 것을 들 수 있다. 이 전제는 사실상 이 논증에서 중요한 가정(숨은 전제)의 역할을 함으로써 논증을 강화한다. 논증을 약화하는 전제로는 예컨대 '소방차 운영 대수는 인구수와 무관하고 지역의 면적에 비례한다'라는 것을 들 수 있다. 이 전제는 이 논증에서 중요한 가정을 뒤집는 역할을 함으로써 논증을 약화한다.

다음으로 논증 (나)를 표준화하면 다음과 같다.

P. 새만금간척사업의 이전과 이후를 비교한 결과, 해양 생물의 군집에는 차이가 없었다.
C. 새만금간척사업은 해양 생태계에 악영향을 끼치지 않는다.

이 논증을 강화하는 전제로는 예컨대 다음 두 가지를 들 수 있다.

P2. 국제적으로 생물 군집의 차이는 생태계에 대한 영향을 평가할 때 가장 중요한 기준이다.
P3. 생물의 군집에 차이가 있을 때 생태계에 악영향을 끼친 사례가 많다.

이 가운데 P2는 기존의 전제 P를 보강하는 역할을 함으로써 결론을 강화한다. P3는 P(원인)와 C(결과) 사이의 인과관계를 다른 식으로 표현한 것으로, 결론을 강화한다. 달리 말해, '원인이 나타날 때(P) 결과가 나타난다(C)'라는 기존의 논증에 '원인이 나타나지 않을 때(~P) 결과가 나타나지 않는다(~C)'라는 새로운 전제를 부가하면 논증이 강화되는 것이다. P3의 경우에는 사례가 많다고 하지 않고 단지 구체적인 사례 하나만 제시해도 논증이 강화될 수 있다.

반면에 이 논증을 약화하는 전제로는 예컨대 다음 두 가지를 들 수 있다.

P4. 간척사업으로 인한 영향은 통상 몇 년 후에 나타난다.
P5. 생물의 군집에 차이가 없을 때도 생태계에 악영향을 준 사례가 있다.

이 가운데 P4는 추론의 과정을 전면적으로 교란하는 특정한 맥락의 역할을 함으로써 결론을 약화한다. 추론의 과정을 교란하는 특정한 맥락(현상, 사정, 배경 등)을 제시하는 것은 논증을 약화하기 위해 자주 사용되는 방법이다. P5는 P(원인)와 C(결과) 사이의 인과관계에 대한 반례에 해당하는 것으로, 결론을 약화한다. 달리 말해, '원인이 나타날 때(P) 결과가 나타난다(C)'라는 기존의 논증에 '원인이 나타남에도(P) 결과가 나타나지 않는다(~C)'라는 새로운 반례의 전제를 부가하면 논증이 약화되는 것이다.

그렇다면 이제 좀 더 복잡한 예시를 통해 추론의 과정을 보강하거나 교란하는 맥락의 전제를 찾아냄으로써 논증을 강화하거나 약화하는 방법을 살펴보자.

예시

> 우리 학교 헬스장은 이용 요금 체계를 좀 더 탄력적으로 운용해야 한다. 지금은 한 달 단위로 요금을 받는다. 그리고 한 달에 몇 번밖에 이용하지 못해도 요금을 돌려받지 못한다. 그런데 대부분의 학생들은 한 달 내내 헬스장을 이용하지는 못한다. 시험기간, 체육대회, 축제, 엠티, 보고서 작성 등으로 인해 빠지는 날이 많기 때문이다. 학교에서 운영하는 헬스장이 영리만을 목적으로 하지 않는 이상, 학생에게 지나친 요금 부담을 지워서는 안 된다. 따라서 우리 학교 헬스장은 이용 요금 체계를 주 단위로 운용해야 한다.

우선 이 논증을 표준화하면 다음과 같다.

P1. 우리 학교 헬스장은 이용 요금을 한 달 단위로 받는다.
P2. 한 달에 몇 번밖에 이용하지 못해도 요금을 돌려받지 못한다.
P3. 대부분의 학생들은 한 달 내내 헬스장을 이용하지는 못한다.
　(←시험기간 등으로 인해 빠지는 날이 많다.)
P4. 학생에게 지나친 요금 부담을 지워서는 안 된다.
　(←학교에서 운영하는 헬스장은 영리만을 목적으로 하지 않는다.)
C.　우리 학교 헬스장은 이용 요금 체계를 주 단위로 운용해야 한다.

이 논증은 P1, P2, P3, P4가 모두 결합한 채로 C를 지지하는 구조이다. 이 논증에 어떤 전제를 부가하면 논증이 강화되고 어떤 전제를 부가하면 논증이 약화될까? 다음은 논증 상황의 맥락과 관련하여 충분히 검토할 만한 것들이다.

P5. 현재 우리 학교 헬스장은 엄청난 흑자를 기록하고 있다.
P6. 헬스장 이용 요금이 비싼 편이라고 생각하는 학생들이 꽤 많다.
P7. 대부분의 대학에서는 헬스장 사용 횟수에 따른 요금 체계를 적용한다.
P8. 올해에는 헬스장의 기구 대부분을 교체해야 하기 때문에 경비가 많이 든다.
P9. 이용 횟수가 적은 사람이 사용할 수 있는 일일 입장권 제도가 운용된다.
P10. 한 달 이용권을 끊은 학생들은 샤워시설 등의 부대시설을 자주 이용한다.

이 가운데 전제 P5, P6, P7을 논증에 부가하면 결론이 강화된다. 세 전제들은 모두 추론의 과정을 보강하는 특정한 맥락을 보여 주기 때문이다. 반면에 전제 P8, P9, P10을 논증에 부가하면 결론이 약화된다. 세 전제들은 추론의 과정을 교란하는 특정한 맥락을 보여 주기 때문이다.

연습문제

※ 다음 논증에 전제를 부가함으로써 논증을 강화하거나 약화해 보시오.

1. 나는 오늘 부모님과 함께 1박 2일로 달산자연휴양림에 갈 것이다. 한 가지 걱정스러운 점은 인터넷을 통해 달산자연휴양림에 벌이 자주 출몰한다는 정보를 본 것이다. 나는 어릴 때부터 벌을 엄청 무서워했다. 만약 그곳에서 벌을 보기만 해도 나는 엄청 두려울 것이다.

2. 〈고담신문〉에 따르면, 고담시의 강력범죄가 심각한 문제로 대두되고 있다. 고담시 경찰청의 발표에 따르면, 작년과 비교할 때 올해 강력범죄와 관련된 112 신고 건수가 47%나 증가했다. 이는 고담시의 시민들이 그 어느 때보다도 강력범죄의 피해자가 될 가능성이 커졌다는 것을 의미한다.

종합문제

1 다음 글이 충분성을 충족시키면 ○, 충족시키지 못하면 ×를 표시하시오.

> ㄱ. 서쪽 하늘을 잔뜩 뒤덮고 있는 먹구름을 보라. 틀림없이 곧 소나기가 쏟아질 것이다. 우리는 즉시 등산을 중단하고 빨리 하산하지 않으면 안 된다. (　　)
>
> ㄴ. K대학병원의 정신과 의사들은 혈전증 환자의 건강에 영향을 미치는 사회적 요인을 연구했다. 104명의 환자들을 조사하였는데, 그중 50%가 반려동물을 기르고 있었다. 반려동물을 기르지 않는 환자의 약 3분의 1이 1년 내에 사망했지만 반려동물을 기르는 환자는 3명만 사망했을 뿐이다. 그 의사들은 반려동물을 기르는 것이 환자의 건강에 긍정적인 영향을 미친다는 결론을 내리고자 한다. (　　)

2 다음 글이 양적 충분성을 충족시키지 못하면 '양'이라고 쓰고 질적 다양성을 충족시키지 못하면 '질'이라고 쓰시오.

> ㄱ. 〈X미디어〉의 여론조사에 따르면, 이번 지방선거 기간에 수도권과 영호남 지방의 유권자 1,000명 중 58%는 A당, 22%는 B당, 9%는 C당을 지지하고 나머지 11%는 지지하는 정당이 없다고 응답했다. 따라서 이번 지방선거에서 A당은 광역지방자치단체장을 가장 많이 배출할 것이다. (　　)
>
> ㄴ. 영수는 지난주 학교 구내식당 앞 자판기에 1,000원짜리 지폐를 넣었으나 자판기가 작동하지 않아 다소 곤란을 겪었다. 오늘 단과대학 앞 자판기에 1,000원짜리 지폐를 넣었는데 똑같은 일이 벌어지고 말았다. 영수는 학교 자판기가 앞으로도 그럴 것이라고 생각하면서 학교에서는 더 이상 자판기를 이용하지 않기로 다짐했다. (　　)

3 다음 논증을 약화하는 전제를 하나만 부가하시오.

> 이슬람 사회에는 남성들이 재미 삼아 여성을 에워싸고 집단으로 성범죄를 저지르는 일명 '타하루시'(강간놀이)라는 것이 있다. 이와 같이 충격적인 이슬람 문화는 무슬림 난민을 경계해야만 하는 이유가 된다.

❹ 다음 논증을 강화하는 전제와 약화하는 전제를 각각 하나씩 부가하시오.

> 즉시환급형 사후면세점은 외국 방문객을 늘리는 데 효과가 있을 것이다. 정부는 40개였던 즉시환급형 사후면세점을 200여 개로 늘렸다. 즉시환급형 사후면세점은 출국 시 세금을 환급받는 번거로움을 덜어 주기 위해 물건을 사는 즉시 소비세를 면세해 준다. 이런 노력에 힘입어 지난해 외국인 방문객은 1년 전보다 47% 증가한 974만 명을 기록했다.

❺ 다음 글이 저지르고 있는 오류는 무엇인가?

> 인간의 각 신체 기관은 저마다 고유한 기능을 가지고 있다. 간은 담즙을 분비하고, 위장은 소화액을 분비하고, 신장은 알도스테론 호르몬을 분비한다. 그렇다면 뇌가 분비하는 것은 생각이라고 말할 수 있다.

❻ 다음은 인과관계를 다루는 논증이다. 이 논증이 저지르고 있는 오류는 무엇인가?

> 문제의 원인이 어디에 있다고 보십니까? 당신이 세입자로 들어오기 전에는 보일러가 아주 멀쩡했거든요. 보일러와 같은 기계는 잘 고장 나지도 않습니다. 그러니까 보일러가 고장 난 원인은 당신에게 있다고 생각할 수밖에 없습니다.

❼ 다음 중 논증 평가의 세 가지 기준을 모두 충족시키고 있는 것은?

① 일본뇌염 예방접종을 한 사람 중 98%가 뇌염에 걸리지 않았다. 중학생인 내 동생은 지난달에 일본뇌염 예방접종을 했다. 아마 내 동생은 올해 일본뇌염에 걸리지 않을 것이다.

② 우리 시의 시민 105명을 대상으로 한 시장 선거 여론조사에서 60% 이상이 파란당 후보를 지지한다고 응답했다. 이번 시장 선거에서는 아마도 파란당 후보가 당선될 것이다.

③ 야구장에 온 우리 시의 시민을 대상으로 어떤 스포츠를 좋아하는지 물어봤다. 1,000명 중 812명이 야구가 가장 좋다고 했다. 따라서 우리 시의 시민들이 가장 좋아하는 스포츠는 야구인 것 같다.

④ 담배를 피우고 있는 사람에게 다가가서 공공기관에 흡연 공간을 더 마련해

야 하는지 조사했더니 대부분이 그래야 한다고 대답했다. 시민들은 공공기관에 흡연 장소가 더 많이 마련되기를 바란다.

⑤ 토마 피케티의 『21세기 자본』은 21세기 현대사회의 정치경제 상황을 정확히 진단하고 있다. 왜냐하면 우리 학교 불문과 교수이자 시인인 이태규 선생님도 자신의 강연에서 이 책이 가진 의미에 대해 긍정적인 평가를 한 바 있기 때문이다.

8 다음 중 갑, 을, 병, 정의 견해에 대한 진술로서 가장 적절한 것은?

> A고등학교 학생들을 대상으로 '학교 만족도'를 조사하였다. '갑'은 성적이 높으면 학교 만족도가 높고 성적이 낮으면 학교 만족도가 낮다고 해석하여, 성적이 학교 만족도를 결정한다고 결론지었다. '을'은 일찍 등교하는 학생은 성적과 학교 만족도 모두 높고, 그렇지 않은 경우 성적과 학교 만족도가 모두 낮다고 결론지었다. '병'은 '을'의 견해에 동의하면서, 결석 일수가 적은 학생일수록 일찍 등교한다고 보고 결석 일수가 등교시간에 영향을 준다고 해석하였다. '정'은 학교 만족도가 높으면 성적이 높고 학교 만족도가 낮으면 성적이 낮다고 해석하여, 학교 만족도가 성적을 결정한다고 결론지었다.

① 일찍 등교하지만 성적이 낮은 학생이 많을수록 '을'과 '병'의 결론이 약화된다.

② 결석 일수가 적지만 학교 만족도가 낮은 학생이 많을수록 '을'과 '병'의 결론이 약화된다.

③ 학교에는 만족하지만 성적이 낮은 학생이 많을수록 '갑'의 결론은 강화되고 '정'의 결론은 약화된다.

④ 성적이 높지만 학교에는 만족하지 않는 학생이 많을수록 '갑'의 결론은 약화되고 '정'의 결론은 강화된다.

⑤ 일찍 등교하며 성적이 높고 학교에도 만족하는 학생이 많을수록 '갑'의 결론이 '을'의 결론보다 강화된다.

9 다음 논증을 강화하거나 약화하는 방법에 대한 설명 중 가장 적절하지 않은 것은?

> 우리 사회는 안락사를 허용해야 한다. 우선, 환자의 자기결정권이 무엇보다 중요한데, 안락사를 금지하면 환자는 자기결정권을 행사할 수 없다. 둘째, 크나큰 고통 속에서 인간 이하의 삶을 살아가고 있는 환자들이 많은데, 이들에게 존엄하게 죽을 권리를 보장해 주어야 한다. 셋째, 불치병에 걸린 환자가 있는 가족의 경우, 희망 없는 환자를 위해 경제적 측면과 정신적 측면에서 너무 많은 비용을 지불한다.

① "오늘날 대다수 국가가 안락사를 허용하고 있다"라는 전제가 추가되면 이 논증은 강화된다.

② "병든 군견이나 신체적 능력이 떨어지는 경찰견의 경우 안락사를 시킨다"라는 전제가 추가되면 이 논증은 강화된다.

③ "의사가 불치병이라고 진단한 후 종종 증상이 완화되어 치료가 되는 경우도 있다"라는 전제가 추가되면 이 논증은 약화된다.

④ "인간다운 삶의 보장, 자기결정권 등은 물론 좋은 말이지만 그 어떤 것도 인간 생명의 존엄성보다 우선될 수는 없다"라는 주장이 추가되면 이 논증은 약화된다.

⑤ "아플 때 병원에 갈지 말지, 간다면 어느 병원에 갈지 스스로 결정할 수 있듯이, 치유할 수 없는 질병에 걸렸을 때도 치료 중단을 스스로 결정할 수 있어야 한다"라는 전제가 추가되면 이 논증은 강화된다.

10 다음 글의 결론에 전제가 부가될 때 결론의 지지 강도에 대한 평가로 가장 적절하지 않은 것은?

> 우리 연구팀은 지난 10년 동안 흡연과 폐암 사이의 관계를 경험적으로 연구해 왔다. 국내에 거주하는 30세부터 60세까지 성인 중 하루에 담배를 반 갑 피우는 사람 100명, 한 갑 피우는 사람 100명, 두 갑 피우는 사람 100명을 각각 임의로 표집하여 세 개의 표본을 구성했다. 지난 10년 동안 그 표본들에 대한 폐암 발병률을 조사해 보았더니 담배를 많이 피우는 사람들로 구성된 표본일수록 폐암 발병률이 더 증가한다는 사실이 드러났다. 이러한 사실로부터 우리는 다음과 같은 결론을 내리고자 한다. '흡연은 폐암의 주요 인과적 원인이다.'

① 흡연 의존성과 폐암을 모두 야기하는 원인이 존재한다는 것이 드러나면 그 결론은 약화된다.

② 흡연이 폐암 이외에도 여러 가지 다른 부정적 효과들을 낳는다는 것이 드러나면 그 결론은 강화된다.

③ 공해물질이나 유해먼지와 같은 다른 요인들이 폐암과 상관된다는 것이 드러나면 그 결론은 약화된다.

④ 별도의 대조 실험에서 비흡연자들의 폐암 발병률이 매우 낮다는 결과를 얻는다면 그 결론은 강화된다.

⑤ 동일한 실험 방식을 이용한 쥐 실험에서 담배 연기에 더 많이 노출된 쥐일수록 폐암 발병률이 증가하는 것이 드러나면 그 결론은 강화된다.

11 다음 중 논리적 오류라고 보기 힘든 논증은 어느 것인가?

① 공부하는 것과 사업하는 것이 유사하다는 점을 알고 있는가. 사업할 때 경쟁업체를 물리치기 위해 치밀하게 전략을 짜야 하듯이 공부할 때도 경쟁상대를 물리치기 위해 그렇게 해야 한다.

② 최근 BNW를 타고 다니는 사람들이 많이 늘었다. 나를 비롯하여 몇몇 지인들도 BNW를 타고 다니는데 다들 고장이 잦다고 아우성을 친다. BNW에서 생산되는 차들은 고장이 잦은 듯하다.

③ 부산, 인천, 강릉, 목포 사람들을 대상으로 여름휴가지에 대한 설문조사를 실시했더니, 약 80%가 계곡을 선호했다. 우리나라 사람들은 대부분 계곡을 여름휴가지로 선호한다고 볼 수 있다.

④ 우리 시의 시장은 오직 시민에게 호감을 주는 방식으로만 시정을 운영하는데, 나는 그를 포퓰리스트라고 규정한다. 시장의 열혈 지지자가 아닌 대부분의 시민들, 시민단체, 언론 등도 나의 주장에 동의한다.

⑤ 많은 사람들은 유전자 조작 기술이 인간복제에 사용되는 경우 예상하지 못한 재앙이 발생할 것이라고 우려한다. 그러나 이러한 태도는 잘못이다. 과학적으로 유전자 조작 기술이 위험하다는 것을 보여 주는 어떠한 증거도 없다.

12 다음 글에 나타나는 인과적 오류와 가장 가까운 유형인 것은?

> 오늘날 우리 사회에는 예전보다 훨씬 더 많은 교회가 세워지고 있다. 그와 더불어 우리 사회에는 범죄도 점점 더 늘고 있다. 그렇다면 범죄를 줄이기 위해 교회 수를 줄이는 방법도 검토해 볼 필요가 있을 것이다.

① 일찍 잠자리에 들지 않으면 늦잠을 잘 가능성이 높다. 그러면 학교에 지각할 수도 있다. 지각이 잦으면 성적이 나빠진다. 성적이 나쁘면 사회에서 성공하기 힘들다. 그렇다면 일찍 잠자리에 드는 것이 왜 중요한지 알 것이다.

② 타르는 폐암의 주요한 원인 중의 하나로 여겨지고 있어. 특히 담배에 타르가 많이 들어 있잖아. 어떤 사람에게 폐암이 발병했다면 그는 분명 평소에 흡연을 많이 했을 거야.

③ 감기에 걸리면 간혹 머리가 아프고 열이 나곤 하잖아. 그런데 이제 지녁에 우리 조카가 하도 머리가 아프다고 해서 체온을 재어 보니 38도가 넘는거야. 그 녀석은 두통 때문에 열이 난 게 분명해.

④ 내 친구 민주가 자기 친구 집에 놀러 갔는데 고양이가 할퀴었대. 이틀 후에 민주는 열병을 앓게 되었고, 나는 고양이가 할퀸 것 때문에 열병을 앓게 되었다고 생각해서 그녀에게 빨리 병원에 가 보라고 말했어.

⑤ 우리 동네 농부들 가운데 부지런한 사람은 모두 많은 논을 보유하고 있다. 그렇다면 게으른 농부를 부지런하게 만들 수 있는 방법이 있는 셈이다. 바로 그들에게 경작할 수 있는 논을 계속 주면 될 것이다.

13 다음 중 (가)와 (나) 논증 모두 불충분성의 오류, 즉 전제가 결론을 충분히 지지하지 못하는 오류에 속하는 것은?

① (가): 올해는 곡물 생산이 작년보다 더 증가했다. 그렇다면 팥의 생산도 틀림없이 증가했을 것이다.

(나): 화성에 사람이 살고 있는 것은 틀림없다. 사람이 살고 있지 않다면 살고 있다는 말이 나올 리가 없다. 사람이 살고 있기 때문에 그런 말이 있는 것이다.

② (가): 학회를 마친 뒤 초면인 이수혁 씨는 요즘 여성 학자가 무척 귀하다면서 내게 커피를 한 잔 사 주었다. 아무래도 그는 무척 친절한 사람인 듯하다.

(나): 배고픈 북한 주민들에게 송금을 한다면, 왜 배고픈 국민에게는 돈을 주지 않는가. 우리 국민들도 밥을 먹기 전에는 다 배고프지 않은가!

③ (가): 나는 산행을 갈 때마다 습관적으로 왼쪽 등산화의 끈을 먼저 맸다. 그런데 이번 산행에서는 일부러 오른쪽 등산화의 끈을 먼저 맸다. 이번 산행에서 내가 다친 이유는 오른쪽 등산화의 끈을 먼저 맸기 때문이다.

(나): 오중립 의원이 '대안교육진흥법안'에 반대하는 발언을 하는 것을 본 사람은 아무도 없다. 그러므로 그는 그 법안을 반대하지 않는 것이 분명하다.

④ (가): 이번에 회사 공금을 횡령한 사람은 최병수 씨가 분명해. 아니라고 뻗대고 있는데, 그건 거짓말이야. 그는 아주 파렴치한 인간이지. 회사의 많은 사람들이 다 알고 있는 사실이야.

(나): 과외에 대해 좋게 생각하는 사람들이 많은데 사실 그것은 사회악이다. 과목당 수백만 원이 넘는 고액과외는 가계에 부담을 주고 공교육을 마비시키며 부의 대물림을 가속화한다.

⑤ (가): 사립대학이 국립대학보다 교육부 지원금을 평균적으로 더 많이 가져간다는 것은 말이 안 되는 소리이다. 작년의 경우 서울의 주요 사립대 9개의 지원금이 지방거점국립대 9개의 지원금보다 천억 원 이상 더 많았다는 사실이 그 증거이다.

(나): 내가 일하고 있는 편의점 주인은 최저임금 인상에 관한 뉴스가 나올 때마다 불경기에는 그런 정책이 좋지 않다고 말하곤 한다. 그는 고용주이다. 고용주의 입에서는 불가피하게 그런 소리가 나올 수밖에 없다.

제9장

논증의 비판

1. 논증 비판을 위한 매뉴얼

이 장에서는 앞서 학습한 논증 분석과 평가를 활용하여 예문을 통해 논증 비판을 연습해 보자. 이를 위해 논증 분석에서부터 평가를 거쳐 논증 비판에 이르는 과정을 단계별로 구분하고, 각 단계의 주요 방법과 전략을 매뉴얼로 정리하여 간략하게 소개하고자 한다. 그리고 논증 비판을 연습할 때 이 매뉴얼을 잘 활용할 수 있도록 확인 사항을 정리해서 표로 제시한다.

(1) 논증 분석의 방법

① 제시된 글에서 논증을 확인하라.
② 논증이 있다면, 논증의 최종결론이 무엇인지 찾아라. 글의 논점(혹은 쟁점)을 파악하여 그 답을 찾는 방식이 최종결론을 찾는 데 도움이 된다.
③ 최종결론을 찾았다면, 이를 지지하는 전제들을 찾아라. 제시된 논증이 최종결론과 이를 직접 지지하는 전제로 구성된 주논증, 이 주논증을 다시 지지하는 부논증으로 구분될 수 있으니 이를 고려하여 전제를 찾아라.
④ 제시된 글의 구성 요소가 모두 논증의 구성 요소가 아닐 수 있다. 논증과 직접 관련이 없는 요소(논점 제시, 설명, 개념 정의, 반론 등)는 별도로 구분하여 논증의 핵심 줄기가 잘 드러나도록 정리하라. 이와 더불어 찾아낸 전제 중 중언부언하는 내용은 잘 간추려 정리하라.
⑤ 숨겨진 요소(가정)가 있다면 자비의 원리에 따라 이를 명시하여 논증의 의도를 잘 드러나게 하라.
⑥ 구분과 명시를 통해 논증을 재구성하라. 그러나 재구성으로 인해 자칫 논증의 본래 의도가 불필요하게 약화되거나 강화되지는 않는지 주의하라.

(2) 논증 평가의 방법

① 논증 분석을 통해 재구성된 논증은 아래의 세 가지 기준에 따라 평가하라.
가) 전제들은 수용될 수 있는가?(수용가능성 평가)
나) 전제들은 결론과 관련이 있는가?(관련성 평가)
다) 전제들은 결론을 충분히 지지하는가?(충분성 평가)
② 수용가능성, 관련성, 충분성에 부합하는 적절한 증거 자료가 제시되었는지 평가하라.
③ 논증에서 형식적 혹은 비형식적 오류를 찾아라.

(3) 논증 비판의 전략과 방법

① 객관적이고 중립적인 관점에서 논증 분석과 평가를 통해 알게 된 정보를 논증 비판을 위해 종합적으로 활용해 보자. 여기서 비판이란 어떤 상황, 혹은 사태에 대하여 정확한 정보를 바탕으로 그것의 옳고 그름을 잘 따져서 가려내는 활동을 뜻한다. 따라서 논증 내용에 우호적인 입장에서 비판한다면, 해당 논증을 더 강하게 만들 수 있는지 그 여부를 따져 볼 필요가 있다. 반대로 논증 내용에 부정적인 입장이라면, 해당 논증에서 취약한 부분을 찾아내 논증을 약화시킬 수 있는지 그 여부를 비판적으로 따져 봐야 한다.

② 논증을 강화하는 입장에서 비판하기

가) 논증에서 강화시킬 필요가 있는 부분을 살펴보라.

나) 전제와 결론 사이의 논리적 지지 관계를 잘 고려하여 강화될 내용에 따라 추가될 필요가 있는 전제를 검토하여 제시하라.

다) 추가되는 전제가 기존의 전제들과 충돌하지 않는지 검토하라.

라) 기존의 전제들 중 불분명하거나 오류 가능성이 있는 것이 있다면 수정·보완하라.

마) 반박 가능성을 검토한 후 제기될 수 있는 반론을 차단할 수 있도록 논증을 보완하라.

③ 논증을 약화하는 입장에서 비판하기

가) 논증에서 약화시킬 부분을 살펴보라.

나) 전제와 결론 사이의 논리적 지지 관계를 잘 고려하여 약점을 드러낼 수 있는 증거를 검토하여 제시하라.

다) 약화시키기 위해 제시한 증거가 오히려 부정확하거나 적절하지 못할 경우, 비판하는 입장의 신뢰도가 크게 손상되므로 심사숙고하라.

라) 논증 평가 기준에 부합하지 않는 부분과 오류를 지적하라.

마) 반론(혹은 반례) 제기를 통해 제시된 결론 외의 다른 결론이 도출될 수도 있음을 보여라.

④ 논증을 비판할 때 대상 논증이 가진 본래 의도나 논증의 범위를 충분히 고려하여 논증을 강화 혹은 약화해야 한다. 그렇지 않으면 자칫 논점 일탈이나 부적절한 논점 확대(강화 입장) 혹은 논점 축소(약화 입장)의 오류를 범할 수 있다.

⑤ 비판을 통해 논증이 이전보다 더 나은 상태가 되었는지를 객관적으로 판단해 보라.

(4) 논증 비판을 위한 확인 사항

논증 비판을 위한 확인 사항	
항목	확인 / 내용
I. 논증 분석	
(1) 제시된 글에서 논증을 확인하라.	
(2) 글의 논점을 파악하여 논증의 최종결론을 찾아라.	
(3) 최종결론과의 논리적·내용적 관계를 고려하여 제시된 전제를 찾아라.	
(4) 논증과 직접 관련이 없는 것은 별도로 구분하라.(논점 제시, 설명, 개념 정의, 반론 등)	
(5) 숨은 전제(가정)를 명시하라.	
(6) 논증을 재구성하여 논증 구조도를 그려 보라.	
II. 논증 평가	
(1) 전제들이 수용가능한지 확인하라.(수용가능성 평가)	
(2) 전제들이 결론과 관련이 있는지 확인하라.(관련성 평가)	
(3) 전제들이 결론을 충분히 지지하는지 확인하라.(충분성 평가)	
(4) 제시된 증거 자료는 적절한지 확인하라.	
(5) 논증에서 형식적 혹은 비형식적 오류를 찾아라.	
III. 논증 비판	
(1) 논증을 강화할지 약화할지 판단하라.	
(2) 강화하는 입장에서 비판한다면,	
1) 논증에서 강화시킬 필요가 있는 부분을 살펴보라.	
2) 논증 강화를 위해 추가될 필요가 있는 전제를 검토하여 제시하라.	
3) 추가되는 전제가 기존 전제들과 충돌하지 않는지 검토하라.	
4) 기존 전제들 중 불분명하거나 오류 가능성이 있는 것은 수정·보완하라.	
5) 반박 가능성을 검토한 후 제기될 수 있는 반론을 차단할 수 있도록 보완하라.	
(3) 약화하는 입장에서 비판한다면,	
1) 논증에서 약화시킬 부분을 살펴보라.	
2) 약점을 드러낼 수 있는 적절한 증거를 검토하여 제시하라.	
3) 논증 약화를 뒷받침할 증거가 정확하고 적절한지 확인하라.	
4) 논증 평가 기준에 부합하지 않는 부분과 오류를 지적하라.	
5) 반론(혹은 반례)을 제기할 수 있는지 검토하라.	
(4) 비판을 통해 논증이 이전보다 더 나은 상태가 되었는지를 객관적으로 판단해 보라.	

2. 논증 비판의 실례

아래의 예문과 더불어 제시된 확인 사항을 활용하여 논증 비판을 연습해 보라. 여기에 제시된 풀이 및 해설은 예시일 뿐 다른 풀이도 당연히 가능하다. 또한, 해설에서 논증의 숨겨진 요소를 분석할 때 논증 이해상 꼭 필요하다고 판단되는 것만 명시적으로 보충함을 미리 밝혀 둔다.

(1) [기초 연습용] 예문 1: '온라인 게임과 청소년 셧다운제'

(가) ① 어떤 정책에서 본래 의도한 효과는 미미하지만 부작용이 더욱더 크다면, 그 정책은 실패한 것으로 평가할 수 있다. ② 그렇다면, 소위 '청소년 셧다운제(청소년 게임이용시간 제한제도)'는 어떻게 평가할 수 있을까? ③ 청소년 셧다운제란 오전 0시 이후에 청소년의 온라인 게임 접속을 강제 중단시켜 청소년이 심야에 게임을 하지 못하게 함으로써 청소년의 건강과 정서를 보호하겠다는 취지로 여성가족부의 제안에 따라 2011년 11월부터 적용되었다. ④ 그런데 그해 10월, '청소년의 문화적 권리 및 학부모의 교육권 침해' 등의 이유로 헌법 소원이 제기되었으나, 2014년 4월 헌법재판소는 셧다운 제도를 과도한 규제로 볼 수 없고, 청소년 보호의 공익 목적을 고려할 때 청소년이나 학부모의 기본권 침해로 볼 수 없으며, 중독성이 강한 인터넷 게임을 대상으로 청소년을 보호하는 조치는 적합하다며 합헌 결정을 내렸다. ⑤ 그러나 이 제도의 효과는 그 기대와 취지와는 달리 극히 미미하다. ⑥ 따라서 '청소년 셧다운제'는 명백히 실패한 정책이다.

(나) ⑦ 우선, 타인의 명의로 셧다운제를 피할 수 있다. ⑧ 많은 청소년이 부모의 명의를 이용하여 손쉽게 아이디를 만들 수 있기 때문에 규제를 피해 심야에도 게임을 할 수 있다. ⑨ 그리고 충분히 추측할 수 있는데, 주민등록번호 도용 및 해킹 등의 범죄 행위로 셧다운제를 피하려는 청소년도 분명히 많을 것이다. ⑩ 게다가 오프라인으로 하는 게임은 셧다운제가 아무런 규제를 할 수 없다. ⑪ 또한, 일종의 풍선 효과로서 셧다운제 도입 후 심야 게임 접속률은 0.3%밖에 되지 않았지만, 셧다운 시간 전까지 게임에 과몰입하는 청소년이 늘어나면서 오히려 청소년의 심리 및 육체 건강을 해치기도 한다. ⑫ 그리고 최근 모바일 기기를 이용한 게임이 확산되면서 셧다운제 적용을 받지 않고도 게임을 하는 청소년이 급격하게 늘어났다.

(다) ⑬ 청소년과 직접 관련된 문제뿐만 아니라 게임 산업에 미친 영향 또한 부정적이어서 이 규제의 부작용이 심각하다. ⑭ 왜냐하면 셧다운제로 인해 사회 전반에 게임에 대한 부정적 인식이 확산되었기 때문이다. ⑮ 통계청 자료를 살펴보면, 2012년 이후 게임에 대한 사회적 인식이 매년 평균 2~3% 폭으로 나빠지는 것을 확인할 수 있다. ⑯ 이러한 결과를 가져온 공무원들의 정책 능력은 정말로 한심하여 우습기 짝이 없는데, 게임 이용자의 심리나 게임 산업의 특성에 관하여 무지한 채 정책을 입안한 여성가족부는 정책 실패의 책임을 져야 할 것이다.

논증 비판을 위한 확인 사항	
항목	확인 / 내용
I. 논증 분석	
(1) 제시된 글에서 논증을 확인하라.	
(2) 글의 논점을 파악하여 논증의 최종결론을 찾아라.	
(3) 최종결론과의 논리적·내용적 관계를 고려하여 제시된 전제를 찾아라.	
(4) 논증과 직접 관련이 없는 것은 별도로 구분하라.(논점 제시, 설명, 개념 정의, 반론 등)	
(5) 숨은 전제(가정)를 명시하라.	
(6) 논증을 재구성하여 논증 구조도를 그려 보라.	
II. 논증 평가	
(1) 전제들이 수용가능한지 확인하라.(수용가능성 평가)	
(2) 전제들이 결론과 관련이 있는지 확인하라.(관련성 평가)	
(3) 전제들이 결론을 충분히 지지하는지 확인하라.(충분성 평가)	
(4) 제시된 증거 자료는 적절한지 확인하라.	
(5) 논증에서 형식적 혹은 비형식적 오류를 찾아라.	
III. 논증 비판	
(1) 논증을 강화할지 약화할지 판단하라.	
(2) 강화하는 입장에서 비판한다면,	
1) 논증에서 강화시킬 필요가 있는 부분을 살펴보라.	
2) 논증 강화를 위해 추가될 필요가 있는 전제를 검토하여 제시하라.	
3) 추가되는 전제가 기존 전제들과 충돌하지 않는지 검토하라.	
4) 기존 전제들 중 불분명하거나 오류 가능성이 있는 것은 수정·보완하라.	
5) 반박 가능성을 검토한 후 제기될 수 있는 반론을 차단할 수 있도록 보완하라.	
(3) 약화하는 입장에서 비판한다면,	
1) 논증에서 약화시킬 부분을 살펴보라.	
2) 약점을 드러낼 수 있는 적절한 증거를 검토하여 제시하라.	
3) 논증 약화를 뒷받침할 증거가 정확하고 적절한지 확인하라.	
4) 논증 평가 기준에 부합하지 않는 부분과 오류를 지적하라.	
5) 반론(혹은 반례)을 제기할 수 있는지 검토하라.	
(4) 비판을 통해 논증이 이전보다 더 나은 상태가 되었는지를 객관적으로 판단해 보라.	
※ 논증 재구성 및 구조도 그리기를 위한 메모	

풀이 및 해설

I. 논증 분석

(1) 제시된 글에서 논증을 확인하라.

예문 1은 청소년의 온라인 게임 이용 시간을 제한하는 제도인 '청소년 셧다운제'의 문제점을 비판하는 논증이 주를 이루는 글이다.

(2) 글의 논점을 파악하여 논증의 최종결론을 찾아라.

②에서 제시된 논점을 고려할 때 ⑥이 최종결론이다.

(3) 최종결론과의 논리적·내용적 관계를 고려하여 제시된 전제를 찾아라.

[주논증 분석] 최종결론인 ⑥을 ①과 ⑤ 그리고 ⑬이 전제로서 서로 결합하여 직접 지지하고 있다. ①이 조건문 형태이고 전건의 내용이 ⑤와 ⑬이므로 전건긍정의 연역추론에 따라 조건문의 후건 내용인 ⑥이 결론으로 도출된다.

[부논증 분석] 최종결론 ⑥을 지지하는 3개의 중간결론 중 ⑤ 그리고 ⑬으로부터 각각 부논증이 형성된다. 우선 중간결론인 ⑤를 ⑦, ⑩, ⑪, ⑫가 전제로서 합류하여 지지하는 부논증이 있다. 여기서 ⑦을 다시 ⑧과 ⑨가 합류하여 지지한다. 그리고 ⑩을 내용상 ③이 지지한다. 또 다른 중간결론인 ⑬을 ⑭가, ⑭를 ⑮가 연쇄적으로 지지하는 부논증이 있다.

(4) 논증과 직접 관련이 없는 것은 별도로 구분하라.(논점 제시, 설명, 개념 정의, 반론 등)

②는 논점, ③은 개념 정의, ④는 논증에 대한 반론이다. 그런데 ③의 개념 정의는 ⑩과 연관하여 전제 역할을 하는 것으로 분석할 수 있다. ⑯은 최종

결론인 ⑥과 (다) 전체의 진술 내용과 연관해서 살펴볼 필요가 있는데, 정책 실패의 책임 소재에 관해 다소 엉뚱한 진술을 하고 있다. 그래서 ⑯의 진술은 관련성이 부족하다고 판단하여 논증의 직접적 구성 요소로 인정하지 않고 별도의 요소로 취급한다.

(5) 숨은 전제(가정)를 명시하라.

(다)에서 셧다운제가 게임 산업에 미친 부정적 영향에 대하여 논하고 있는데, 제시된 진술들만으로는 게임에 대한 부정적 인식의 확산과 게임 산업에 미친 부정적 영향 사이에 일정한 인과관계가 있음을 주장하기에는 부족함이 있다. 그래서 ⑭와 결합한 숨은 전제 'ⓐ = 만약 셧다운제로 인해 사회적으로 게임에 대한 부정적 인식이 확산된다면, 이것으로 인해 게임 산업에 부정적 영향을 미친다'를 보충한다.

(6) 논증을 재구성하여 논증 구조도를 그려 보라.

【논증 재구성】

[부논증 1]

- P1. 부모 명의로 셧다운제를 피해 게임을 할 수 있다.(⑧)
- P2. 추측건대, 주민등록번호 도용이나 해킹 등의 범죄 행위로 셧다운제를 피하려는 청소년도 다수 있을 것이다.(⑨)

  ∴ C1(=P3). **타인의 명의로 셧다운제를 피할 수 있다.(⑦)**
- P4. 청소년 셧다운제란 오전 0시 이후 청소년의 온라인 게임 접속을 강제 중단시키는 제도이다.(③)

  ∴ C2(=P5). **오프라인으로 하는 게임은 셧다운제의 규제를 받지 않는다.(⑩)**
- P6. 셧다운제 도입 후 심야 게임 접속률은 0.3%이지만 셧다운 시간 전까지 게임에 과몰입하여 청소년의 심리적·육체적 건강을 해친다.(⑪)
- P7. 모바일 기기 확산으로 셧다운제 적용을 받지 않고 게임을 하는 청

소년이 급격하게 늘어났다.(⑫)

∴ C1(=P3 ⑦), C2(=P5 ⑩), P6(⑪), P7(⑫) **각각 합류하여** C4(=P12 ⑤) **지지**

[부논증 2]

• P8. 통계청 자료를 살펴보면, 2012년 이후 게임에 대한 사회적 인식이 매년 2~3% 폭으로 나빠지는 것을 확인할 수 있다.(⑮)

∴ C3(=P9). 셧다운제로 인해 사회 전반에 게임에 대한 부정적 인식이 확산되었다.(⑭) + P10. ⓐ (만약 셧다운제로 인해 사회적으로 게임에 대한 부정적 인식이 확산된다면, 이것으로 인해 게임 산업에 부정적 영향을 미친다.)

∴ C5(=P13). **이 규제가 게임 산업에 미친 영향도 부정적이다.**(⑬)

[주논증]

• P11. 만약 어떤 정책에서 본래 의도한 효과가 미미하지만 부작용이 더욱더 크다면, 그 정책은 실패한 것이다.(①)

• C4(=P12). 이 제도의 효과는 그 기대와 취지와는 달리 극히 미미하다.(⑤)

• C5(=P13). 이 규제가 게임 산업에 미친 영향도 부정적이다.(⑬)

∴ C6(**최종결론**). **'청소년 셧다운제'는 명백히 실패한 정책이다.**(⑥)

【논증 구조도】

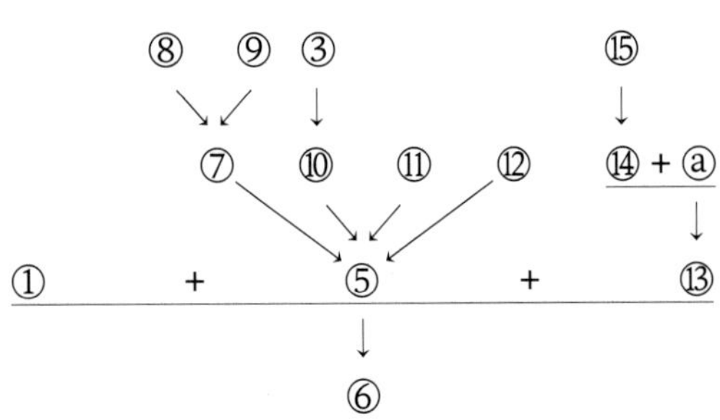

II. 논증 평가

(1) 전제들이 수용가능한지 확인하라.(수용가능성 평가)

①은 상식의 관점에서 수용할 수 있다. ⑤의 수용 여부는 이를 지지하는 부논증의 수용성을 따져봐야 한다. 우선 ⑦을 살펴보자. ⑦을 지지하는 ⑧은 구체적인 증거 자료가 부가된다면 수용할 가능성이 있다. 하지만 ⑨는 순전히 추측성 진술로서 명확한 증거가 없는 한 수용불가능하다. 따라서 ⑦의 수용가능성은 높지 않다. ⑩은 ③이 참이라면 수용할 수 있다. ⑪과 ⑫는 각각 독자적으로 ⑤를 지지하고 있는데, 직접적인 증거 제시가 불충분하여 참 혹은 거짓 여부를 분명하게 확정하기는 어렵지만, 내용상 수용할 만한 개연성은 있다. 부논증의 또 다른 축을 형성하는 중간결론 ⑬의 수용 여부는 ⑭와 이를 다시 지지하는 ⑮, 그리고 숨은 전제 ⓐ의 수용 여부와 연쇄적으로 관련되어 있다. 우선 ⑮가 실제 통계청 자료이고 그 수치가 정확한지 확인이 필요하다. 그런데 숨은 전제 ⓐ의 수용성 여부는 주어진 진술만으로는 쉽게 판단할 수 없다. 이것이 일반적 사실에 부합하는지를 분명하게 확인할 수 없기 때문이다.

(2) 전제들이 결론과 관련이 있는지 확인하라.(관련성 평가)

주논증과 부논증에 제시된 전제들이 중간결론과 최종결론에 대하여 가지는 관련성은 있으나, 전제의 수용가능성이 대체로 낮아 관련성이 강하다고 볼 수는 없다. 특히 ⑯은 언뜻 보기에 논증의 일부로서 기능하는 것처럼 보이지만, 내용상 중간결론인 ⑬이나 최종결론인 ⑥의 논지에서 벗어나므로 관련성이 약하다고 평가할 수 있다.

(3) 전제들이 결론을 충분히 지지하는지 확인하라.(충분성 평가)

부논증의 한 축인 중간결론 ⑤를 4개의 전제가 지지하고 있고, 또 다른 축인 중간결론 ⑬도 별도의 논증 구조를 가지고 있으며, 각각의 부논증 내에서

⑦과 ⑭는 별도의 전제들을 가지고 있는 복합적인 구조이다. 전체적으로 주논증과 부논증을 적지 않은 전제들이 지지하고 있는 복잡한 구조이지만, 각각의 전제가 충분하게 역할을 하는지는 비판적으로 검토해야 한다.(상세한 검토는 아래 논증 비판 참고) 또한, 논증 분석에서 ④는 논증 구성의 직접적인 요소로 보지 않아 구조도에서 생략했지만, 전제 충분성의 측면에서 ④를 주목할 필요가 있다. ④에서 셧다운제에 대한 헌법재판소의 합헌 판결을 언급하고 있는데, 이는 필자의 의견에 대한 반론이다. 그런데 반론에서 언급한 셧다운제가 청소년 보호의 공익 목적을 가지고 있고, 인터넷 게임 중독으로부터 청소년을 보호하려는 조치라는 주장을 반박할 만큼 글쓴이의 논증이 효과적이었는지에 대해서는 의문스럽다.

(4) 제시된 증거 자료는 적절한지 확인하라.

수용가능성 평가에서 일부 언급한 바와 같이 ⑦, ⑪, ⑫에 대한 직접적이고 구체적인 증거 자료가 부족하여 전제에 대한 신뢰도가 낮은 편이다. 특히 ⑪에 나오는 통계 수치는 이에 대한 출처가 없어 그것을 무조건 신뢰할 수 없다. 그리고 ⑭의 증거로서 ⑮에서 제시한 통계청 출처가 사실이라면 이 자료는 신뢰할 수 있을 것이다. 그런데 추론 흐름을 원활하게 만들기 위해 숨은 전제 ⓐ를 추가했으나, 이 전제가 추가적인 증거 자료 없이 그대로 수용가능한지는 쉽게 판단할 수 없다.

(5) 논증에서 형식적 혹은 비형식적 오류를 찾아라.

⑨, ⑪: 추측성 진술을 정확한 진술인 것처럼 가장한 오류 / ⑭: 미끄러운 비탈길의 오류 및 원인 오판의 오류(혹은 공통 원인 무시의 오류) / ⑯: 인신공격의 오류 및 논점 일탈의 오류

III. 논증 비판

※ 논증을 강화하는 입장과 약화하는 입장으로 크게 구분하여 비판하라.

(1) 논증을 강화할지 약화할지 판단하라.

(2) 강화하는 입장에서 비판한다면,

1) 셧다운제의 명백한 실패를 주장하려면 그 근거가 당연히 명백해야 하는데, 제시된 전제들은 대체로 그렇지 못하다. 따라서 부분적 실패를 주장하여 결론의 강도를 완화시키거나, 명백한 전제들을 보강해야만 제시된 결론을 유지할 수 있다.

2) ④에서 반론으로 언급한 헌법재판소의 합헌 결정 내용을 구체적인 증거를 통해 적극 반박하는 것도 논증을 강화하여 설득력을 증가시킬 수 있는 전략이 될 수 있다. 그래서 해당 헌법 소원을 제기한 이유로 들고 있는 '청소년의 문화적 권리 및 학부모의 교육권 침해'에 대한 구체적인 증거 사례를 적극 제시하는 것이 효과적일 것이다.

3) (나)에 제시된 근거들에 명확한 증거 자료 및 출처 제시가 대체로 부족하여, 이를 보강하는 것이 시급하다. 타인 명의로 셧다운제를 회피할 수 있다는 것은 매우 중요한 근거이므로 정확한 증거 자료 제시가 반드시 필요하다. 그런데 ⑨는 추측성 근거로서 이에 대해 명확하게 증거를 제시하지 못한다면 아예 이 부분은 제거하는 것이 좋다.

4) (다)에서 셧다운제가 가진 부정적 문제를 청소년과 직접 관련이 있는 부분 외에 게임 산업과의 관련성에서 언급하는 것은 근거의 질적 다양성 측면에서 좋은 시도이다. 그래서 ⑬이 실제 입증 가능하다면 결론의 설득력은 높아질 수 있다. 하지만 ⑮의 통계청 자료가 참이라고 해서 ⑭에서 말하는 게임에 대한 부정적 인식 확산으로부터 ⑬에서 주장하는 게임 산업에 미친 부정적 영향이 그냥 추론되

지는 않는다. 게다가 ⑮의 사실이 셧다운제로 인한 것인지가 명시되지 않은 상태에서 이를 근거로 ⑭에서 셧다운제로 인한 부정적 인식을 주장하는 것은 정당하지 않다. ⑭에서 ⑬이 곧바로 추론되기에 무리가 있어 숨은 전제 ⓐ가 보충되었다. 그러나 숨은 전제 ⓐ가 과연 수용가능한지 불확실한 상황에서 정황만 가지고 이것과 ⑭를 결합하여 ⑬이 추론되므로 참이라고 주장하는 것은 설득력이 약하다. 따라서 ⑭의 주장을 입증할 추가적인 증거 제시와 숨은 전제에 대한 일반성을 강화시킬 전제 보강이 필요하다. 그리고 ⑯은 셧다운제 정책의 실패라는 최종결론을 강조하려는 의도에서 언급했겠지만, 정책 실패의 책임 소재를 추궁하는 언급은 본래 결론의 취지에서 벗어나 불필요하게 논지를 확장시키는 문제가 있다. 책임 소재를 언급하고 싶다 하더라도 명확한 근거를 통해 언급해야 하며, 인신공격성 발언은 삼가야 한다. 따라서 ⑯은 삭제하는 것이 좋다.

(3) 약화하는 입장에서 비판한다면,

1) 전반적으로 평가할 때 예문 1은 좋은 논증이 아니다. 논증 평가에서 부정적으로 지적한 내용을 논증의 약점으로 제시하면서 결론을 반대하면 효과적일 것이다.
2) ⑨의 추측성 언급은 명확한 근거 없이 청소년들을 잠재적 범죄자로 취급하는 문제를 가지고 있으니 이 점을 지적할 필요가 있다.
3) (다)에 나오는 셧다운제와 게임 산업과의 연관성 문제는 제기할 수 있으나 제시된 근거로 일정한 인과관계를 입증하기에는 부족한 점이 많으므로 관련된 오류를 명확하게 제시한다. 특히 이 예문의 논점이 셧다운제 정책에 대한 평가이므로 최종결론인 ⑥에서 정책의 실패가 주장됨에도 불구하고 ⑯에서 명확한 근거 제시 없이 정책 실패의 책임 소재가 언급되는 것은 또 다른 결론이 주장되는 것으로 해석할 수 있으며, 이는 논점에서 이탈하는 오류로 판단될 수 있다.

4) ④에서 헌법재판소는 (다)에서 말하고 있는 게임 산업에 미치는 부정적 영향보다 청소년에게 게임이 미치는 부정적 영향이 더 중요하고 크다고 판단했기 때문에 해당 규제가 합헌이라고 판결한 것이다. 그렇다면, 게임 업계의 시장 논리를 앞세워 청소년의 게임 과몰입에 따른 폐해를 막고 청소년을 보호할 수 있는 제도로서의 셧다운제를 폐지하는 것은 옳지 않으며, 섣불리 폐지하기보다 문제점을 개선할 필요가 있다는 점을 반례로 들 수 있을 것이다.

(4) 비판을 통해 논증이 이전보다 더 나은 상태가 되었는지를 객관적으로 판단해 보라.

(2) [심화 연습용] 예문 2: ‘한일 관계에 대한 특별 담화문’

(가) ① 존경하는 국민 여러분, 독도는 우리 땅입니다. ② 그냥 우리 땅이 아니라 40년 통한의 역사가 뚜렷하게 새겨져 있는 역사의 땅입니다. [중략] ③ 지금 일본이 독도에 대해 권리를 주장하는 것은 제국주의 침략전쟁에 의한 점령지의 권리, 나아가서는 과거 식민지 영토권을 주장하는 것입니다. ④ 이것은 한국의 완전한 해방과 독립을 부정하는 행위입니다. ⑤ 또한, 과거 일본이 저지른 침략전쟁과 학살, 40년간에 걸친 수탈과 고문·투옥, 강제징용, 심지어 위안부까지 동원했던 그 범죄의 역사에 대한 정당성을 주장하는 행위입니다. ⑥ 우리는 결코 이것을 용납할 수가 없습니다.

(나) ⑦ 우리 국민에게 독도는 완전한 주권회복의 상징입니다. ⑧ 야스쿠니신사 참배, 역사교과서 문제와 더불어 과거 역사에 대한 일본의 인식, 그리고 미래의 한·일 관계와 동아시아의 평화에 대한 일본의 의지를 가늠하는 시금석입니다. ⑨ 따라서 한일 양국의 과거사 청산과 역사인식, 자주독립의 역사와 주권 수호의 차원에서 독도 문제에 대한 대응방침을 전면 재검토하여 정면으로 다루어 나가겠습니다.

(다) ⑩ 일본이 잘못된 역사를 미화하고 그에 근거한 권리를 주장하는 데 집착하는 한, 한·일 간의 우호관계는 결코 바로 설 수가 없을 뿐만 아니라 한·일 간의 미래와 동아시아의 평화에 대한 일본의 어떤 수사도 우리는 믿을 수가 없을 것입니다. ⑪ 어떤 경제적인 이해관계도, 그리고 문화적인 교류도 이 벽을 녹이지는 못할 것입니다.

(라) ⑫ 한일 간에는 아직 배타적 경제수역의 경계가 획정되지 못하고 있습니다. ⑬ 이는 일본이 독도를 자기 영토라고 주장하고, 그 위에서 독도기점까지 고집하고 있기 때문입니다. ⑭ 동해해저 지명 문제는 배타적 경제수역 문제와 연관되어 있습니다. ⑮ 배타적 수역의 경계가 합의되지 않고 있는 가운데, 일본이 우리 해역의 해저지명을 부당하게 선점하고 있으니 이를 바로잡으려고 하는 것은 우리의 당연한 권리입니다. ⑯ 따라서 일본이 동해해저 지명 문제에 대한 부당한 주장을 포기하지 않는 한 그리고 배타적 경제수역에 관한 문제도 미룰 수 없는 문제가 되었고, 결국 독도문제도 더 이상 조용한 대응으로 관리할 수 없는 문제가 되었습니다.

(마) ⑰ 독도를 분쟁지역화하려는 일본의 의도를 우려하는 견해가 없지는 않으나, 우리에게 독도는 단순히 조그만 섬에 대한 영유권의 문제가 아니라 일본과의 관계에서 잘못된 역사의 청산과 완전한 주권확립을 상징하는 문제입니다. ⑱ 우리는 이 문제를 공개적으로 당당하게 대처해 나갈 것입니다. [후략]

— 출처: 노무현 대통령의 「한일 관계에 대한 특별 담화문」 중 일부 발췌, 2006년 4월 25일

논증 비판을 위한 확인 사항	
항목	**확인/내용**
I. 논증 분석	
(1) 제시된 글에서 논증을 확인하라.	
(2) 글의 논점을 파악하여 논증의 최종결론을 찾아라.	
(3) 최종결론과의 논리적·내용적 관계를 고려하여 제시된 전제를 찾아라.	
(4) 논증과 직접 관련이 없는 것은 별도로 구분하라.(논점 제시, 설명, 개념 정의, 반론 등)	
(5) 숨은 전제(가정)를 명시하라.	
(6) 논증을 재구성하여 논증 구조도를 그려 보라.	
II. 논증 평가	
(1) 전제들이 수용가능한지 확인하라.(수용가능성 평가)	
(2) 전제들이 결론과 관련이 있는지 확인하라.(관련성 평가)	
(3) 전제들이 결론을 충분히 지지하는지 확인하라.(충분성 평가)	
(4) 제시된 증거 자료는 적절한지 확인하라.	
(5) 논증에서 형식적 혹은 비형식적 오류를 찾아라.	
III. 논증 비판	
(1) 논증을 강화할지 약화할지 판단하라.	
(2) 강화하는 입장에서 비판한다면,	
1) 논증에서 강화시킬 필요가 있는 부분을 살펴보라.	
2) 논증 강화를 위해 추가될 필요가 있는 전제를 검토하여 제시하라.	
3) 추가되는 전제가 기존 전제들과 충돌하지 않는지 검토하라.	
4) 기존 전제들 중 불분명하거나 오류 가능성이 있는 것은 수정·보완하라.	
5) 반박 가능성을 검토한 후 제기될 수 있는 반론을 차단할 수 있도록 보완하라.	
(3) 약화하는 입장에서 비판한다면,	
1) 논증에서 약화시킬 부분을 살펴보라.	
2) 약점을 드러낼 수 있는 적절한 증거를 검토하여 제시하라.	
3) 논증 약화를 뒷받침할 증거가 정확하고 적절한지 확인하라.	
4) 논증 평가 기준에 부합하지 않는 부분과 오류를 지적하라.	
5) 반론(혹은 반례)을 제기할 수 있는지 검토하라.	
(4) 비판을 통해 논증이 이전보다 더 나은 상태가 되었는지를 객관적으로 판단해 보라.	
※ 논증 재구성 및 구조도 그리기를 위한 메모	

풀이 및 해설

I. 논증 분석

(1) 제시된 글에서 논증을 확인하라.

예문 2는 일본의 독도 영유권 주장을 적극적으로 비판하면서 독도 문제에 대한 대응 방침을 전면 재검토하여 공개적으로 당당하게 대처하겠다는 의지를 논증적으로 표명하는 글이다. 그리고 이 글이 연설의 형태인 담화문이어서 수사술적 관점에서 평가할 필요가 있다.

(2) 글의 논점을 파악하여 논증의 최종결론을 찾아라.

독도가 대한민국의 영토라는 사실과 함께 일본의 독도 영유권 주장으로부터 제기되는 문제를 어떤 태도로 대응할 것인가에 대한 담화라는 점에서 (나)의 ⑨가 최종결론이다. 그리고 이 결론은 (마)의 ⑱에서 다시 언급되면서 강조되고 있다.

(3) 최종결론과의 논리적·내용적 관계를 고려하여 제시된 전제를 찾아라.

예문 2는 구조적으로 최종결론 ⑨[=⑱]를 2개의 부논증과 1개의 숨은 전제가 결합하여 지지하는 형태의 논증으로 분석된다. 우선 부논증부터 분석해 보자.

[부논증 분석] 최종결론 ⑨를 지지하는 첫 번째 전제인 ⑦을 중심으로 형성되는 부논증부터 살펴보자. 우선 (가)에서 ①과 ②를 같은 내용으로 보고 하나로 묶고, 이것과 ③이 결합하여 ④를 지지한다. ④와 ⑤는 각각 합류하여 ⑥을 지지하고, ⑥은 또 숨은 전제 'ⓐ = 만약 독도가 우리에게 완전한 주권회복의 상징이 아니라면, 우리는 일본의 독도 영유권 주장을 용납하는 것이다'와 결합하여 (나)의 ⑦을 지지한다. 최종결론에 대한 두 번째 전제인 ⑧

을 중심으로 형성되는 부논증은 크게 (다)와 (라)가 함께 지지하고 있다. 우선 (다)에서 ⑩으로부터 지지되는 ⑪은 내용상 (라)의 당위적 근거로 기능하고, (라)는 (다)에서 언급한 당위의 실례를 제시하고 있다. 그래서 (라)의 ⑬으로부터 지지되는 ⑫와 ⑭, ⑮가 서로 결합하여 ⑯을 지지하고, ⑯은 (다)의 ⑪과 결합하여 (나)의 ⑧을 지지한다.

[주논증 분석] (나)의 ⑦과 ⑧이 서로 결합한다는 것은 두 전제의 내용이 함께 언급된 (마)의 ⑰을 통해 알 수 있다. 그래서 서로 결합한 (나)의 ⑦과 ⑧을 하나로 묶어 (마)의 ⑰과 같은 내용으로 간주한다. 여기에 최종결론인 ⑨의 내용이 자연스럽게 추론될 수 있도록 숨은 전제 'ⓑ = 완전한 주권 회복과 잘못된 역사 청산은 공개적으로 당당하게 대처해야 한다'를 추가하여 [(나)의 ⑦과 ⑧]=(마)의 ⑰에 결합시킨다.

(4) 논증과 직접 관련이 없는 것은 별도로 구분하라.(논점 제시, 설명, 개념 정의, 반론 등)

예문 2의 모든 진술은 논증의 요소로 파악된다. 다만 최종결론이 (나)와 (마)에서 함께 언급되고 있는데, 이는 반복적인 언급을 통해 최종결론을 강조하기 위한 수사술적 기법으로 이해할 수 있다. 왜냐하면 담화문에서 화자의 의도를 담은 최종결론을 청자들에게 분명하게 인식시키는 것이 수사술적으로 중요하기 때문이다.

(5) 숨은 전제(가정)를 명시하라.

(가)의 ⑥으로부터 (나)의 ⑩이 바로 도출되기에는 내용적 비약이 있기 때문에 숨은 전제 ⓐ를 보충하고, ⑥에서 언급한 '일본의 독도 영유권 주장의 용납 불가' 발언과 결합시켜 후건부정의 구조를 만들어 줌으로써 ⑩이 연역적으로 도출되도록 재구성한다. 그리고 최종결론인 ⑨=⑱에서 공개적으로 당당하게 대처하겠다는 태도에 대한 내용을 진술된 전제들에서 명시적으로 찾을 수 없기 때문에 숨은 전제 ⓑ를 보충한다.

(6) 논증을 재구성하여 논증 구조도를 그려 보라.

【논증 재구성】

[부논증 1]

- P1. 우리 땅 독도는 40년 통한의 역사가 뚜렷하게 새겨져 있는 역사의 땅이다.(①=②)
- P2. 일본의 독도 영유권 주장은 제국주의 침략전쟁에 의한 점령지의 권리 및 과거 식민지 영토권을 주장하는 것이다.(③)

  ∴ C1(=P3). 이것은 한국의 완전한 해방과 독립을 부정하는 행위이다.(④)
- P4. 일본의 독도 영유권 주장은 과거 일본이 저지른 침략전쟁과 학살, 40년간에 걸친 수탈과 고문·투옥, 강제징용, 심지어 위안부까지 동원했던 그 범죄의 역사에 대한 정당성을 주장하는 행위이다.(⑤)

  ∴ C2(=P5). 우리는 결코 이것을 용납할 수 없다.(⑥)
- P6. ⓐ (만약 독도가 우리에게 완전한 주권회복의 상징이 아니라면, 우리는 일본의 독도 영유권 주장을 용납하는 것이다.)

  ∴ C3(=P7). **우리 국민에게 독도는 완전한 주권회복의 상징이다.**(⑦)

[부논증 2]

- P8. 일본이 잘못된 역사를 미화하고 그에 근거한 권리를 주장하는 데 집착하는 한, 한·일 간의 우호관계는 결코 바로 설 수가 없을 뿐만 아니라 한·일 간의 미래와 동아시아의 평화에 대한 일본의 어떤 수사도 우리는 믿을 수가 없을 것이다.(⑩)

  ∴ C4(=P9). (만약 일본이 이런 행동을 계속 한다면,) 어떤 경제적인 이해관계도, 그리고 문화적인 교류도 <u>이 벽을 녹이지는 못할 것이다.</u> (= 독도 문제를 해결하지 못할 것이다.)(⑪)
- P10. 일본이 독도를 자기 영토라고 주장하고, 그 위에서 독도기점까지

고집하고 있다.(⑬)

∴ C5(=P11). 한일 간에는 아직 배타적 경제수역의 경계가 확정되지 못하고 있다.(⑫)

• P12. 동해해저 지명 문세는 배타적 경제수역 문제와 연관되어 있다.(⑭)

• P13. 배타적 수역의 경계가 합의되지 않고 있는 가운데, 일본이 우리 해역의 해저지명을 부당하게 선점하고 있으니 이를 바로잡으려고 하는 것은 우리의 당연한 권리이다.(⑮)

∴ C6(=P14). 일본이 동해해저 지명 문제에 대한 부당한 주장을 포기하지 않는 한 그리고 배타적 경제수역에 관한 문제도 미룰 수 없는 문제가 되었고, 결국 독도문제도 더 이상 조용한 대응으로 관리할 수 없는 문제가 되었다.(⑯)

∴ C7(=P15). **독도 문제는 야스쿠니신사 참배, 역사교과서 문제와 더불어 과거 역사에 대한 일본의 인식, 그리고 미래의 한·일 관계와 동아시아의 평화에 대한 일본의 의지를 가늠하는 시금석이다.(⑧)**

[주논증]

• C3(=P7). 우리 국민에게 독도는 완전한 주권 회복의 상징이다.(⑦)

• C7(=P15). 독도 문제는 야스쿠니신사 참배, 역사교과서 문제와 더불어 과거 역사에 대한 일본의 인식, 그리고 미래의 한·일 관계와 동아시아의 평화에 대한 일본의 의지를 가늠하는 시금석이다.(⑧)

• [(⑦+⑧)=⑰ 우리에게 독도는 단순히 조그만 섬에 대한 영유권의 문제가 아니라 일본과의 관계에서 잘못된 역사의 청산과 완전한 주권확립을 상징하는 문제이다.]

• P16. ⓑ (완전한 주권 회복과 잘못된 역사 청산은 공개적으로 당당하게 대처해야 한다.)

∴ C8(**최종결론**). **한일 양국의 과거사 청산과 역사인식, 자주독립의 역**

사와 주권 수호의 차원에서 독도 문제에 대한 대응방침을 전면 재검토하여 정면으로 다루어 나가겠다.(⑨)[= 우리는 이 문제를 공개적으로 당당하게 대처할 것이다.(⑱)]

【논증 구조도】

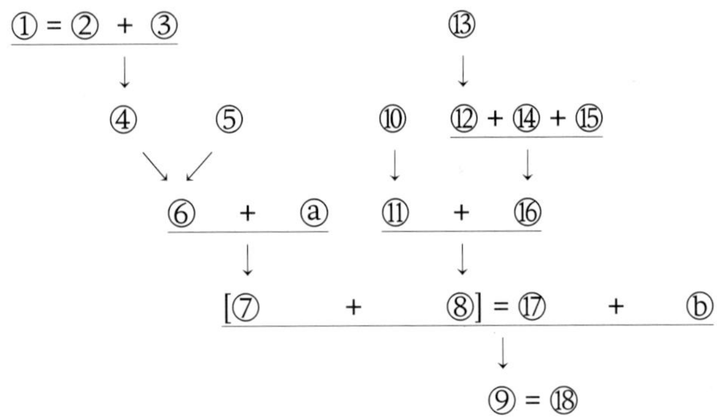

II. 논증 평가

(1) 전제들이 수용가능한지 확인하라.(수용가능성 평가)

우선 (나)의 ⑦을 중간결론으로 가진 부논증을 살펴보자. ⑦을 지지하고 있는 (가)에서 일제 강점기와 그 기간에 자행된 일제의 각종 만행에 대한 역사적 사실이 구체적인 증거 제시 없이 진술되고 있다. 대한민국 국민의 일반적 역사 인식에 따를 때 이 진술의 수용성에 이의를 제기하기는 어렵다. 물론 다른 역사관을 가진 이는 진술의 수용성에 의문을 제기할 수 있을 것이다. 하지만 이 담화가 대한민국 국민을 상대로 한 대통령의 연설이므로 담화 대상인 대한민국 국민에게 전제 수용성이 문제가 될 가능성은 적다고 평가할 수 있다. (다)에서 ⑩은 일종의 당위적 진술인데, 상대국이 역사 왜곡과 이에 근거한 권리 주장을 계속한다면, 그 국가와 지속적이고 견고한 우호 관계를 형성하는 것은 불가하다. 따라서 이런 상황에서 발전적 미래에 대한 어떠한 요구도 그 진정성에 의심이 가는 것은 자연스러운 인식이라고 볼 수 있다. (라)에서는 배타적 경제수역 문제와 동해해저 지명 문제가 독도 문제와 연관되어 있음을 밝히면서 이것이 궁극적으로 일본의 잘못된 역사 인식에서 기인함을 지적하고 있으므로 (가)의 내용을 수용한다면 (라)도 자연스럽게 수용가능하다. 전체적으로 볼 때, 역사적 사실에 대해 일본이 가진 인식을 어떻게 평가할 것인지가 수용성 평가에 중요한 기준이 된다.

(2) 전제들이 결론과 관련이 있는지 확인하라.(관련성 평가)

예시 2는 전체적으로 결합구조를 기본으로 일부 연쇄구조 및 합류구조가 복합된 구조로 분석된다. 결합구조가 주를 이룬다는 것은 전제 간의 논리적·내용적 관련성을 높여 논증이 구성되었음을 의미하며, 이처럼 전제 간의 관련성을 강하게 만듦으로써 결론이 논리적으로 강하게 추론되는 인상을 준다. 또한, 논증을 분석할 때 보충한 숨은 전제들을 수용한다면 논증이 큰 틀에서 연역적으로 구성되고, 따라서 이러한 논리적 구조에서 결론이 필연적으로 도출되는 모양새를 가진다.

(3) 전제들이 결론을 충분히 지지하는지 확인하라.(충분성 평가)

논증의 관점에서 엄밀하게 보면, 예시 2에서 사실증거의 제시가 충분하다고 볼 수는 없다. 하지만 수사술의 관점에서 담화 연설의 특성을 고려하여 예시 2를 평가할 필요가 있다. 우선 구두로 전해지는 연설에서 배경 정보와 사실증거가 필요 이상으로 너무 구체적이고 많을 경우, 본래 전달하고자 하는 논지를 청자가 잘 알아듣지 못할 수 있다. 그래서 제시된 근거가 일부 추상적일지라도 그 사실의 구체적 증거가 일반 상식의 차원에서 폭넓게 수용되어 알려져 있다면, 대표 사례의 언급 정도나 청자의 기억 속에 구체적인 증거를 스스로 소환할 수 있는 정도의 언급으로도 근거 제시가 충분하다고 평가될 수 있다.

(4) 제시된 증거 자료는 적절한지 확인하라.

예시 2에서 제시된 핵심 근거들은 역사적 사실과 문제가 되는 현안, 그리고 상식적으로 수용가능한 당위 등이다. 여기에 대한 구체적인 증거 자료 제시는 위의 (3)에서 평가한 것과 같이 수사술적 관점에서 축소되었거나 생략되었다고 볼 수 있다.

(5) 논증에서 형식적 혹은 비형식적 오류를 찾아라.

제시된 예시에서 특별히 문제 삼을 만한 오류는 발견되지 않는다.

III. 논증 비판

※ 논증을 강화하는 입장과 약화하는 입장으로 크게 구분하여 비판하라.

(1) 논증을 강화할지 약화할지 판단하라.

(2) 강화하는 입장에서 비판한다면,

1) 찬성 입장에서 볼 때 역사적 사실과 이에 따른 당연한 권리가 잘 결합하여 설득력이 높은 좋은 연설문이다. 논증적으로 구체적인 증거 제시의 미흡함을 지적할 수 있겠으나, 담화 연설의 특성을 고려할 때 수사적으로 용인될 수 있는 수준의 생략이라고 여겨진다.
2) 예시 2의 내용만으로 판단할 때, 독도 문제를 공개적으로 당당하게 대처하는 것이 어떤 장점과 이익이 있는지에 대한 근거 제시가 부족하다. 이 부분은 (마)의 ⑰에 언급된 견해, 즉 비공개적으로 조용하게 대처하는 것이 독도를 분쟁지역화하려는 일본의 의도에 휘말리지 않는 더 효과적인 전략이라는 견해를 앞세워 공개적 대응에 대한 반론이 가능하기 때문에 보강이 필요하다. 또한, '일본'이라고 칭할 때 이러한 문제가 '일본인 전체'의 인식에서 유래한 것이 아니라

'일본 정부'의 잘못된 역사 인식과 정책 때문이라는 반론 제기의 가능도 고려할 수 있다. 그런데 이런 반론을 의식했기 때문에 이 담화문의 원문에서는 편집 인용한 글의 다음에 '일본 정부의 일련의 행위가 일본 국민의 보편적 인식에 기초하고 있는 것은 아닐 것이라는 기대를 가지고 있다'라고 말함으로써 반론 가능성을 차단하고 있다.

(3) 약화하는 입장에서 비판한다면,

1) 반대 입장에서 이 연설문의 결론을 반박하려면, 일제 식민지 역사와 그 영향에 대한 역사 사실을 전면적으로 부정할 수 있어야 한다. 그래야만 '일본의 독도 영유권 주장은 곧 대한민국 주권을 침해하는 것'이라는 최종결론의 핵심 전제들을 부정할 수 있다.
2) 과거사 문제와 현재 및 미래의 한일 양국의 관계를 연관시키는 것도 핵심 전제인데, 이를 부정하기 위해서는 과거사 문제가 양국 간 현안과 무관함을 입증할 수 있는 근거를 제시해야 한다.
3) 제시된 핵심 전제들을 수용하더라도 최종결론에 이의를 제기할 수 있다. 앞서 지적한 것처럼 '공개적이고 당당한 대처'보다 '비공개적이고 조용한 대처'가 독도 문제를 해결하는 데 더 유리하다는 반론이 그것이다. 그러나 이 반론이 적절하기 위해서는 (마)의 ⑰에서 언급한 일본의 분쟁화 전략을 우려하는 견해가 부각될 필요가 있는데, 이것은 (라) 전체 논증에 대한 평가와 연관된다. 즉, 독도만의 문제가 아니라 배타적 경제수역의 경계 획정 문제나 동해 해저 지명 문제가 독도 문제와 연관되어 있기 때문에 비공개적으로 조용하고 대처할 수 있는 문제가 아니라는 주장을 부정할 수 있어야 담화에서 주장하는 공개적 대응 전략과 태도에 대한 반론 제기가 성공할 수 있다.

(4) 비판을 통해 논증이 이전보다 더 나은 상태가 되었는지를 객관적으로 판단해 보라.

연습문제

※ 다음 제시문을 〈논증 비판을 위한 확인 사항〉을 활용하여 분석-평가-비판 하시오.

[제시문] '사형제는 존속되어야 한다.'

(가) ① 사형제도의 존치와 폐지에 관한 논쟁은 특정 국가의 문제가 아닌 전 세계적 이슈인 것은 분명하다. ② 사형은 범죄자의 생명을 최종적으로 박탈하여 사회로부터 영원히 격리시키는 가장 무거운 형벌이다. ③ 하지만 사형이 형벌로서 가지는 의미와 기능, 그리고 사형에 대한 국민적 감정과 인권 관련 문제 등이 복잡하게 얽혀 있어 이 제도의 존치와 폐지를 쉽게 결정 내리기가 쉽지 않아 보인다. ④ 그럼에도 형벌 제도로서의 사형이 가지는 의미가 가장 본질적이라고 봤을 때, 사형제에 대한 국민적 법 감정과 같은 여론의 추이에 따라 판단하기보다 이 제도가 가진 본래적 이유만 고려해도 대한민국에서 사형제가 존속되어야 한다고 나는 주장하는 바이다.

(나) ⑤ 형벌은 본래 이미 발생한 범죄의 응보를 통하여 관련 피해자와 그의 가족, 그리고 사회에 미친 부정적 영향 등에 대한 정의 구현에 그 의미가 있다. ⑥ 여기서 응보란 일방적이고 무자비한 복수가 아니라 죄의 대가에 대한 책임을 공정하게 묻는 것을 의미한다. ⑦ 일반적으로 사형은 엄정한 재판을 통해 교화 가능성이 없고 재범 가능성이 높아 사회로의 환원이 무의미한 극악무도한 범죄자에게만 선고된다. ⑧ 그리고 피해자와 그 가족이 겪은 고통과 슬픔, 그리고 사회에 미친 부정적 파장 등 무고한 이들이 입은 불가역적 피해를 고려해야 한다. ⑨ 그래서 앞서 말한 극악무도한 범죄자를 사형시키는 것은 응보를 통한 정의 구현이라는 형벌의 본래적 취지에 부합한다. ⑩ 하지만 일부 인권 단체에서는 가해자 인권을 내세우며 사형제 폐지를 주장하는데, 이런 주장은 범죄 피해자와 그 가족의 입장에서 볼 때 그들의 슬픔과 분노를 하나도 이해하지 못하는 파렴치한 행동에 불과하다.

(다) ⑪ 중요하게 고려할 점이 또 있다. ⑫ 현재 우리나라 헌법에서 사형제가 합헌임은 여러 차례 확인되었다. ⑬ 헌법재판소는 형벌이 가진 위하력의 인정과 이를 입증하는 사례들을 증거로 삼아 사형이 형벌로서 가장 강력한 범죄 억지력을 가지고 있다는 사실을 분명하게 판결로서 확인해 주었다. ⑭ 왜냐하면 형벌이 가지는 위하력은 형벌을 통해 얻는 불이익이 범죄를 통해 얻는 이익보다 클 때 발생하는데, 인간에게 죽음은 가장 근원적인 공포이자 불이익이므로 사형이 가장 강력한 범죄 억지력을 가지기 때문이다. ⑮ 그리고 이러한 위하력과 범죄 억지력을 확인할 수 있는 사례는 많은데, 대표적인 예를 들자면, 1981년 미국 텍사스 주 휴스턴은 701건의 살인사건이 발생하여 살인율이 가장 높은 지역이었으나, 그다음 해 사형제를 부활시킨 후 살인사건이 격감하여 1996년에는 261건으로 줄어 63%의 감소 효과가 나타났다. ⑯ 이처럼 헌법재판소에서 사형제의 형벌적 순기능을 사형제 합헌 판결을 통해 인정한 것은 매우 중요하다. ⑰ 헌법재판소가 법 해석의 최고 기

관임을 고려한다면, 이 기관에서 인정한 사형제도의 합법성에 더 이상 문제를 제기하는 것은 국기 문란에 해당될 수 있다.

(라) ⑱ 사형제 폐지론자들은 사법적 오판이나 남용 가능성 때문에 무고한 사람이 사형당했던 과거사와 앞으로도 여전히 이러한 문제가 재발될 가능성을 사형제 폐지의 근거로 대고 있다. ⑲ 그러나 과거에 있었던 사법적 오판에 의한 불의한 사형은 무도한 국가 권력의 폭력을 제대로 통제하지 못했던 우리 사회의 미성숙과 미약함 때문이었다. ⑳ 오늘날 민주주의가 정착된 우리 사회에 또다시 그러한 국가 폭력 사태가 재발할 가능성은 낮다. ㉑ 그리고 근래의 판결 기준과 경향에 비춰 보면, 사법부가 사형 선고의 경우를 엄정하게 규정하고 판결을 신중하게 함으로써 재판의 오판이나 남용 가능성을 불식시킬 수 있다. ㉒ 또한, 과거에 비해 과학 수사 기법이 발전함에 따라 범죄 사실에 대한 오판 가능성이 크게 줄어들었기 때문에 늘어나는 흉악 범죄에 대응할 때 잘못된 수사로 인하여 무고한 사람이 사형되는 일은 거의 없을 것이라고 확신할 수 있다.

(마) ㉓ 마지막으로 사형제에 대한 국민적 법 감정을 살펴보지 않을 수 없다. ㉔ 민주주의는 다수의 의견을 존중해야 하는 정치 제도이다. ㉕ 그런데 국민 다수가 그 존속을 찬성하는 사형제를 폐지하자는 주장은 민주주의 질서를 교란하는 것이 아니고 무엇인가? ㉖ 어느 유력한 연구소의 2010년 여론조사에 따르면 응답자의 83.1%가 사형제의 범죄 예방 효과에 긍정적이었고, 특히 미집행 사형수에 대한 사형 집행 여부를 묻는 말에 91.4%가 사형 미집행은 오히려 법 위반이라는 의견을 냈다. ㉗ 그리고 최근 발생한 강력 살인 사건과 관련해서 여론조사 전문 기관인 '진짜미터'에서 조사한 결과에 따르면 응답자의 69.7%가 사형제 존속에 찬성했다. ㉘ 결론적으로 볼 때, 다수의 국민이 사형제 존속을 원하고 있다는 사실을 간과해서는 안 된다.

논증 비판을 위한 확인 사항	
항목	확인 / 내용
I. 논증 분석	
(1) 제시된 글에서 논증을 확인하라.	
(2) 글의 논점을 파악하여 논증의 최종결론을 찾아라.	
(3) 최종결론과의 논리적·내용적 관계를 고려하여 제시된 전제를 찾아라.	
(4) 논증과 직접 관련이 없는 것은 별도로 구분하라.(논점 제시, 설명, 개념 정의, 반론 등)	
(5) 숨은 전제(가정)를 명시하라.	
(6) 논증을 재구성하여 논증 구조도를 그려 보라.	
II. 논증 평가	
(1) 전제들이 수용가능한지 확인하라.(수용가능성 평가)	
(2) 전제들이 결론과 관련이 있는지 확인하라.(관련성 평가)	
(3) 전제들이 결론을 충분히 지지하는지 확인하라.(충분성 평가)	
(4) 제시된 증거 자료는 적절한지 확인하라.	
(5) 논증에서 형식적 혹은 비형식적 오류를 찾아라.	
III. 논증 비판	
(1) 논증을 강화할지 약화할지 판단하라.	
(2) 강화하는 입장에서 비판한다면,	
1) 논증에서 강화시킬 필요가 있는 부분을 살펴보라.	
2) 논증 강화를 위해 추가될 필요가 있는 전제를 검토하여 제시하라.	
3) 추가되는 전제가 기존 전제들과 충돌하지 않는지 검토하라.	
4) 기존 전제들 중 불분명하거나 오류 가능성이 있는 것은 수정·보완하라.	
5) 반박 가능성을 검토한 후 제기될 수 있는 반론을 차단할 수 있도록 보완하라.	
(3) 약화하는 입장에서 비판한다면,	
1) 논증에서 약화시킬 부분을 살펴보라.	
2) 약점을 드러낼 수 있는 적절한 증거를 검토하여 제시하라.	
3) 논증 약화를 뒷받침할 증거가 정확하고 적절한지 확인하라.	
4) 논증 평가 기준에 부합하지 않는 부분과 오류를 지적하라.	
5) 반론(혹은 반례)을 제기할 수 있는지 검토하라.	
(4) 비판을 통해 논증이 이전보다 더 나은 상태가 되었는지를 객관적으로 판단해 보라.	
※ 논증 재구성 및 구조도 그리기를 위한 메모	

제10장

토론과 비판적 사고

1. 토론의 목적과 정의
2. 비판적 사고를 위한 토론의 기본 과정과 방법

1. 토론의 목적과 정의

(1) 토론의 목적

아래에 제시된 문제의 예를 통해 토론이 요구되는 상황과 토론의 목적에 대하여 우선 생각해 보자.

예시

최근 한국 사회에 논란이 된 문제의 예

- 신고리 원자력 발전소 5·6호기 공사를 중단하는 것이 적절한가?
- 살인과 같은 강력 범죄를 저지른 청소년에게 소년법을 적용하는 것이 정당한가?
- 현재 대한민국의 정치 상황에서 내각제가 적합한가?
- 정부가 암호화폐를 관리 감독해야 하는가?
- '메갈리아'의 미러링 전략은 효과적인가?

생각거리

- 각각의 문제에서 찬성과 반대의 입장이 구분되는가?
- 찬반 입장이 서로 대립하면서 갈등이 발생하는가? 발생한다면 어떤 갈등인가?
- 갈등 해소를 위한 의사소통과 의사결정이 민주적으로 이루어진다는 것은 무슨 의미인가?
- 문제가 되는 갈등 상황이 토론을 통해 해소될 수 있는가? 해소될 수 있다면 어떤 방식으로 토론을 해야 하는가?

인간이 정치적·사회적 동물이라면, 개인의 선택과 결단만으로 사회생활을 적절하게 유지할 수는 없다. 서로 생각과 가치가 다른 사람들과 함께 적절한 사회생활을 유지하기 위해서는 원만한 의사소통과 의사결정이 필요하다. 또한, 편견과 억견(臆見), 그리고 오류에서 벗어나 사태와 현상의 진실을 제대로 인식하는 것은 학문적 영역뿐만 아니라 일상적 영역에서도 중요하게 요구된다. 이러한 필요성과 요구로 인해 오래전부터 사용된 유용한 도구가 바로 토론이다.

토론은 논리에 기반에 둔 합리적인 의사소통과 의사결정을 지향한다. 특히 민주사회에서 개인의 독단보다 집단적 의견으로부터 의사소통과 의사결정이 이뤄지는 것이 옳다면, 합리성에 토대를 둔 토론은 민주주의를 유지하는 중요한 요소임에 틀림없다.

토론이 필요한 상황은 문제가 인지되는 상황이며, 이 문제로부터 찬반의 의견이 상호 대립함으로써 갈등이 발생한다. 그러므로 이런 관점에서 보면, 문제로부터 야기된 갈등을 해소하는 것이 토론의 목적이라고 할 수 있다. 그런데 토론에서 갈등의 해소는 갈등을 원천적으로 제거함만을 의미하는 것이 아니라 발생하는 갈등을 원만하게 완화함을 의미하기도 한다. 토론의 주요 기술인 논박의 일차적 목적이 거짓된 입장을 제대로 드러내 논파하는 것이지만, 토론의 주제와 관련하여 무엇이 참이고 거짓인지를 토론 참여자 모두가 제대로 인식하는 것에 토론의 가치를 두는 것도 매우 중요하다. 다시 말하자면, 토론의 승패에 대한 과도한 관심은 자칫 토론을 논쟁 중심의 경쟁적 토론에 집중하게 만드는 문제를 낳는다. 이 때문에 합리적이고 건전한 토론의 과정을 통해 모든 토론 참여자가 수긍할 수 있는 결론을 이끌어 내기 위해 노력하기보다 상대의 주장을 억지로 굴복시킴으로써 자신의 주장에 대한 설득력을 일방적으로 높이는 데에만 관심을 가지는 결과중심주의적 토론이 전개될 수 있다.

토론 참여자 각각은 자신의 고유한 주장을 펼칠 수 있으며, 그 주장에 설득력이 있음을 논리적으로 입증하고자 노력하는 것은 당연하다. 그러나 누구나 자신의 의견을 가질 수는 있지만, 자신의 의견이 참임을 항상 입증할 수 있는 것은 아니다. 같은 사안에 대하여 우리는 다양한 의견을 가질 수 있다. 그리고 그러한 의견들은 각각 나름의 이유를 가지고 일정 부분의 설득력을 가질 수 있다. 이를 강한 의견으로 무조건 짓눌러 부정하거나 배제하기보다 어떤 부분에서 참이 될 수 있는지, 또한 어떤 부분에서 거짓이 될 수 있는지를 공동의 노력으로 탐색하고 검증하는 것은 토론을 통해 구현할 수 있는 중요한 의사소통의 방식이다.

토론은 논리적이고 합리적인 의사소통과 의사결정의 방식을 따를 때 올바르다. 그러나 이러한 토론이 저절로 가능한 것은 아니므로 적절한 훈련과 연습이 필요하다. 따라서 올바른 토론의 방법을 습득하는 데에 가장 효과적인 방법이 바로 논리와 비판적 사고를 통한 토론 훈련이다. 논리와 비판적 사고 학습을 통해 학습한 논증의 이해와 분석 및 평가의 방법은 토론에 대한 기본 이해와 방식, 그리고 전략을 학습하는 데에 매우 적절히 응용될 수 있다. 그리고 이러한 토론 학습이 다시 역으로 비판적 사고력을 증진시킬 수 있는 효과적인 도구가 될 수 있다.

(2) 토론의 정의

1) 토론의 기본 형태: 대화

토론은 대화의 일종이다. 너무나 당연하지만 대화가 성립하기 위해서는 서로 말을 주고받을 상대가 반드시 존재해야 한다. 이렇게 당연한 것을 말하는 이유는 토론이 대화에 기반을 두고 있음에도 실제 토론에서 상대자는 아랑곳없이 자기가 하고 싶은 말만 고집하는 경우가 빈번하기 때문이다.

- 대화(對話): 서로 마주하여 이야기를 주고받음
- (영어) Dialog ⇒ [어원] 그리스어 dia-(서로서로) + logos(말)

대화의 목적과 방식은 다양하다. 특정한 주제 없이 우발적으로 서로 이야기를 나누기 위해, 혹은 별다른 이견 없이 서로 의견과 정보를 교환하기 위해, 혹은 특정한 사태와 현상에 대해 서로 의견이 달라 어느 쪽이 옳은지 판단하기 위해, 혹은 자신의 의견이 옳음을 상대방에게 설득하기 위해, 혹은 이견이 있지만 서로의 이견을 조율하여 합치된 의견을 도출하기 위해 우리는 대화를 한다. 그리고 대화의 목적에 따라 대화의 방식이 달라짐은 당연하다. 대화 도중에 이견이 발생했을 때 어느 쪽 의견이 옳은지 판단하려는 목적과 대화를 통해 자신의 의견이 옳음을 상대방에서 설득하려는 목적, 그리고 이견이 있음에도 이로부터 합치된 의견을 도출하려는 목적은 바로 토론의 목적과 직결된다. 그리고 이 목적을 달성하는 방식은 크게 두 가지로 요약할 수 있다.

- 논박(論駁): 잘못된 점을 논리적으로 지적하여 공격함
- 합의(合意): 어떤 문제나 일에 대해 서로의 의견이 일치함

논박과 합의를 통해 대화의 목적을 효과적으로 달성하기 위해 필요로 하는 기술을 서양 논리학 및 논증이론에서는 전통적으로 변증술과 수사술이라고 불렀다.

- 변증술(dialectic): 특정한 문제로부터 서로 대립하는 입장을 대화 형식의 문답을 통해 검토, 검증하여 참된 입장과 거짓된 입장을 논증하는 기술 ⇒ '논증적 대화술'로 이해 가능
- 수사술(rhetoric): 말이나 글을 정연하게 다듬고 꾸며 설득력을 높이는 기술

2) 대화의 목적과 방식에 따라 구분되는 토론

앞서 다양한 요구와 목적에 따라 다양한 종류의 대화 형태가 있을 수 있음을 말하였다. 이런 관점에서 볼 때 토론도 넓은 의미에서 논박과 합의를 통한 합리적 의사소통과 의사결정을 지향하고, 일정한 규칙에 따라 논증의 형식으로 진행되는 대화라고 이해할 수 있을 것이다. 그리고 토론의 목적과 방식을 '논박을 통한 경쟁'과 '합의를 통한 협력'으로 크게 구분하여 이에 상응하는 토론의 유형을 다음과 같이 정의할 수 있다.

- **경쟁적 의사소통으로서의 토론**: 주어진 문제에 대하여 찬반 입장이 나뉘어져 상호 논쟁(論爭)과 논박(論駁)을 통해 어느 입장이 옳고 그른지 따져 묻기 위한 대화. 이런 유형의 토론을 보통 '대립토론(debate)'이라고 부른다.
- **협력적 의사소통으로서의 토론**: 주어진 문제에 대하여 두 사람 이상이 한자리에 모여 서로의 의견을 일치시키려는 합의(合意)를 목적에 두고 협의(協議)하는 대화. 이런 유형의 토론을 보통 '토의(discussion)'라고 부른다.

[참고 사항]

① **debate와 discussion의 어원적 의미**: 영어의 'debate'는 토론으로, 'discussion'은 토의로 보통 번역되는데, 이 번역이 어원적으로 꼭 들어맞는지는 의문이다. 영어의 'debate'는 라틴어 동사 'debattuere'에서 유래하는데, 이 단어는 'battuere(두드리다, 치다, 때리다)'에 접두사 'de-(위에서 아래로, 아래로 내려, 직접적으로, 완전히, 남김없이, 분리된)'가 결합하여 전쟁이나 전투 상황에 잘 어울리는 의미를 가진다. 그리고 영어의 'discussion'은 라틴어 동사 'discutere(서로서로 구분하여 쳐서 부서뜨리다)'에서 유래하는데, 이를 대화 상황에 적용해 보면 주어진 논제의 실체를 제대로 파악하기 위해 마치 그것을 조각조각 때려 부숴 그 속을 들여다보듯 서로 말하는 것으로 이해된다. 한편 토론(討論)과 토의(討議)에 함께 사용되는 '토(討)' 역시 '치다', '없애다', '탐구하다'와 같이 대화의 방식을 표현하기 때문에 'debate'뿐만 아니라 'discussion'의 의미와도 서로 잘 통한다.

② **논쟁과 쟁론**: '논쟁'은 경쟁적 의사소통으로서의 토론(debate)이 주로 사용하는 방법으로서 이것이 지향하는 바가 논제의 시비를 제대로 따지는 '논(論)'에 있다고 해석될 수 있다면, 단어의 글자 순서만 바꾼 '쟁론'은 '논(論)'의 목적이 '쟁(爭)'에 있음을 의미한다고 해석할 수 있다. 그래서 '쟁론'은 그냥 궤변을 앞세운 말싸움을 의미한다. '쟁론'에 상응하

는 영어 단어로 'eristic'을 들 수 있는데, 이 단어의 유래가 그리스 신화에서 불화와 싸움의 여신인 '에리스(Eris)'와 관련이 있음을 알면 쉽게 이해가 될 것이다.

③ **아카데믹 토론(academic debate)**: 논쟁적으로 진행되는 대립토론을 'debate'라고 부른다면, 오늘날 학교에서 많이 교육되는 '아카데믹 토론(academic debate)'은 일반적인 토론이라기보다 토론의 방법을 익히는 교육적 목적에 부합하도록 개발되었다. 이 토론의 형식은 주어진 논제에 대해 찬성 측과 반대 측을 분명히 나누고, 토론 참가자들이 엄격하게 정해진 형식과 규칙에 따라 정해진 시간 내에 공평하게 각자의 의견을 제시하고 서로 반박하도록 설계되었다. 또한, 토론의 원활한 진행을 위해 사회자를 둘 수 있고, 토론 과정과 결과에 대한 평가를 통해 토론의 승패를 반드시 가리도록 하는 것이 이 토론의 특징이다. '아카데믹'이란 말은 대학의 학생들 사이에 유행했던 토론 대결에서 유래하는데, 14세기부터 계속된 영국의 옥스퍼드와 케임브리지 대학생들이 벌였던 토론대회나 19세기 미국의 대학들이 개최했던 각종 토론대회들을 아카데믹 토론이라고 부른다. 특히 미국에서는 1947년 미국 토론 학회(American Forensics Association: AFA)에서 개최한 전국 대학생 토론대회(National Debate Tournament: NDT)를 계기로 토론 문화가 급속도록 확산되었고, 이에 힘입어 토론에 관한 많은 연구가 진행되었다. 아카데믹 토론의 대표적인 형식으로서 교차조사식 토론, 영국식 의회 토론, 칼 포퍼식 토론, 링컨-더글라스식 토론 등이 있다.

④ **질의응답식 토론(disputatio)**: 서양 중세 대학의 스콜라 학문 체계에서 교육이나 학술적 목적, 혹은 학위 수여를 위한 시험의 한 종류로서 통용되던 토론 형식을 특별히 'disputatio'라고 부르며, 이 용어는 라틴어 동사 'disputare(서로서로 구분하여 평가하고 의견을 내다)'에서 파생된 명사이다. 중세의 대학에서 교육 과정의 일환으로 일정한 주기를 가지고 개최되는 정규 토론(disputatio ordinaria)은 하나의 논제에 대하여 보통 이틀 동안 진행되었다. 이 토론에서 교수는 우선 토론에 참가할 학생을 선발하여 그 학생에게 '예' 혹은 '아니오'로 답할 수 있는 문제를 제시한다. 그러면 그 학생은 일정한 기간 동안 제시된 문제에 대해 자신의 찬성 혹은 반대 입장을 정하고, 그 입장에 대한 근거를 준비한다. 첫째 날 토론에서 학생은 주어진 문제에 대한 입장 및 제시할 근거를 발표한다. 그러면 동참한 교수들과 동료 학생들이 발표 내용에 관하여 공격적으로 질문하고, 발표자 학생은 질문을 방어적으로 답변해야 한다. 둘째 날 토론에서는 토론을 주최한 교수가 전날 진행된 토론에서 다루어졌던 입론과 반론을 조목조목 평가하고 설명하면서 논제에 대한 답을 체계적으로 제시한다.

이상의 내용을 종합하여 경쟁적 의사소통과 협력적 의사소통의 의미를 함께 포괄한 토론을 정의하면 다음과 같다.

토론이란

[① 대상] 제시된 논제에 대하여

[② 주체] 찬반으로 대립하는 양측이

[③ 규칙] 공평한 기회와 절차를 통해 경쟁과 협력이 이루어질 수 있도록 만들어 주는 일정 한 대화 규칙에 따라

[④ 과정] 논거를 가진 주장을 제시하고 이를 검증·반증·논박·합의하는 과정을 반복함으로써

[⑤ 목적] 합리적 판단과 결정을 통해 논제와 관련된 시비를 분명하게 가려내는 의사소통 과정

2. 비판적 사고를 위한 토론의 기본 과정과 방법

이 책에서는 비판적 사고의 응용 측면에서 토론을 다루는 만큼, 앞서 학습한 내용과 유기적으로 연결하면서 토론의 과정과 방법을 살펴보자. 그리고 토론의 목적과 전략에 따라 다양한 형식의 토론을 다룰 수 있겠지만, 여기서는 일대일 논쟁적 찬반 토론을 기본 모형으로 설명하고자 한다. 또한, 토론의 기본 과정과 그 구성 요소를 설명하기 위한 대표 예시로서 '원자력 발전의 지속 가능성'이라는 주제를 제시할 것이다.

(1) 토론의 기본 과정

토론은 다양한 유형으로 구분될 수 있다. 하지만 그 기본 과정은 공통되며 복잡하지 않다. 토론에 참여하는 사람의 수가 얼마나 되었든 간에 토론은 기본적으로는 찬반 양측의 입장이 구분되어 양측이 질의응답을 하는 **대화 기반의 논변 구조**를 가진다. 그리고 토론의 속성상 찬반 양측의 주장에 대하여 근거 제시를 통해 검증과 반증의 절차를 거치는 **비판적 논증**으로 토론이 진행된다. 따라서 토론 과정은 비판적 사고를 통한 논증 과정과 매우 유사하게 이해될 수 있으며, 비판적 사고와 논증에 대한 학습 내용이 직간접적으로 충분히 토론에 활용될 수 있다. 이러한 이해를 바탕으로 기본적인 토론 과정의 개요를 아래와 같이 정리할 수 있다.

- **토론 준비**: 문제 인식 → 논제 설정 → 토론 개요서 작성 → 토론 자료 수집, 정리 및 검증
- **토론 진행**: 입론 → 질문과 답변(검증&반증) → 반론 → 최종 발언
- **토론 평가**: 토론 준비와 과정에 관한 평가 + 토론 목적 달성 여부 평가

(2) 토론 준비

1) 문제 인식

문제란 논제가 제시되는 배경으로서 해결책이 필요한 사태나 상황이다. 토론이 촉발되기 위해서는 우선 토론거리로서의 문제가 제대로 인식되어야 한다. 토론은 바로 이 인식된 문제에 대한 해결책을 마련하기 위해 진행된다. 이러한 관점에서 아래에 제시된 예시 상황으로부터 문제를 인식해 보자.

예제

※ (가)~(바)에 제시된 배경 상황을 종합적으로 고려했을 때 어떤 문제가 인식되는지 [확인 사항]을 이용하여 살펴보고, 인식된 문제를 의문문 형태로 표현해 보자.

[확인 사항]
① 쟁점 발견: 제시된 배경 상황에서 쟁점이 발견되는가?
② 쟁점의 이유: 왜 쟁점이 되는가?
③ 토론 주체의 능력과 토론 대상의 적절성: 문제가 되는 쟁점에 관해 토론할 수 있는가?
④ 문제 해결 가능성: 토론을 통해 쟁점에 대한 해결책을 찾을 수 있는가?

[배경 상황으로부터 토론 문제를 의문문으로 표현한 예시]
배경 상황: 2017년 3월 인천에서 발생한 강력 범죄 사건으로서 당시 17세였던 주범과 18세였던 공범이 범행을 모의하여 8세 초등학생을 유괴하여 살해한 사건 ⇒ 토론 문제: 살인과 같은 강력 범죄를 저지른 청소년에게 소년법을 적용하는 것이 적당한가?

(가) 2017년 7월 기준으로 전 세계 31개국에서 원전 446기가 상업 운영 중인데, 이는 전체 발전량의 10.6%의 비중을 차지하고 있다. 한국에서는 총 24개의 원전이 가동하고 있으며, 30.4%의 발전량 비중을 차지하고 하고 있다. 그리고 한국의 발전 설비 총량은 113,325MW인데, 이 중 원전 발전 설비는 22,529MW로서 약 19.9%의 비중을 차지하고 있다.

(나) 2017년 기준으로 한국에서 운영 중인 원전 24기와 건설 중인 5기의 지역별 분포는 다음과 같다.

구분	지역별 분포 현황
운영 중(24기)	부산시 기장군(5기), 울산시 울주군(1기), 경북 경주시(6기), 경북 울진군(6기), 전남 영광군(6기)
건설 중(5기)	울산시 울주군(3기), 경북 울진군(2기)

(다) 2011년 3월 11일 발생한 규모 9.0의 동일본 대지진과 이에 따른 쓰나미로 인해 후쿠시마 제1원전에서 수소 폭발 및 방사능 유출 사고가 발생했다. 이 참사는 1986년 4월 구소련의 체르노빌에서 발생한 원전 사고와 함께 가장 심각한 단계의 사고로 기록되었으며, 현재까지도 그 피해가 지속되고 있다.

(라) 월성 원전 6기와 고리 원전 6기가 가동 중인 경주 인근에서 2016년 9월 규모 5.8의 지진이 발생했고, 그 후 여진이 계속 이어지면서 지진에 대한 원전의 안정성에 많은 우려가 제기되고 있다. 게다가 2017년 11월 규모 5.4의 지진이 인접한 포항에서 발생함에 따라 원전의 안정성에 대한 우려는 더욱 가중되고 있다.

(마) 4차 산업혁명 시대를 맞이하고 있는 우리에게 지구온난화, 미세먼지에 대한 걱정 없는 청정하고 안정적인 에너지원의 확보와 공급은 매우 중요한 과제이다. 이러한 우리나라의 상황에 가장 적합한 에너지가 바로 원자력이다. 원자력 발전은 발전 단가 대비 유해 물질을 적게 배출하며, 자체 기술력으로 안전하게 발전 설비를 건설할 수 있으며, 원전 수출을 통해 국부를 증대시킬 수 있는 매우 효과적인 에너지 활용 방식이다.

(바) 최근 전 세계적으로 탈원전과 신재생 에너지 개발이 일반적인 추세이다. 원전 건설과 운영에 투입되는 자본을 신재생 에너지 개발과 생산에 적극 투자함으로써 안전하고 깨끗한 에너지 시대로의 전환을 앞당길 수 있다. 또한 우리나라의 기술력이나 대중적 관심의 증대를 고려했을 때, 신재생 에너지 산업이 새로운 경제 성장 동력이 될 수 있는 여건은 충분하다.

— 참고 자료: 『신고리 5·6호기 공론화 자료집』(2017.9.), 신고리 5·6호기 공론화위원회 발간

2) 논제 설정

논제란 문제로부터 토론거리로서 인식된 사태인데, 이 사태의 해결책과 관련하여 찬성과 반대의 입장이 구분되는 기준점 역할을 하는 주장이다. 따라서 논제는 토론의 대상이다. 그런데 모든 것이 토론의 대상이 될 수 있을까? 지극히 사적인 문제를 전혀 관련이 없는 사람과 토론하는 것은 적절하지 않다. 고령화 사회의 복지 대책에 관하여 유치원생들이 토론을 하는 것은 그리 생산적이지 않다. 우리 은하 중심에 있는 블랙홀의 크기와 개수에 대하여 천체물리학 지식이 거의 없는 일반인들이 토론하여 기대할 수 있는 결론은 무엇일지 의문이다. 남북한의 통일 문제에 대해 한국인들이 토론하는 것과 미국인들이 토론하는 것이 같을 수 없을 것이다. 만약 우리가 생산적 토론을 통해 문제의 해결책을 찾고자 한다면, 토론의 주체들과 토론의 목적 등을 잘 고려한 적절한 논제 설정이 매우 중요하다.

예제

※ 앞에서 살펴본 우리나라의 원전 상황과 문제로부터 제시될 법한 논제 (가)~(라)를 아래의 [확인 사항]을 도움 삼아 평가해 보라.

[확인 사항] 좋은 논제의 조건

① 토론 주체와 목적을 고려한 논제 설정: 문제 상황으로부터 누가, 그리고 왜 토론을 할 것인지를 분명하게 정하고 토론을 기획하고 진행해야 한다. 교육을 위한 토론과 실제 법정이나 의회, 혹은 학술대회에서 벌어지는 토론은 그 주체와 목적에서 서로 다르다.

② 논제의 단순성: 논제에서 표현되는 토론 대상이 많아지면 토론이 산만해질 수 있으므로 토론의 초점을 모으기 위해 논제는 하나의 핵심 쟁점을 표현하는 것이 효과적이다. 그런데 논제가 가진 쟁점 사항이 불가피하게 복합적일 경우, 토론해야 할 쟁점을 잘 구분하고, 쟁점을 다룰 순서와 방식에 대하여 토론 참가자들 간에 잘 협의하여 토론을 진행하는 것이 적절하다.

③ 논제의 구체성: 논제 내용의 애매모호성을 제거하기 위해 토론의 범위와 관점을 구체적으로 명시함으로써 찬반 양측의 대립성을 분명하게 하고, 불필요한 논쟁을 방지함으로써 토론의 효율성을 높이는 것이 좋다.

④ 논제의 검증 및 반증 가능성: 논제에 대한 찬성 및 반대 입장이 구체적인 증거를 통해 검증되거나 반증되지 못한다면 주장만 무성한 실속 없는 토론이 될 수밖에 없다.

(가) 원자력 발전은 계속되어야 한다.

(나) 한국의 원전 개발과 운영은 경제 발전과 과학기술 발전에 큰 보탬이 된다.

(다) 한국의 원전 개발 중지에 따른 신재생 에너지 개발은 현재의 기술력으로 충분히 가능하다.

(라) 2016년 6월 건설허가를 취득하여 울산시 울주군에 짓고 있는 신고리 원전 5·6호기의 공사는 즉각 중지되어야 한다.

'원전 개발'의 문제로부터 제시된 (가)~(라)의 논제를 확인 사항 ①에 따라 평가하면, 누가 그리고 왜 이 문제에 대해 토론하려는지에 따라 토론의 방식과 내용, 그리고 그 수준과 정도에 큰 차이가 있을 수 있음을 잘 고려해야 한다. 즉, 학생들이 교육적 목적에서 토론하는 것과 실제 이해관계가 걸려 있는 지역 주민 혹은 전문가들이 토론하는 것은 그 내용과 형식에서 큰 차이가 있다. 그리고 ①과 연관하여 ④에서 논제에 대한 검증 및 반증의 정도도 토론 주체와 목적에 따라 그 수준의 차이가 생길 수 있다. (가)의 경우, ③의 기준에 따라 토론 대상과 그 내용의 애매모호성을 지적할 수 있다. 우선 (가)의 내용만으로는 어느 곳이 원자력 발전을 지칭하는지 알 수 없을 뿐만 아니라 원자력 발전의 범위도 원자력 발전 전체인지, 아니면 일부를 말하는지 분명하지 않다. (나)의 경우, ②의 기준으로 볼 때 토론의 대상이 경제 발전의 측면과 과학기술 발전의 측면으로 구분되면서 논점이 복잡해지고 쟁점이 뒤섞이면서 토론이 산만해질 위험성이 크다. (다)에서는 '복합 질문의 오류'처럼 '한국의 원전 개발 중지'가 이미 수용된 것으로 가정한 채 신재생 에너지 개발의 기술적 충분성을 토론하는 방향으로 논점이 바뀌는 문제점이 ②의 기준에 따라 지적될 수 있다. (라)는 상대적으로 토론 대상이 단순하고 구체적으로 명시되어 있으며 그 쟁점도 분명하여 좋은 논제라고 볼 수 있다. 하지만 이 논제에 대한 충분하고 의미 있는 토론의 가능성은 ①과 ④를 고려했을 때 달리 평가될 수 있다.

일반적으로 기존의 상황이나 상태에 대한 문제 제기로부터 논제가 제시되며, 이 논제가 찬성과 반대의 입장을 가르는 대립축의 역할을 한다. 그래서 논제에 찬성하는 측은 **현실 비판적 입장**이 되고, 반대하는 측은 **현실 수용적 입장**이 된다.

- 기존 상황: 현재 울산시 울주군에 신고리 원전 5·6호기는 건설 중이다.
- 문제 제기: 최근 경주 및 포항 지진으로 인해 해당 지역의 원자력 발전이 안전하지 않다.
- 논제 진술: 현재 진행 중인 신고리 원전 5·6호기 건설을 즉각 중단해야 한다.(중단 찬성 - 현실 비판적 입장 / 중단 반대 - 현실 수용적 입장)

논제에 대한 토론 참가자들의 찬성과 반대 입장이 결정되면, 각 입장에 따른 토론 진행의 기본 전략도 분명히 구분된다. 현실 비판적 입장인 **찬성자**는 토론에서 논제의 참을 공격적으로 입증해야 하므로 이를 '**입증의 부담**'이라고 부른다. 반면, 현실 수용적 입장인 **반대자**는 논제의 참이 아님을 수비적으로 입증해야 하므로, 이를 '**반증의 부담**'이라고 부른다. 찬성자의 입증 부담과 반대자의 반증 부담은 토론에서 각자의 기본적인 역할과 목적, 그리고 토론의 승패를 결정하는 중요한 기준을 표현한다. 즉, 찬성자는 논제 입증의 부담을 극복하지 못하면(달리 표현하여 논제의 참을 입증하지 못하면), 토론에서 패한다. 반대자는 논제 반증의 부담을 극복하지 못하면(달리 표현하여 논제의 참을 반증하지 못하면), 토론에서 패한다. 거꾸로 말하면, **반대자는 찬성자의 입장을 효과적으로**

반박하여 논제가 참이 아님을 입증한다면, 토론에서 승리한다. 반면, 찬성자는 반대자의 반박을 이겨 내고 효과적으로 논제의 참을 입증하면, 토론에서 승리한다.

논제와 관련하여 마지막으로 논제의 성격에 따른 유형 구분을 살펴보자. 모든 문제가 같은 성격의 것이 아님은 당연하고, 따라서 그 논제의 성격 또한 다양하다. 그래서 일반적으로 논제의 성격에 따른 유형을 다음과 같이 크게 세 가지 정도로 구분한다. 논제의 성격 파악은 효과적인 토론 전략 구상을 위해 중요하다.

- **사실논제**: 사실판단에 따른 참, 거짓이 쟁점이 되는 논제. 사실논제가 가장 많이 다뤄지는 경우는 법정 토론임. 사실 논제를 다룰 때는 문제가 되는 사실이 실제로 일어났는지, 이를 객관적으로 입증할 증거가 얼마나 신뢰성이 있는지 등이 토론에서 중요하게 다뤄지게 됨.
  ☞ 예: '원전 발전은 대체 에너지 발전에 비해 안전하다', '사형제는 범죄 예방 효과가 있다', '화성에 생명체가 있다', '사형제는 범죄 억제의 효과가 있다', '1948년에 대한민국은 건국되었다', '아돌프 아이히만은 나치 전범자이다'
- **가치논제**: 어떤 대상의 바람직한 상태에 대한 판단을 비롯하여 옳고 그름에 대한 도덕적 판단, 그리고 아름다움과 추함에 대한 미적 판단 등과 같은 가치판단이 쟁점이 되는 논제. 상이한 가치 판단이 대립할 때는 가치 판단의 기준이 되는 조건의 객관성, 일반성, 우위성 등이 중요한 쟁점이 됨.
  ☞ 예: '낙태는 비도덕적 행위이다', '경제에서 성장보다 분배가 더 중요하다', '영화 〈스타워즈〉는 가장 훌륭한 SF영화이다', '성폭력에 대한 고발 운동인 '미투(Me Too)'는 인권 향상에 기여한다'
- **정책논제**: 어떤 정책의 정당성과 실효성, 그리고 실천 가능성 등이 쟁점이 되는 논제. 이러한 논제는 보통 의회나 기업 혹은 학교와 같은 곳에서 조직 운영과 관련하여 많이 다룸. 정책논제를 다룰 때 사실판단과 가치판단이 복합적으로 요구되는 경우가 많음. 정책논제를 다룰 때는 현재 정책의 한계점을 적절하게 지적하고 이에 대응하는 새로운 정책의 필요성이 사회성, 경제성, 효율성 등 다양한 관점이 고려되어 설득력 있게 제시되어야 함.
  ☞ 예: '국정교과서는 필요하다', '전면적 무상급식은 실시되어야 한다', '낙태는 범법 행위로서 처벌 대상이다', '정부는 즉각 탈원전 정책을 실행해야 한다', '기업에서 유연근무제를 적극적으로 확대 실시할 필요가 있다', '학생에 대한 교사의 체벌은 허용되어야 한다'

3) 토론 개요서 작성

문제 인식을 통해 논제가 설정되고 논제에 따라 찬반 입장이 결정되었다면, 이제 본격적인 토론에 앞서 토론 개요서를 잘 작성해야 한다. 토론에서 주장하는 바가 표현된 논제에 대하여 얼마나 양질의 논거를 제시할 수 있느냐가 핵심이므로 토론 개요서 작성을 통해 좋은 논거를 많이 확보할 수 있도록 노력해야 한다.

여기서는 일대일 논쟁적 찬반 토론의 기본 모형에 따른 토론 개요서 작성의 순서와 내용을 간략히 소개한다.

① 자신(혹은 자기 팀)이 선택한 찬성 혹은 반대 입장에 대한 주장의 내용을 면밀히 검토한 후 문제 제기 및 논제 설정의 배경 상황과 핵심 개념을 조사·정리한다.
② 주장에 대한 논점과 논거를 탐색해서 정리한다.
③ 자신의 논점과 논거에 대한 상대의 반론을 예측하고 이에 대한 대책을 세운다.
※ 개요서의 구성이 토론 진행 과정과 밀접하게 연관되어 있으므로, 세부적인 개요서 작성 방식은 '(3) 토론 진행'의 내용을 참고하기 바람.

【예시】

[찬성 측] 토론 개요서	
논제	한국은 탈원전을 통한 신재생 에너지를 개발해야 한다.
쟁점	1. 원전은 안전한가? 2. 원전은 경제적인가? 3. 원전은 신재생 에너지로 대체될 수 있는가?

배경 상황
• 한국에서 원전의 발전 비중은 30.4%를 차지하고 있어 그 의존도가 높다. • 1986년 4월 발생한 체르노빌 원전 사고와 2011년 3월 발생한 후쿠시마 원전 사고로 원전의 안정성에 큰 의문이 제기되었다. • 2016년 9월 규모 5.8의 경주 지진과 2017년 11월 규모 5.4의 포항 지진으로 인해 해당 지역에 밀집된 원전의 안정성에 대하여 우려가 제기되었다. • 최근 미세먼지와 지구 온난화 등 환경 문제로 인해 청정에너지에 대한 관심이 높아지고 있다. 이에 생산과 처리 과정에서 어떤 에너지원이 깨끗하고 안전하며 경제적인지에 대한 면밀한 연구와 논쟁이 요구되고 있다.

핵심 개념
• 원전: '원자력 발전'의 줄임말로서 원자핵의 분열이 연쇄적으로 일어나면서 생기는 에너지를 이용한 발전을 뜻한다. 따라서 핵융합은 원자력 발전의 범위에 포함되지 않는다. • 신재생 에너지: 기존의 화석연료를 대체하는 에너지원으로서 태양, 물, 지열, 강수, 생물유기체 등 친환경 자원으로부터 획득할 수 있는 에너지.

찬성 측 입론(논점과 논거)

1. [원전의 안정성] 원전은 안전한 에너지가 아니다.
   ① 한국의 원전과 방사능 폐기물 처리장이 위치한 곳은 지진과 해일로부터 안전하지 않다.
   ② 원전 설비의 밀집도가 과도하고, 주변이 인구 밀집지역이어서 사고 발생 시 대규모 재난이 예상된다.
   ③ 원전 관련 시설에서의 방사능 노출 및 유출에 의한 피해는 그것이 소량이라도 피해자에게 치명적이므로 다른 에너지원에 비해 위험성이 높다.
2. [원전의 경제성] 원전은 경제적이지 않다.
   ① 원전 수명이 완료된 후 발생하는 폐로 비용과 고준위 핵폐기물 처리 비용을 감안하면 원전은 결코 값싼 에너지가 아니다.
   ② 원전 및 폐기물 처리장 건설 지역의 주민과 합의를 위한 사회적 비용이 크다.
   ③ 탈원전의 세계적 추세로 인해 원전 수출의 경제적 이익은 불확실하다.
3. [원전의 대체 가능성] 원전은 신재생 에너지로 대체 가능하다.
   ① 원자력에 비해 신재생 에너지는 자연친화적이며 지속가능한 안전한 에너지원이다.
   ② 원전 건설 및 운용 자금을 신재생 에너지 개발에 집중 투자하면 빠른 시간 내에 탈원전에 따른 안정적 전력 공급의 우려 없이 안전하고 친환경적인 에너지원으로 전환할 수 있다.
   ③ 세계적으로 원전 시장보다 신재생 에너지 시상에 내한 미래 투지 가치가 더 커지고 있으므로 기술 축적 및 시장 개척을 위해서 탈원전을 통한 신재생 에너지 개발이 필요하다.

반대 측 예상 반박과 대응

1. [원전의 안정성] 최근 기술로 설계된 원전은 예측 가능한 자연재해를 충분히 견딜 수 있도록 건설되어 운전 중이다.
   ☞ 대응: 원전 건설 지역의 지진 안전성 평가가 미흡함을 관련 자료 세시를 통해 지적하고, 사고 발생 확률이 낮더라도 사고 발생 시 미치는 피해의 심각성이 다른 발전 시설에 비해 높음을 대표 사례 제시를 통해 강조한다.
2. [원전의 경제성] 지금까지 적립한 원전 폐로 비용 및 폐기물 처리 비용을 감안하더라도 원전 발전 비용이 가장 저렴하다. 또한, 탈원전에 따른 원전 기술의 도태는 한국의 원전 기술이 가진 세계적인 경쟁력 및 경제력의 포기를 의미한다.
   ☞ 대응: 아직 원전을 완전히 해체한 경험이 없고 폐로 및 폐기물 처리 비용에 대한 충분한 검증이 이루어지 않아 정확한 비용 계산이 되지 않았음을 관련 자료 제시를 통해 지적한다. 탈원전과 신재생 에너지 개발이 세계적 추세인 상황에서 원전 기술에 대한 국제적 경쟁력과 경제력은 지속될 수 없음을 관련 통계 자료 제시를 통해 재반박한다.
3. [원전의 대체 가능성] 우리나라의 지리적 조건을 고려했을 때 신재생 에너지 발전 설비로의 전면적 대체는 어렵다. 원전에 대한 지나친 의존도를 해소하는 측면에서 안정적 전기 공급은 원전이 담당하고 신재생 에너지는 보조적 역할로서 개발을 병행하는 것이 바람직하다.
   ☞ 대응: 현재 신재생 에너지 발전 설비 비용이 원전에 비해 높지만 발전 속도를 감안한다면 고효율 발전 설비의 개발을 통해 경제성을 획기적으로 높여 원전을 대체하는 주력 에너지원이 될 수 있음을 관련 자료 제시를 통해 대응한다.

※ 반대 측 입장의 논점과 논거를 입론으로 제시한 후 찬성 측에서 이를 반박하고, 반대 측이 이 반박에 대해 다시 대응하는 형태로 토론 개요서를 하나 더 만들면, 찬성 측과 반대 측이 상호 입증과 반증을 하는 토론으로 발전시킬 수 있다.

4) 토론 자료 수집, 정리 및 검증

토론 준비에서 개요서 작성과 함께 꼭 수행해야 할 중요한 작업은 찬반 입장에 대한 논점과 논거의 구체적인 증거가 될 양질의 자료를 수집하고 검증하여 토론에서 효과적으로 활용할 수 있도록 잘 정리하는 일이다. 이때 찬성 측이든 반대 측이든 양측의 입장 모두를 고려하여 자료를 수집할 필요가 있다. 왜냐하면 당연히 자신의 입장에 대한 충분한 이해는 선결 조건이며, 역지사지(易地思之)처럼 상대 입장에 대한 이해를 통해 제기될 수 있는 반론을 예상하고 적절한 대응책을 미리 준비하는 것도 전략적으로 필요하기 때문이다. 또한, 상대의 입장에 대한 이해는 논제에 대한 객관적인 시각을 가질 수 있도록 함으로써 편견을 가지고 한쪽 입장의 참만을 고집하여 토론이 불필요하게 쟁론화되는 것을 방지할 수 있다. 이에 자료 수집과 검증에 관하여 몇 가지 도움이 될 지침을 제시한다.

자료 수집 방법

① 인터넷 검색
② 문헌 자료 검색
③ 신문, 잡지, 매스미디어 검색
④ 설문조사 및 인터뷰

자료 수집, 정리, 검증

① 1차 자료는 논제나 입장에 대한 직접적 연관 자료로서 가공되지 않은 원본, 원문, 원통계, 조사 대상 자체 등이다. 2차 자료는 1차 자료에 관한 연구논문, 번역물, 보고문, 교과서 혹은 개론서 등이다. 그래서 토론 자료로서 가능하면 1차 자료를 선별하여 **수집**하는 것이 가장 좋다. 2차 자료는 1차 자료에 대한 임의적 변형과 출처불명의 인용 등으로 불완전한 자료가 많기 때문에 논점과 논거에 대한 증거자료로 쓰기에 부적합한 경우가 많다. 따라서 토론 시 2차 자료보다 1차 자료의 제시가 논증의 신빙성을 더욱 높일 수 있음은 당연하다. 물론 1차 자료의 제시가 사정상 용이치 못할 경우, 2차 자료로 대체할 수 있지만, 결국 해당 2차 자료의 신빙성은 출처의 신빙성과 비례한다.

② 제한된 시간 내에 토론이 진행되므로 무엇을 위한 자료인지, 언제 사용할 자료인지, 어떤 자료가 가장 중요한지 등을 잘 판단하여 자료를 **정리**해 두면 토론을 진행할 때 매우 효과적이다. 이를 위해 다음과 같은 원칙에 따라 자료를 분류, 정리하면 토론에서 유용하게 사용할 수 있을 것이다.

〈확인 사항〉

- 수집한 자료가 찬성 측 자료인지, 반대 측 자료인지 명확하게 잘 구분하라.
- 제시할 논점에 따라 자료를 구분하여 정리하라.
- 논점을 지지하는 데에 결정적이고 유력한 자료가 있다면 우선적으로 표시해 두라.
- 자료의 본문뿐만 아니라 출처도 정확하게 정리하라. 출처의 신빙성은 항상 문제가 된다.
- 토론 중에 사용할 자료들을 토론의 진행과 토론자의 역할에 따라 분류하고, 이에 대한 인덱스를 만들면 보다 효과적으로 자료를 이용할 수 있다.

③ 수집한 자료가 자신의 입장을 지지하는 데 실제 도움이 되는지 **검증**할 필요가 있다. 따라서 아래의 기준에 따라 자료를 검증할 수 있다.

〈확인 사항〉

- 수집한 자료는 논점을 지지하는 데 적합한가?(수용가능성 및 관련성 검토)
- 양질의 자료가 충분히 수집되었는가?(충분성 검토) 증거우월주의에 따라 대립되는 두 주장 사이에서 결정을 내릴 때, 보다 유력한 증거를 제시하는 측이 승리한 것으로 간주된다.
- 수집한 자료에 쓰인 개념과 용어의 의미는 분명한가? 자료에 사용된 개념이나 용어가 애매모호하면 오히려 상대방의 공격을 받을 수 있다.
- 수집한 자료는 다른 자료들과 비교했을 때 논점 및 논거를 지지하는 데 일관되는가? 상호 모순되는 자료들이 제시되면 자신의 논증에 치명적이다.
- 수집한 자료는 편향되지 않았는가? 특정 관점에 의해 특정 집단의 이익만을 대변하는 자료나, 편향된 대상과 영역에서 생성된 통계 및 설문자료 등은 논점과 논지를 편향되게 만듦으로써 논증의 설득력이 낮아지게 되는 부정적 결과를 낳는다.
- 수집한 자료는 객관적으로 검증할 수 있는가? 상대방이 원할 경우, 자료의 타당성과 진실성을 검증할 수 있는 기회를 줄 수 있어야 한다. 그 예로, 자료의 출처를 정확하게 밝힘으로써 제시된 자료를 상대방이 직접 확인할 수 있음을 밝혀야 한다.
- 이 자료의 출처는 객관적으로 신뢰할 수 있는가? 신뢰성이 떨어지는 매체의 자료는 쉽게 반박당할 수 있다.

(3) 토론 진행

토론 주체와 논제, 그리고 목적에 따라 적합한 토론 형식이 다양하게 있지만, 여기서는 가장 기본적인 토론 형식의 모형을 소개하고, 이를 통해 기초적인 토론 진행 과정과 핵심 전략을 알아보자.

【일대일 논쟁적 찬반 토론의 모형】

※ 번호는 진행 순서임

반대 측 주도 1차 토론(25분)	찬성 측 주도 2차 토론(25분)
① 찬성 측 입론(4분) ② 반대 측 질문-찬성 측 답변(7분) ③ 반대 측 반론(5분) ④ 찬성 측 반론(5분)	⑤ 반대 측 입론(4분) ⑥ 찬성 측 질문-반대 측 답변(7분) ⑦ 찬성 측 반론(5분) ⑧ 반대 측 반론(5분)
⑩ 반대 측 최종 발언(4분)	⑨ 찬성 측 최종 발언(4분)
⑪ 토론 평가(10분)	

※ 진행자의 재량에 따라 진행 과정 사이에 적절하게 휴식 시간을 부여할 수 있음.

※ 총 예상 소요 시간(휴식 시간 포함): 약 60분

〈기본 규칙〉

- 찬성 측은 논제를 입증하지 못할 경우 토론에서 패한다. 반대 측은 찬성 측의 입론을 반증하지 못할 경우 토론에서 패한다.
- 상대편이 제시한 논점을 반박하지 않으면 그 논점은 인정된 것으로 간주한다.
- 입론에서 제시한 논점을 벗어난 새로운 논점을 질문이나 반론, 혹은 최종 발언에서 제시하면 안 된다.
- 정해진 토론 시간을 엄수해야 하며, 상대에 대한 예의를 지키며 토론에 임해야 한다.

위에 제시한 기본 토론 형식은 찬성 측과 반대 측이 번갈아 공격(반증)과 수비(입증)를 할 수 있도록 설계되어 있다. 그래서 우선 찬성 측 입론을 반대 측이 주도하여 공격하는 1차 토론과 반대 측 입론을 찬성 측이 주도하여 공격하는 2차 토론으로 구분되어 있다. 그리고 주도 토론이 끝나면 찬성 측과 반대 측이 토론 전반을 정리하는 최종 발언을 할 수 있다. 토론 평가는 진행자 혹은 별도의 평가단이 미리 정해진 기준에 따라 진행할 수 있다.

1) 입론

입론이란 논제에 대한 기본적 입장을 주장하는 것으로서 여기에는 논제가 제기되는 배경과 정황, 논제에 등장하는 주요 개념의 정의, 그리고 논점과 논거 및 관련 자료를 제시하는 것이 일반적이다. 입론에서 제시된 논점들은 이후의 토론 전개에서 쟁점이 되어 질문과 반론을 통해 구체적으로 다뤄야 할 내용이기 때문에 신중하게 구성해야 한다. 입론의 구성과 작성은 논증 구성과 작성의 원리와 근본적으로 다르지 않기 때문에 앞서 배운 내용을 잘 참고할 필요가 있다.

좀 더 자세히 입론의 구성 요소와 작성 요령을 살펴보자.

입론의 구성 요소 및 작성 요령

① 논제의 배경과 정황: 제시된 논제가 토론할 가치와 필요성이 있다는 점을 배경과 정황 제시를 통해 강조한다. 이를 통해 토론의 청자와 평가자에게 논제와 관련된 문제 상황에 대한 관심을 불러일으키고, 입론자의 논점에 대한 기대감을 높일 수 있다.

② 개념 정의: 논제와 관련된 핵심 개념과 용어를 정의한다. 개념 정의를 통해 토론에서 정의 내린 개념의 범주 안에서 논의가 진행되도록 유도할 수 있으며, 토론 참가자들이 협의하고 합의한 개념 정의를 벗어날 경우 그것은 논박의 빌미가 된다.

③ 논점 및 논거 제시: 찬성 측에게 논제는 입증해야 할 최종결론이고, 논점은 최종결론을 뒷받침해 주는 소결론(들)에 해당한다. 그리고 논거는 논점을 세부적으로 지지하는 전제(들)인데 구체적이고 객관적인 자료를 증거로서 제시할 필요가 있다. 최종결론을 효과적으로 입증하기 위해서 논점과 논거의 구조와 내용을 준비 단계에서 치밀하고 탄탄하게 구성하는 것이 좋다.

입론 시 토론 목표의 차이에 따라 찬성 측과 반대 측의 전략도 다소 차이가 나는데, 이와 관련해서 주의할 사항을 정리하면 다음과 같다.

입론 시 주의 사항

① 찬성 측 입론에서 제시되는 논점은 입론자가 반대 측의 공격으로부터 끝까지 방어해야 할 보루이므로 토론 준비 단계에서 **반대 측의 반박 가능성을 예상**하면서 논점 및 논거를 설정하는 것이 좋다.(앞서 소개한 토론 개요서의 예시에서 '예상 반박과 대응' 참고)

② 논점이 논제의 세부 주장이라면, 쟁점은 제시된 논점 중에서 찬반 양측이 서로 대립하는 논점이다. 여기서 설정한 토론 모형은 찬반 양측이 공평하게 입론하고, 입론한 것에 대하여 서로 입증과 반증을 하도록 유도하고 있다. 그래서 찬성 측이든 반대 측이든 입론자는 자신이 제시한 논점을 반론자가 모두 거부하면, 논점 모두가 쟁점이 되지만, 일부만 거부한다면 거부한 일부 논점이 쟁점이 된다. 이것이 전략적으로 의미하는 바는 다음과 같다. 입론자의 입장에서 쟁점이 많다는 것은 방어해야 할 논점이 많음을 뜻하고, 따라서 방어해야 할 논점이 많아질수록 입론자가 자신의 논점을 잘 방어할 가능성이 낮아진다. 반대로, 반론자의 입장에서 쟁점이 많다는 것은 입론자가 방어해야 할 논점이 많음을 뜻하기 때문에 반론할 수 있는 대상이 많아져서 반론자의 공격이 수월해질 수 있다. **쟁점과 논점, 그리고 입론자의 입장과 반론자의 입장이 가지는 상관관계를 잘 이해해서 토론 전략을 짜는 것이 중요**하다.

③ 제시된 논제의 내용이 **어느 쪽에 유리한지 잘 판단**할 필요가 있다. 즉, 논제에서 다루어야 할 핵심 문제의 범위가 넓으면 그만큼 찬성 측에 불리하다. 예를 들면, '한국은 탈원전을 통한 신재생 에너지를 개발해야 한다'는 논제에서 '즉각적 탈원전'과 '점진적 탈원전'의 입장으로 구분될 수 있는데, 원칙적으로 찬성 측은 두 입장을 모두 고려해서 방어해야 한다. 만약 찬성 측이 '즉각적 탈원전'의 입장으로 논제를 해석해 토론할 경우, 반대 측은 '점진적 탈원전'을 옹호하여 찬성 측 입장을 반박해도 토론에서 승리할 수 있다. 따라서 논제 제시(혹은 논제 협의) 과정에서 찬성 측은 문제 범위를 좁혀 구체화시키는 전략이 필요하다.

④ 찬성 측 입론은 토론에서 가장 먼저 제시되면서 첫인상을 형성한다. 만약 입론의 첫인상이 평가자가 보기에 핵심 쟁점을 다루면서 특별한 흠 없이 괜찮았다면, 이를 결정적으로 뒤집는 증거가 등장하지 않는 한 평가자는 대체로 이 첫인상을 분명하고 자명한 것으로 여기려는 심리적 성향이 있다. 이를 '**prima facie 효과**'라고 부른다. 따라서 찬성 측은 입론이 토론의 최종 평가에 큰 영향을 미칠 수 있다는 사실을 감안하고 입론을 준비해야 한다. 반면, 찬성 측이 입론에서 좋은 인상을 남기지 못할 경우, 반대 측에게 매우 유리하게 토론이 전개될 수 있다.

2) 질문과 답변(검증 & 반증)

토론이 기본적으로 대화에 기반을 두고 있음을 잘 보여 주는 요소가 바로 '질문과 답변'이다. 토론에서 상대의 의견을 듣지 않고 자기주장만 하는 경우가 자주 발생한다. 그래서 토론에서 찬반 양측이 서로의 입장을 확인하고 점검할 수 있도록 질의응답의 과정을 거치는데, 이를 통해 추후 반론 과정에서 사용할 검증 혹은 반증의 단서를 탐색하여 효과적인 반론을 준비할 수도 있다.

앞서 제시된 찬반 토론 형식에 따른 질의응답 요령에 관해 살펴보자.

질문과 답변의 요령

① **입론자가 발표한 내용에 대해서만 질문한다.** 입론자의 주장과 근거를 반론하기 위하여 질문하는 것이므로 논점 일탈이 되지 않도록 주의한다.

② 질문의 핵심 목적은 **반론을 위한 발판을 마련하려는 것**이다. 따라서 상대방이 내세운 논점과 근거에서 논리적·내용적 허점을 잘 파악하고, 이것을 질문을 통해 확인하려는 전략을 세워야 한다. 이를 위한 확인 사항은 아래와 같다.

〈확인 사항〉

- 상대방의 주장과 표현에서 모순된 내용은 없는지 확인하라.
- 논거와 증거 자료의 신빙성, 신뢰성, 정확성 등을 점검하라.

- 집단 토론의 경우, 구성원 간의 의견 불일치는 없는지 확인하라.
- 객관적인 증거 없이 검증 불가능한 논거만을 제시하지는 않는지 파악하라.

③ 질의응답은 입론자의 입장을 점검하는 것에 목적이 있으므로, 입론자가 자신의 의견을 피력할 수 있는 형식의 질문은 효과적이지 않다. 즉, '당신은 이 문제에 대해 어떻게 생각하느냐?'라는 식의 **개방형 질문은 전략적으로 바람직하지 않다.**

④ **상대의 발언 내용을 단순히 요약 확인하는 질문은 피하라.** 질문의 목적이 모르는 것을 단순히 물어보는 것이 아니라 상대방의 입장을 검토하는 것이므로 목적 지향적으로 질문을 하라.

⑤ **예의 없고 억지스러운 질문은 삼가라.** 질문자가 불합리하게 보임으로써 이어지는 반론 시 평가자에게 나쁜 선입견으로 작용할 수 있다.

⑥ **답변자는 성실하게 답변할 의무가 있다.** 묵비권은 질문에 대한 긍정적 답변으로 취급될 수 있으므로 주의하라.

⑦ 답변자는 질문자의 질문 내용에 의구심이 있거나, 이것이 명백하게 궤변일 경우 **역질문**을 할 수 있다. 역질문의 내용이 객관적으로 볼 때 질문자의 잘못을 제대로 지적하는 내용이라면 답변자에게 유리한 상황이 전개되겠지만, 자칫 그렇지 못할 경우에는 질문자의 질의 시간을 고의적으로 방해했다는 의심을 사면서 평가에 나쁜 영향을 줄 수 있다.

3) 반론

효과적인 질문을 통해 입론자의 입장이 잘 확인되었다면, 이제 입론에 반대하는 입장, 즉 반론이 논점과 논거 제시를 통해 진행된다. 그 요령은 다음과 같다.

반론의 요령

① 상대방 입론에서 제시되지 않은 논점을 반론해서는 안 된다. 그렇게 하면 일종의 **논점 일탈의 오류**를 범하는 것이다.

② 질문을 통해 상대방의 논거와 증거 자료에 대한 검토를 했고, 여기서 문제점을 발견했다면, 반론에서 근거의 타당성 혹은 건전성 등을 지적하면서 논점 및 논거의 관련성, 수용가능성, 충분성 등을 **비판**하라. 단, 반론자는 이 비판을 위한 객관적 증거를 제시해야 한다.

③ 반론의 한 방법으로서 상대방이 인정하는 근거를 통해 상대방의 주장과 모순된 결론이 도출됨을 보여 주는 **귀류법**은 입론자의 자기모순을 드러내는 매우 효과적인 방법이다.

④ 논제를 다룸에 있어서 **결정적인 쟁점**, 즉 반드시 해결해야 할 문제점을 담고 있는 쟁점을 잘 파악하여 관련된 논점에 대하여 **집중적인 반론**을 펼쳐야 한다. 제시된 모든 논점을 정해진 토론 시간 안에 충분히 반증할 수도 없고, 반증할 필요도 없다. 만약 입론자가 제시한 논점이 3개라면, 반론자가 이 3개의 논점을 모두 반박할 필요는 없다. 왜냐하면, 입론에서 논점 1)도 참이고, 2)도 참이고, 3)도 참이라고 주장했다면, 반론에서 1)~3) 중 하나만 성공적으로 논박, 즉 거짓임을 입증하여도 입론 전체의 신뢰성은 떨어지기 때문이다. 반면, 반론자가 논점 1)도 거짓이고, 2)도 거짓이고, 3)도 거짓이라고 반박했다면, 이 반론에 대한 재반

론에서 입론자가 1)~3) 중 하나만이라도 참임을 입증하면 다시 반론자에 대한 신뢰성은 떨어진다.

⑤ 토론 중에 이미 **인정한 논점(혹은 쟁점)**이 있다면 이를 반론 중에 부정하지 않도록 주의하라. 합리성을 중요시하는 토론에서 모순만큼 치명적인 것은 없다.

⑥ 반론은 입론자의 논점을 하나하나 검토하고 반증하는 것이 주목적이다. 그런데 반론 때 주로 반론자의 입장을 변호하는 발언, 즉 **변론에만 치중하면 좋은 평가를 받을 수 없다.**

4) 최종 발언

최종 발언이란 입론과 질문, 그리고 반론이 끝나면 토론에서 논의된 내용을 전반적으로 요약 정리한 후 최종적인 입장을 밝히는 것이다. 최종 발언의 요령은 아래와 같다.

최종 발언의 요령

① 찬성 측 혹은 반대 측 입론이 질문과 반론을 거치면서 어떻게 공격되고 방어되었는지를 쟁점 중심으로 간략하게 정리하라.

② 최종 발언을 통해 찬반 양측은 입론에서의 입장이 최종적으로도 유지됨을 강조하고 싶을 것이다. 그런데 토론 과정에서 명백히 반증된 부분이나 수정된 부분이 있음에도 이를 반영하여 발언하지 않을 경우, 이러한 태도는 아집과 독선으로 비쳐지면서 부정적으로 평가될 수 있다.

(4) 토론 평가

찬성 측과 반대 측이 번갈아 토론을 진행한 후 각자 최종 발언을 종료하면, 토론은 평가되어야 한다. 일반적으로 교육 목적의 토론 실습에서는 별도의 평가자를 선정하여 토론을 평가하고 승패를 가른다. 토론 평가는 토론 과정과 내용에 대하여 종합적으로 이루어질 필요가 있다. 교육 목적에 따라 토론 결과에 대한 승패를 가르는 것도 중요하지만, 토론 과정 전반에 대한 평가를 통해 찬반 양측이 토론에서 비판적 사고를 얼마나 성공적으로 활용했는지, 그리고 토론을 통하여 합리적 의사소통을 경험했는지 등을 기술적 측면과 태도적 측면으로 구분하여 잘 살펴볼 필요가 있다. 이와 관련하여 토론 평가 시 주의할 점 몇 가지를 살펴보자.

토론 평가 시 주의 사항

① 토론 유형 및 토론 순서에 따라 찬성과 반대 중 어느 측이 유리한지 판단할 필요가 있다.

- 찬성 측이 먼저 입론을 하는 것은 마치 싸움에서 '먼저 때리기'의 효과가 있는 것처럼 평가자에게 일정한 선입견을 심어 줄 수 있음을 고려하라. 앞에서는 이를 **'prima facie 효과'**로 설명한 바 있다.
- 마지막 반론을 어느 측이 하느냐에 따라 마치 싸움에서의 '마지막 일격'처럼 평가자에게 강한 인상을 심어 줄 수 있음을 고려하라.
- 찬성 측이 먼저 입론을 하는 유리함은 입증의 부담을 잘 극복하지 못할 경우 오히려 찬성 측에 불리하게 작용할 수 있다.
- 반대 측이 마지막 반론의 유리함을 가지고 있지만 반박의 부담을 잘 극복하지 못할 경우 오히려 반대 측에 불리하게 작용할 수 있다.

② 논제에 따라 찬성과 반대 중 어느 측이 토론을 전개하는 데 유리한지 판단할 필요가 있다.

- 문제를 제기하고 이에 따른 해결책을 주장하는 찬성 측의 입장이 유리한지, 현 상태의 보존을 주장하는 반대 측의 입장이 유리한지에 대한 정확한 이해가 평가자에게 요구된다.
- 논제가 찬반 어느 한 측에 유리하다면, 양측이 무승부로 판단될 때 불리한 측에 가산점을 주는 방식으로 평가할 필요가 있다.

③ 석설한 평가서 양식을 사용하여 주관적이고 자의적인 평가 소지를 줄이고 토론 과정 및 결과에 대한 세부 평가를 비롯하여 토론 전체에 대한 종합 평가를 하면 좋다.

【예시】 토론 평가서

토론 논제			
토론 일시		찬성 측 참가자	
토론 장소		반대 측 참가자	

※ 판정 범위: 4점 만점 - 잘함(4~3), 보통(2), 못함(1~0) ∥ 2점 만점 - 잘함(2), 보통(1), 못함(0)
※ 토론 진행 순서에 따라 번호가 매겨져 있으니 번호 순서대로 채점한 후 찬성 측 점수 및 반대 측 점수를 각각 합산하라.

구성	토론자	판정 항목	점수	토론자	판정 항목	점수
입론 (4분, 20점)	① 찬성 측	논점 제시 적절성(4점)		⑤ 반대 측	논점 제시 적절성(4점)	
		자료 제시 및 해석 적절성(4점)			자료 제시 및 해석 적절성(4점)	
		개념 정의와 논거 제시 적절성(4점)			개념 정의와 논거 제시 적절성(4점)	
		구성 및 설득력(4점)			구성 및 설득력(4점)	
		기타(수사력, 시간 준수 등: 4점)			기타(수사력, 시간 준수 등: 4점)	
질문 (7분, 10점)	② 반대 측	상대방 논점 및 논거 인용의 정확성(2점)		⑥ 찬성 측	상대방 논점 및 논거 인용의 정확성(2점)	
		논거 및 자료의 문제점 지적(2점)			논거 및 자료의 문제점 지적(2점)	
		답변 유도 능력(2점)			답변 유도 능력(2점)	
		토론 예의(2점)			토론 예의(2점)	
		시간 준수(2점)			시간 준수(2점)	
반론 (5분, 20점)	③ 반대 측	결정적 쟁점 검토의 적절성(4점)		⑦ 찬성 측	결정적 쟁점 검토의 적절성(4점)	
		해소된 쟁점에 대한 수용 일관성(4점)			해소된 쟁점에 대한 수용 일관성(4점)	
		검증 및 반증 능력(4점)			검증 및 반증 능력(4점)	
		새 쟁점 도입(4점: **도입 시 감점**)			새 쟁점 도입(4점: **도입 시 감점**)	
		기타(수사력, 시간 준수 등: 4점)			기타(수사력, 시간 준수 등: 4점)	
반론 (5분, 20점)	④ 찬성 측	결정적 쟁점 검토의 적절성(4점)		⑧ 반대 측	결정적 쟁점 검토의 적절성(4점)	
		해소된 쟁점에 대한 수용 일관성(4점)			해소된 쟁점에 대한 수용 일관성(4점)	
		검증 및 반증 능력(4점)			검증 및 반증 능력(4점)	
		새 쟁점 도입(4점: **도입 시 감점**)			새 쟁점 도입(4점: **도입 시 감점**)	
		기타(수사력, 시간 준수 등: 4점)			기타(수사력, 시간 준수 등: 4점)	
최종 발언 (4분, 10점)	⑩ 반대 측	최초 입론으로부터 발전 여부(2점)		⑨ 찬성 측	최초 입론으로부터 발전 여부(2점)	
		논점과 논거의 요약(2점)			논점과 논거의 요약(2점)	
		상대의 반론 요약 및 입장 정리(2점)			상대의 반론 요약 및 입장 정리(2점)	
		설득력(2점)			설득력(2점)	
		기타(수사력, 시간 준수 등: 2점)			기타(수사력, 시간 준수 등: 2점)	
전체 토론 평가(20점)	찬성 측	토론 내용과 구성의 전체적 짜임새, 팀 화합도, 논제에 대한 전체적 설득력 평가		반대 측	토론 내용과 구성의 전체적 짜임새, 팀 화합도, 논제에 대한 전체적 설득력 평가	
	찬성 측 점수(100점 만점)			반대 측 점수(100점 만점)		
총점						
총평						

【참고】 토론과 비판적 사고 학습 내용의 대응 관계

토론을 통해 논증 중심의 비판적 사고의 학습 내용을 연계하여 응용할 수 있다. 토론이 나와 상대방의 상호 소통 속에서 서로의 입장을 비판적으로 검토하는 일이기 때문에 이를 비판적 사고의 학습에 적용할 경우, 주어진 논증을 비판적으로 분석하고 평가하는 것뿐만 아니라 스스로 자신의 논증을 비판적으로 구성하는 것도 연습할 필요가 있다. 토론과 비판적 사고의 대응 관계를 정리하면 다음과 같다.

	토론	비판적 사고
입문	• 토론의 정의와 목적 • 토론의 기본 요소와 방법 • 토론의 태도	• 비판적 사고의 정의와 목적 • 비판적 사고의 기본 요소와 방법 • 비판적 사고의 태도
준비	• 문제 인식	• 비판적 사고가 필요한 문제 상황 인식 및 정보 수집
	• 논제 설정	• 문제 및 정보 분석 • 관점과 맥락 파악 • 기초 논증 구상(최종결론+핵심 전제)
	• 입론 설정	• 논증 구상 및 구성 • 관점, 함축, 맥락, 대안 고려
	• 질문 및 답변을 위한 토론 개요서 작성	• 논증적 글쓰기(논증 구성 및 논증 분석)
진행	• 질문과 답변 • 입증 • 반증	• 논증 구성(논증 만들기, 논증 강화 및 약화, 비판 및 논박) • 논증 분석(전제와 결론의 관계 및 가정 파악) • 논증 평가(수용가능성, 관련성, 충분성) • 오류 논증
평가	• 토론 준비의 적절성 • 토론 중 논증의 형식과 내용 • 토론의 목적 달성 여부	• 비판적 사고의 기준에 따른 평가 • 오류 논증